총서편·교의편

전산 종법사 정전 해설1

집집마다 부처가 산다

월간원광사

목 차

4 **머리말**
교리와 삶이 만나다

총서편

10 **정전**
교조가 직접 편찬한 경전

13 **개교의 동기**
진리적 종교의 신앙과
사실적 도덕의 훈련

19 **교법의 총설**
불법의 시대화·생활화·대중화

교의편

30 **교의편**
인생의 요도와 공부의 요도

31 **일원상의 진리 1**
세상 만물은 모두 한 기운

44 **일원상의 진리 2**
한 몸, 한 기운, 한 이치

54 **일원상의 진리 3**
환하게 드러나다

63 **일원상의 진리 4**
성주괴공 흥망성쇠

72 **일원상의 신앙**
진리의 불빛에 의지하다

79 **일원상의 수행**
마음사용법

92 **일원상 서원문 1**
성불제중의 비법

104 **일원상 서원문 2**
하루살이는 1년을 모른다

115 **일원상 서원문 3**
진리와 합일하다

127 **일원상 법어**
큰집 살림을 하다

144 **게송**
유에도 무에도 걸림 없이

인생의 요도① 사은(四恩)
나를 살게 하는 힘

156 **사은**
없어서는 살 수 없는 은혜

162 **천지은 1**
하늘과 땅은 생명의 바탕

173 **천지은 2**
만물의 주인은 누구인가

220 **천지은 3**
길을 모르면 고통이 따른다

227 **부모은 1**
낳고 길러주신 은혜

232 **부모은 2**
내 부모를 잘 모셨건만

240 **부모은 3**
세상이 알고 자식이 닮는다

- 248 동포은 1
  한 동포 한 기운 한 몸
- 256 동포은 2
  남도 이롭고 나도 이롭게
- 264 법률은 1
  인도정의의 공정한 법칙
- 269 법률은 2
  그 도에 순응하라

인생의 요도② 사요(四要)
고루 잘 사는 사회

- 280 자력양성
  인권 평등 세상을 위하여
- 288 지자본위
  구하는 때에 있어서
- 295 타자녀교육
  공동육아의 의무와 책임
- 303 공도자숭배
  나는 지금 세상을 쓸고 있다

공부의 요도① 삼학(三學)
지혜롭게 사는 세 가지 공부법

- 314 정신수양 1
  두렷하고 고요한 마음
- 323 정신수양 2
  욕심 조절하기
- 330 사리연구 1
  대소유무 시비이해를 분석하다
- 338 사리연구 2
  걸림 없이 아는 지혜의 힘
- 343 작업취사
  죽기로써 실행

공부의 요도② 팔조(八條)
살릴 마음, 버릴 마음

- 354 팔조
  살릴 마음과 버릴 마음
- 357 진행사조
  모든 일을 성공시키는 힘
- 372 사연사조
  버려야 할 네 가지 마음
- 379 인생의 요도와 공부의 요도
  이 길 외에 다른 길이 없다
- 389 사대강령
  원불교 사람들의 삶의 목표
- 391 정각정행
  바르게 깨닫고 바르게 행하다
- 395 지은보은
  복록의 원천
- 401 불법활용
  활동하는 시대의 부처
- 407 무아봉공
  작은 나를 큰 나로

머리말

교리와 삶이 만나다

산을 오릅니다.

젊은 혈기로, 낯선 오솔길을 택했습니다. 조금 걷다 보니 산길이 희미해집니다. 무작정 높은 곳을 목표지점으로 삼습니다. 그렇게 땀을 뻘뻘 흘리며 오르다 보니 산정상이 보이는 듯합니다. 하지만 올라야 할 산은 저 멀리 우뚝 솟아있습니다.

순간 당황이 됩니다. 이리저리 마른 나뭇잎을 헤치며 길을 헤맵니다. 경사진 면을 잘못 디뎌 몸이 기우뚱거립니다. 얼른 나뭇가지 하나를 잡고 아래를 내려다봅니다. 발 아래로 아찔한 벼랑이 입을 벌리고 있습니다. 겨우겨우 벼랑을 벗어나 잠시 숨을 돌리고 생각에 잠깁니다. 그리고 희미한 옛길을 더듬으며 한 발 한 발 산 아래로 향합니다.

어디선가 사람 발자국 소리가 들립니다. 얼마나 반가운지요. 비로소 안도가 됩니다. 혹, 마을로 내려가는 길이 어딘지를 묻습니다. 길을 잘 아는 사람의 빙긋한 웃음…. "바로 여기 아래가 길이잖소." 길을 모르니 헛수고만 들이고 엉뚱한 길에서 하루를 헤맸습니다. 그런 날들을 무수히 흘려보냈습니다.

원불교가 창립된 지 100여 년. 소태산 대종사가 〈불교정전〉을 편찬해 인생길과 공부길을 알려준 세월이 어느덧 80여 년 지났습니다.
새 시대의 새 성자, 소태산의 길은 개벽의 새 길이었습니다. 애써 어둔 밤을 헤매는 험난한 고행길이 아니라, 누구라도 마음의 준비가 된 사람이라면 수월하게 걷고 따라갈 수 있는 익숙한 대로(大路)입니다. '대도는 천하 사람이 다 행할 수 있는 것이다.'라는 말에서 답을 알 수 있습니다. 세상을 살아가면서 길을 아는 사람을 만나는 건 얼마나 큰 행운인지요!
하지만, 또 세월이 흘렀습니다. 길을 잘 아는 사람은 하나 둘 떠나가고, 길 위의 이정표는 희미해지기 시작했으며, 사람들은 새로운 기구에 몸을 실어 새 길을 찾기 시작했죠.

시대의 변화에 가장 민감한 것이 언어입니다. 언어는 그 시대의 표상이기 때문입니다.
변화의 시대, '경전 해석 제일'이란 별칭을 가진 전산 김주원 종법사의 정전 해설서를 만난 건 그래서 큰 행운입니다. 소태산 시대의 언어를 지금 사람들이 잘 이해하고 소화할 수 있도록 재단해, 새로운 공부길을 밝혔습니다. 중학생 정도의 언어 실력이라면 누구나 알기 쉽고, 간결하게 교리를 해석해줍니다. 여기에 적절한 비유는 재미와 아울러 그 뜻을 명확하게 하는 역할을 합니다.

그뿐만이 아닙니다. 교리가 교리에만 머물지 않도록 우리의 삶과 연결시켜, 생활 속에서 어떻게 응용해야 할지를 친절하게 알려줍니다. 혹, 살다가 난관에 부딪혔을 때 정전 해설서를 들추어 해답을 얻는 지침서가 되게 했습니다. 그래서 행운입니다.

전산 종법사 정전 해설 1권 〈집집마다 부처가 산다〉는 총서편과 교의편의 교리를 해석한 내용으로, 후천개벽의 새 문명세계를 열어갈 원불교의 사상과 내용을 주로 수록했습니다. 원문과 함께 지금 시대 언어로 교리를 해석해 한층 교리공부가 재미있어질 것입니다.

이어 2권 〈오래오래 하면 부처 못 될 사람은 없다〉는 수행편을 해석한 것으로, 교의편 내용을 다시 생활과 연결하여 실천할 수 있게 했으며, 마무리로 원불교 표어를 정리해 원불교 교리 전반을 훑게 했습니다. 특히 〈오래오래 하면 부처 못 될 사람은 없다〉는 원불교 문외한이 읽어도 충분한 공감과 울림이 있을 것입니다.

이 책은 전산 종법사가 50대 초반, 교정원 교화부원장으로 재직할 당시 원음방송에서 원기 86~88년(2001~2003)에 걸쳐 2여 년 간

강의한 내용을 전산 종법사의 허락과 감수를 받아 정리했습니다. 특히 원문내용을 최대한 살리기 위해 분량 조절을 최소화했으며, 강의를 풀어 정리한 것이기에 문어체와 구어체를 혼용했음을 밝힙니다. 또 표어와 일부 내용은 영산선학대학교 예비교무들을 대상으로 강의한 내용을 정리했습니다.

이 책이 부디 집집마다 부처가 사는 세상의 길잡이가 되고, 마음 밖에서 헛길을 구하지 않도록 마음 세상의 난리를 평정하는 교리해설서가 되길 빕니다.

원기 106년(2021) 3월 어느 날
국제마음훈련원에서 **월간원광사**

총서편

물질이 개벽되니 정신을 개벽하자

원불교 정신 가운데 진리적 사고와 사실적 실천,
이 두 가지는 우리가 가야 할 이정표입니다.
비진리적이고 비사실적인 것은 원불교 정신이 아닙니다.

정전
교조가 직접 편찬한 경전

개괄

〈정전〉과 〈대종경〉이 담긴 ≪원불교 교전≫은 원불교의 가장 기본이 되는 경전입니다. 그 말을 다시 하면, 〈정전〉과 〈대종경〉은 원불교의 가장 기본 가르침이라고 할 수 있습니다. 특히 〈정전〉은 소태산 대종사께서 직접 저술한 경전입니다. 우리가 〈정전〉을 공부하는 핵심은 '실천하는 종교인이 되어서 만 생령을 바르게 인도하기 위함'입니다.

세계 모든 종교 가운데 교조가 직접 친저(親著)한 경전은 〈정전〉이 유일할 것입니다. 그래서 의미가 더욱 큽니다. 〈정전〉이 모든 생령[1]을 제도할 포부와 경륜을 담은 경전이라면, 〈대종경〉은 소태산 대종사의 언행을 기록한 것입니다. 그래서 〈정전〉은 근원을 밝힌 원경(元經, 근원을 밝힌 으뜸 경전)이고, 〈대종경〉은 두루 통달한 통경

(通經)이라고 합니다. 좀 더 쉽게 표현하면 〈정전〉은 공식 같은 것이고, 〈대종경〉은 공식을 응용해서 실지의 문제를 푸는 것과 같다고 할 수 있습니다.

처음에 원불교 경전을 접하면 〈대종경〉은 이야기 형식으로 풀어가기 때문에 재미가 있고, 〈정전〉은 조금 건조하게 느껴집니다. 하지만 공부를 하다 보면 점점 〈정전〉에 담긴 간단한 내용들 속에서 진리를 알아가는 재미를 느끼게 됩니다. 〈정전〉과 〈대종경〉에 실린 가르침은 결론적으로는 둘이 아니지만, 〈정전〉은 간단한 구절구절을 통해 좀 더 깊은 연마를 해나갈 수 있습니다.

특히 〈정전〉은 소태산 대종사께서 친히 지우고 쓰기를 무수히 반복해가며 만든 경전입니다. 썼다 지웠다를 반복하면서 생긴 지우개밥이 매일 수북하게 쌓일 정도로 노심초사하면서 〈정전〉을 저술했다고 합니다. 정리할 내용을 몰라서 썼다 지웠다를 반복한 것이 아니고, 당신이 깨달은 그 내용을 다른 사람들에게 어떻게 하면 쉽고 정확하게 전달되게 할까를 그만큼 많이 고민했다는 증거일 것입니다.

〈정전〉과 〈대종경〉에는 성불제중[2]하고 제생의세[3]하는, 즉 만생령을 구제하고 세상을 구원하는 길이 밝혀져 있습니다. 또 우리가 복과 혜를 구하고자 하거나 부처를 이루고 중생을 건지고자 한다면 〈정전〉과 〈대종경〉에서 해답을 구할 수 있습니다.

따라서 〈정전〉과 〈대종경〉이 복과 혜를 구하고 성불제중 제생의세를 이루고자 할 때 가장 빠른 길잡이라는 것을 알아야 합니다. 가장 빠른 길일뿐만 아니라 가장 원만한 길이기도 합니다. 이것을 알면 다른 방법을 찾으려고 곁눈질할 필요가 없습니다. 우리는 소태산 대종사께서 밝혀준 그대로 실천만 하면 됩니다.

그 중에서도 〈정전〉은 그 빠른 길이 더 간략하게 집약되어 있으므로, 이것으로 공부길을 잡으면 반드시 일취월장을 이룰 것입니다.

〈정전〉은 크게 총서편, 교의편, 수행편 세 부분으로 나뉘어져 있습니다. 총서편은 소태산 대종사께서 원불교를 세운 동기와, 어떤 정신으로 구세제중사업을 하겠다는 큰 틀을 밝힌 내용입니다. 그리고 교의편은 총서편에서 언급한 내용들을 이러이러한 교리를 가지고 세밀하게 실현해 나가겠다는 것이고, 수행편에서는 교리를 우리의 일상생활에서 어떻게 실행해 나갈 것인가를 밝히고 있습니다.

이 중 먼저 살펴 볼 총서편은 총 2장으로 이루어져 있는데, 1장은 개교의 동기, 2장은 교법의 총설입니다.

---

1) 생령(生靈): 영식(靈識)이 있는 모든 생명체. 살아있는 일체의 생명. 살아 있는 생명체의 영혼. 살아 있는 넋이라는 뜻으로, '생명'을 이르는 말이지만 생명보다 더 넓은 의미이다.

2) 성불제중(成佛濟衆): 모든 불교 수행자의 구경 목적. 원불교인이 공통적으로 목적하고 있는 최고의 가치 있는 삶. 삼학수행으로 삼대력을 얻어 무등등한 대각도인, 무상행의 대봉공인이 되어 세상을 구제하고 일체생령을 교화하는 것.

3) 제생의세(濟生醫世): 성불제중과 같은 의미로 쓰이나, 제생의세는 '제중'에 더 비중을 둔 개념으로 세상의 병맥을 진단하고 치료하는 데 적극 참여할 것을 촉구하는 개념.

개교의 동기
진리적 종교의 신앙과 사실적 도덕의 훈련

전해오는 말에 의하면, '천지개벽이 되면 전무후무한 새 세상이 된다.'고 했습니다. 이건 동양에만 한정된 이야기가 아닙니다. 예수께서도 성경에서 '새로 올 때는 천 개의 태양이 뜬다.'고 했고, 석가모니 부처께서도 '미륵불 시대가 된다.'고 했습니다. 과거의 모든 성자들은 미래 시대에 대한 예견을 했습니다.

과거에 많은 사람들은 '천지개벽'을 '천지개벽 시기가 되면 하늘과 땅이 맷돌처럼 딱 붙어서 그 안에 있는 것들을 모두 갈아 없애고 새로운 것을 탄생시킨다.'는 의미로 해석해왔습니다. 하지만 소태산 대종사께서는 물질개벽과 정신개벽이라는 개념으로 천지개벽을 새로이 밝혔습니다.

천지개벽이란 과거의 하늘과 땅이 없어지고 새로운 천지가 생긴다는 의미가 아닙니다. 천개(天開, 하늘이 열린다)는 정신문명과 도덕문명, 지벽(地闢, 땅이 열린다)은 과학문명과 물질문명을 뜻합니다. 새로운 도덕문명과 새로운 과학문명이 열림으로써 더 좋은 세상이 된다는 뜻을 소태산 대종사께서는 '개벽'이라는 표현을 그대로 사용하여 '물질이 개벽되니 정신을 개벽하자'라는 개교표어로 이야기했습니다. 과거로부터 있어왔던 개벽이라는 말을 현실에 사실적이고 현실적으로 인증한 것이라고 할 수 있습니다.

개교의 동기를 통해 소태산 대종사께서는 현대 사회가 정신문명은 발달하지 못한 채 물질문명만 발달하고 있음을 밝혔습니다. 균형이 제대로 잡히지 않은 상태로 흘러오는 세상의 흐름을 진단한 것입니다. 정신이 물질을 잘 활용할 수 있어야 하는데 물질문명이 너무 앞서 발달하면서 물질을 활용해야 할 정신이 오히려 물질의 노예가 되고 말았다는 것입니다. 현대 사회의 병증을 한마디로 짚으면 '물질과 정신의 전도'라고 할 수 있습니다. 거기에서부터 온갖 현대 사회의 병증이 나타나고 있습니다.

이에 소태산 대종사께서는 앞으로 대문명의 세상이 열릴 것이라고 전망하고, 그러한 시대가 열릴 때의 진단을 '과학문명의 발달'로 확인했습니다. 새로운 시대가 열려갈 때 과학문명이 먼저 열리는데, 과학문명이라는 것은 주로 우리 육신의 의식주 삼 건을 편리하게 만드는 것들입니다. 인류의 생활에 대단히 필요하고 소중한 것이지만, 자칫 사람들의 욕심을 유발하여 물질의 노예로 전락시킵니다. 가령 나무를 거꾸로 심으면 말라 죽는 것처럼, 본말이 제대로 서는 게 중요합니다. 정신문명에 바탕해 물질을 활용해나가면 생활에 한량없는 도움을 받지만, 정신이 물질문명에 휘둘리면 인류사회가 전쟁과 다툼으로 혼란할 수밖에 없습니다. 이것은 본말이 뒤바뀐 것입니다.

 소태산 대종사께서는 시대의 상황을 '과학문명은 한량없이 발전하는데, 그 과학문명을 선용해나가야 할 인류의 정신세력은 아직 형성이 안 되었다.'고 보았습니다. 이것을 그대로 두면 결국 인류 사회는 아주 어려운 고통의 사회가 될 수밖에 없습니다. 그것을 '파란고해(波瀾苦海)[1]'와 '물질의 노예생활'이라고 표현했습니다. '인류가 물질의 노예가 되고 보면 그 생활에 어찌 파란고해가 없을 것인가.'

 깨달음을 얻은 소태산 대종사께서는 새로운 세상에는 새로운 환경에 맞는 새 종교가 필요하다는 것을 알게 됩니다. 하지만 이때의 새 종교는 힘 있는 새 집단의 등장을 의미하지 않습니다. 새 법, 즉 인류정신을 지도해나갈 새로운 법, 새로운 정신적 지표의 필요를 염두에 둔 것입니다. 오는 시대의 정신문명을 이끌어갈 새로운 법의 방향을 제시한 것이 바로 개교의 동기에 등장하는 '진리적 종교의 신앙'과 '사실적 도덕의 훈련'입니다.

 원불교 정신 가운데 진리적 사고와 사실적 실천, 이 두 가지는 우리가 가야 할 이정표입니다. 비진리적이고 비사실적인 것은 원불교 정신이 아닙니다. 원불교 정신이 아니라는 것은 다시 말하면 미래 시대의 정신이 아닌 것과 같습니다. 미래 시대의 정신이 아닌 것은 시대가 받아들이지 않을 것이고 환영받지 못합니다.

정산 종사께서는 이를 비유하여 설명하기를 "나무의 새 잎이 커가기 시작하면 묵은 잎은 떨어진다."고 했습니다. 얼른 생각할 땐 먼저 자리를 차지하고 있던 잎의 힘이 훨씬 클 것 같은데, 새 잎이 나면 과거의 잎은 떨어지고 새 잎이 커간다는 비유가 참 좋습니다.

소태산 대종사께서 말한 진리적이고 사실적인 것 역시 지금은 아주 작은 새싹 같은 정도의 연약한 힘을 가지고 있어서 세상이 크게 알아주지 않습니다. 하지만 그것이 차츰 커갈수록 힘을 얻기 마련이고, 과거에 크고 융성하게 그 힘을 자랑하던 것들은 천년만년 갈 것 같았어도 어느 땐가 떨어져나가게 됩니다.

그렇다면 '진리적 종교'란 무엇일까요? 진리적 종교를 단적으로 표현하면, 불생불멸[2]의 진리와 인과보응[3]의 진리가 확실하게 선 종교를 말합니다. 많은 종교들이 세상을 구원하겠다고 합니다. 그러나 종교의 교리에 불생불멸의 이치와 인과보응의 이치가 바탕되어 있지 않으면 인류를 바르게 인도해나갈 정도(正道)가 될 수 없습니다. 인과는 내가 받고 있는 모든 것을 내가 책임지는 것입니다. 상대방에게 책임을 전가시킬 수 없습니다. 그리고 불생불멸은 이 세상이 끝났다고 모든 것이 다 끝나는 것이 아니라 몸만 바꿀 뿐, 다시 또 끊임없는 세계로 이어지는 것입니다. 영생 즉 불생불멸과 인과보응의 이치를 분명히 알면 인생에 있어 몸과 마음을 작용할 때 어떻게 해야 사람다운 도리가 될 것인지를 알게 됩니다. 사람다운 도리는 모두 이 두 가지 이치에서 나옵니다. 진리적 종교의 신앙을 확고히 하면, 정신이 사사롭거나 그릇되게 흘러가지 않고 바른 정신의 축이 섭니다.

다음은 사실적 도덕을 현실 생활에서 훈련해 나가야 합니다. 진리를 믿는 마음이 철저하면 정신의 힘이 요동치지 않고 그 힘을 잘 기를 수 있습니다. 그리고 현실 생활을 해 나갈 때 '어떻게 사는 것이 진리에 맞고 사람다운 삶의 모습인가'에 대한 표준이 섭니다. 이게 사실적 도덕입니다. 우리가 바른 진리를 믿어서 길을 알았다 하더라도, 진리가 실천까지 해주지는 않습니다. 생활에서 직접 실천해 나가는 것은 우리 각자의 몫입니다.

그래서 소태산 대종사께서는 진리적 종교의 표준은 일원상으로 밝혀주었고, 진리에 바탕한 사실적 도덕의 표준은 사은·사요로 밝혀주었습니다. 또 사실적 도덕의 훈련방법으로 삼학·팔조라는 교리를 밝히어 진리적 종교의 신앙과 사실적 도덕의 훈련을 함께 해나가게 했습니다.

신앙과 훈련, 두 축을 가지고 생활을 하면 정신세력이 한량없이 커져서 모든 물질 세력을 항복받아 정신이 물질을 잘 활용하게 되어 도학문명과 과학문명이 함께 발전하는 광대무량한 낙원세계로 갈 수 있습니다. 낙원은 어느 다른 곳에 존재하지 않습니다.

개교의 동기에 담긴 소태산 대종사의 정신은 곧 '개벽'정신이고, 개벽정신은 곧 미래의 시대정신입니다. 앞으로 오는 시대에는 정신이 그 방향으로 흘러가야 합니다. 시대의 정신이 그 방향으로 흘러간다는 것은 세상 사람들이 그 가치를 좋아하게 된다는 것입니다. 날씨가 추워지면 누가 따로 알려주지 않아도 누구나 따뜻한 곳을 좋아하게 됩니다. 마찬가지입니다. 시대 흐름의 변화에 따라 세상은 자연히 개벽정신(물질이 개벽되니 정신을 개벽하자)을 좋아하게 됩니다.

소태산 대종사께서는 그러한 시대정신이 오는 것을 보고 그에 맞는 법을 마련했습니다. 개벽정신의 방향으로 시대가 가고 있다고 하지만, 그것을 가만히 놔두기만 해서는 저절로 그러한 시대를 전개할 수 없습니다. 실제로 사람들이 시대정신에 맞는 마음을 써야 그런 세상이 잘 건설됩니다. 그 일을 하는 것이 우리이고, 그것이 우리의 사명입니다.

개교의 동기에는 우리가 지향하는 큰 뜻이 모두 담겨있습니다. 그래서 개교의 동기를 우리 마음에 담고 살아가는 것이 중요합니다. 그래야 세상을 대할 때 어떤 정신에 바탕하여 세상을 인도해나갈 것인가에 대한 확신과 자신감이 생깁니다.

---

1) 파란고해(波瀾苦海): 세찬 파도가 치는 고통의 바다라는 뜻.
2) 불생불멸(不生不滅): 모든 현상은 변화하는 여러 요소들이 인연에 따라 일시적으로 모였다가 흩어지고 나타났다가 사라지는 것에 불과할 뿐, 생기는 것도 소멸하는 것도 아니라는 뜻.
3) 인과보응(因果報應): 선악의 원인이 있으면 반드시 그에 상응하는 낙고(樂苦)의 결과가 있는 것. 인과응보라고도 한다.

교법의 총설
불법의 시대화·생활화·대중화

개교의 동기에서 우리는 소태산 대종사께서 파란고해의 일체생령을 광대무량한 낙원으로 인도하기 위해 원불교를 열었다는 것과, 인도하는 방법으로써 진리적 종교를 믿고 사실적 도덕을 훈련하여 낙원생활을 하도록 인도하겠다는 내용을 살펴보았습니다.

〈정전〉 총서편 2장 교법의 총설은 '진리적 종교의 신앙'과 '사실적 도덕의 훈련'을 구체적으로 어떻게 실현시킬 것인가를 큰 강령으로 뭉쳐서 밝힌 구절입니다. 총서편에 있는 개교의 동기와 교법의 총설을 이해하면, 원불교의 모든 정신이 그 안에 들어있다고 볼 수 있습니다. 각 교리의 구체적인 내용들은 교의편에서 세세하게 다루게 될 것입니다.

교법의 총설에서 가장 먼저 언급된 구절은 '불교는 무상대도'입니다. 이 말은 '불교보다 더 우위에 있는 종교적 진리는 없다. 최상이

다.'라는 말입니다. 소태산 대종사께서 내놓은, 그리고 앞으로 펼쳐 가려고 하는 교리를 불교보다 더 우위로 할 수 없다는 뜻이 됩니다. 여기에서의 '불교'는 어떤 종교를 지칭하는 것이 아니라, '불교의 교리'라고 이해하면 좋습니다.

〈대종경〉에 '내가 장차 회상을 열 때 불법으로 주체를 삼고자 한다.'는 구절이 있습니다. 이 말은 곧, 과거에 부처님께서 밝혀주신 진리 그 이상을 밝힐 수 없다는 의미이기도 합니다. 소태산 대종사께서 부처님께 연원과 법의 맥을 댄 뜻과 찬탄의 뜻이 바로 '불교는 무상대도'라는 구절입니다.

그럼 불교만이 무상대도이고, 세계의 여러 종교들은 각각 다른 진리를 밝힌 것일까요? 아닙니다. '모든 종교도 근본 되는 원리는 본래 하나'라는 구절이 참 중요합니다. 본래는 하나이지만 그것이 시대와 환경을 따라 진리를 밝히는 데 있어 조금씩 차이가 있을 뿐이고, 밝힌 진리 가운데 최고로 잘 밝힌 진리를 꼽자면 불교라고 할 수 있다는 뜻입니다. 소태산 대종사께서는 불교에서 밝힌 진리와, 기독교가 밝힌 진리와, 유교나 도교가 밝힌 진리가, 그 표현만 약간씩 다를 뿐 원리는 하나라고 했습니다.

그런데 오랜 세월을 흘러오면서 이러한 성자들의 본의가 온전히 이어지지 못했고, 특히 불교는 각종각파로 나뉘었습니다. 또 기타 종교들도 서로 지역과 시대를 달리 해오면서 나중에는 종교 간에 서로 전혀 다른 집안이 되어 넘나들지 못하게 됐습니다. 지금도 대체로 하느님을 믿는 사람들은 불교의 '내 마음이 부처다.'라는 뜻을 이해하지 못하고, '내가 부처다.'라고 하는 사람들은 밖에 존재하는 하느님을 이해하지 못합니다. 교법의 진정한 원리를 알고 보면 서로 넘나들 수 있는데, 서로를 이해하지 못하고 하나임을 알지 못한 채로 오랜 시간을 보내왔기 때문입니다. 그것을 소태산 대종사께서는 교법의 총설에서 '서로 융통을 보지 못하는 일이 없지 않다.'고 표현했습니다.

소태산 대종사께서는 이 현상을 왜 지적했을까요? 종교의 원리는 본래 하나이고 불교도 거룩한 무상대도인데 이것이 율종, 교종, 선종 등으로 분리되면서 불교끼리도 넘나들지 못하게 되고 맙니다. 소태산 대종사께서는 이것은 부처님의 본의가 아니라고 보았습니다. 하나의 본래 자리를 드러내서 모든 불교는 물론 모든 종교가 함께 넘나들고 융통하여 성자들의 본의를 제대로 살려낼 수 있는 법을 내겠다는 뜻과 의지를 표현한 것입니다.

그 다음으로 지적한 것은 출가자 위주의 제도에 관한 것입니다. '과거의 불교는 그 제도가 출세간 생활하는 승려를 본위로 하여 조직이 되었는지라….' 가령 간화선을 해야만 성불한다고 하면 그 화두에 정신을 집중해야 하는 간화선의 특성상 일이 없을 때나 단순할 때는 할 수 있어도, 일이 복잡할 때는 할 수 없습니다. 운전을 할 때는 운전에 정신을 집중해야 하는데 '이 뭣꼬.' 혹은 '만법이 하나이니 이 하나가 어디로 가는가.'라는 화두에 집중하다 보면 사고가 나기 십상입니다. 일을 하는 동안에는 선(禪)을 하지 못한다고 하면, 선을 하려는 사람은 결국 출가를 해야만 합니다. 그러나 인류 생활을 볼 때 일반적인 생활을 하는 사람의 숫자가 생활을 버리고 산중으로 떠나는 사람의 숫자보다 훨씬 많습니다. '선을 하려는 사람은 반드시 출가를 해야 한다.'고 하면 부처님의 진리는 몇 사람만을 위한 진리에 머물고 맙니다. 그렇게 좁은 법으로는 너른 세상의 많은 생령들이 부처님의 불은(佛恩)을 입기가 어렵습니다.

일반 생활을 하는 사람이든, 속세를 떠난 사람이든, 누구를 막론하고 다 부처님의 진리를 배워서 실천할 수 있도록 해야 원만한 대도(大道)입니다. 그래서 소태산 대종사께서는 '거룩하신 부처님의 법을 몇 사람만의 불교나 소승불교로 하지 않고 대중 불교로 만들겠다.'고 했습니다. 이러한 정신을 담은 불법의 시대화·생활화·대중화 운동은 원불교가 나아갈 중요한 혁신의 가치입니다.

생활 불교를 지향했기에 표어의 가장 결론 역시 '불법시생활 생활시불법'입니다. 불법 공부를 한다고 생활을 저버리는 것은 본래 부처님의 뜻이 아닙니다. 우선 힘이 없을 땐 불법을 집중적으로 공부함으로써 생활을 빛내야 하지만, 어느 정도 힘이 쌓이면 생활 속에서 불법 공부를 할 수 있어야 합니다. 이것이 최상승법입니다.

소태산 대종사께서는 이런 정신을 담아서 우주만유[1]의 본원(本源)[2]이고 제불제성[3]의 심인(心印)[4]이며, 일체중생[5]의 본성(本性)인 법신불 일원상(○)[6]을 신앙의 대상과 수행의 표본으로 삼아 교법을 만들었습니다. 일원상을 신앙의 대상으로 삼는다는 것은 단순히 일원의 진리만을 믿는 것이 아니고, 부처님 예수님 공자님 등과 같은 모든 성자들의 마음자리를 믿는 것입니다. 그 자리(일원의 진리자리)를 믿으면 부처님을 믿는 것이 되고, 예수님을 믿는 것도 되며, 공자님을 믿는 것도 됩니다. 거기에 제불제성(모든 부처, 모든 성인)의 심인(깨달은 마음)이 다 들어있습니다.

모든 성자들의 마음자리는 우주만유의 본원이기도 합니다. 하나가 들어서 우주만유를 모두 살려내는 그 '하나의 진리'를 소태산 대종사께서는 '법신불 일원상'이라고 표현했습니다. 법신불 일원상 안에는 하늘님도 있고, 땅님도 있고, 형상 있는 것과 형상 없는 것이 모두 들어있습니다. 법신불 일원상을 신앙의 대상과 수행의 표본으로 모시게 함으로써 모든 종교와 인류 정신이 하나로 소통하게 해놓았습니다. 이것이 만법융통의 정신입니다.

그것을 실질적으로 어떻게 해나갈 것인가에 대해서는 신앙으로써 '사은'을 강령 삼았습니다. 사은은 천지·부모·동포·법률의 은혜를 말하는데, 이것을 풀면 우주만유 전체입니다. 또 우리가 닦아 나가는 수행으로써는 '정신수양·사리연구·작업취사' 세 가지로 '삼학'을 강령 삼았습니다. 과거 도가에서는 수양을 주체 삼았고, 불교에서는 견성을 주체 삼았으며, 유가에서는 솔성을 주체 삼았습니다. 또 기독교에서는 신앙을 주체로 삼았습니다. 그러나 우리는 과거의 유·불·선 삼교의 종지(宗旨)를 하나로 활용해낼 수 있습니다. 소태산 대종사께서 신앙과 수행을 병진하고, 신앙 위주의 종교와 수행 위주의 종교를 다 통섭하는 정신에 입각해서 원불교 법을 만들어냈기 때문입니다. 법 자체가 그렇게 만들어졌으므로 그 법을 가지고 공부하면 자연히 진리적 종교의 신앙과 사실적 도덕의 훈련이 됩니다. 우리 교리는 만 가지의 모든 법을 막힘없이 생활에서 활용하도록 만들어졌습니다.

'과거의 모든 종교의 교지도 이를 통합 활용한다.'는 말은, 유가의 법으로는 취사 과목에 도움이 되고, 선가의 경전으로는 수양 과목에 도움이 되고, 불가의 경전으로는 연구 과목에 도움이 되고, 또 하느님 신앙을 할 때에는 일원상 신앙에 도움이 되게 한다는 뜻입니다. 소태산 대종사께서는 유·불·선 그리고 기독교의 좋은 것만을 따다가 교리를 만들지 않았습니다. 전체를 깨치고 통찰함으로써 모든 종교의 교지를 통합 활용해 통섭된(막힘이 없이 두루 통함) 교리를 만들었습니다.

선가에서는 주로 기(氣)를 이야기하는데, 만약 이것만 중요하고 다른 것은 없다고 주장하면 그건 편협한 가르침입니다. 하느님 신앙 역시 인격적인 하느님이 아닌, 진리 당체로서의 하느님 신앙을 해야 합니다. '나 이외의 다른 신을 믿지 말라.'는 구절의 함의는 진리적인 것을 믿고 미신적인 것은 믿지 말라는 것입니다. 부처님의 진리나 하느님의 진리나 공자님의 진리는 모두 같습니다. 만약 그것을 모르고 '특정한 신'으로만 모시면 편협한 것이 됩니다. 편협한 신자가 되면 오는 세상에 제대로 설 수 없습니다. 지금은 열려가는 시대입니다. 이런 시대에 좁은 법을 주장하면 결국 아무 것에도 쓸 수 없는 법이 되고 맙니다.

그래서 소태산 대종사께서는 '광대하고 원만한 종교의 신자가 되자.'고 했습니다. 우리는 전체를 다 통섭하여 두루 품어 안는 심법을 가져야 합니다. 광대하고 원만한 종교의 신자는 달리 되지 않습니다. 우주만유의 본원이고 제불제성의 심인이고 일체중생의 본성인 법신불 일원상의 진리를 신앙의 대상으로 삼고 수행의 표본으로 삼는 것에서부터 시작합니다. 천지·부모·동포·법률의 사은에 보은함으로써 신앙하고, 일심·알음알이·실행(정신수양·사리연구·작업취사)이라는 세 가지 방법으로 잘 수행해나가면 자연히 광대하고 원만한 종교의 신자가 될 것입니다. 그러면 어디를 가든지 주위를 소통시키는 사람이 되어 환영받습니다. 밀가루에 물이 들어가서 하나의 반죽을 만드는 것처럼, 그런 물 같은 존재가 됩니다.

'원만'은 행동과 심법이 모든 사람에게 유익되는 것입니다. 어느 한 편에는 이로움을 주면서 다른 한 편에 해로움을 주지 않습니다. 그런 사람의 처사와 판단을 따라가면 전체가 좋아지게 됩니다. 가는 곳마다 개인·가정·사회·국가·세계에 유익을 주는 사람으로 이끌기 위해 소태산 대종사께서는 원불교라는 교문을 열고, 교법을 제정했습니다.

1) 우주만유(宇宙萬有): 우주 안에 있는 온갖 사물, 곧 우주만유·삼라만상·유정·무정, 동물·식물·광물 등 일체를 다 포함하는 말.

2) 본원(本源): 사물의 근원이자 근본. <정전> '일원의 진리' 장에서는 '일원은 우주만유의 본원'이라고 정의하고 있다. 이는 진리의 근본을 일원에 두고 있는 것을 말한다.

3) 제불제성(諸佛諸聖): 시방 삼세의 모든 불보살과 모든 성현에 대한 총칭. 일원상의 진리를 깨쳐 인과보응의 이치와 불생불멸의 진리를 통달한 사람.

4) 심인(心印): 언어나 문자로써는 도저히 표현할 수 없는, 부처님이 마음으로 깨달아 실증(實證)한 경지를 표현하는 말. 영원불멸한 깨달음의 세계라는 뜻.

5) 일체중생(一切衆生): 모든 사람. 전 인류. 깨치지 못한 범부 중생.

6) 법신불 일원상(○, 法身佛 一圓相): 법신불이 곧 일원상이라는 뜻. 법신불은 진리 그 자체 또는 가장 근원적인 진리를 말한다. 소태산 대종사는 가장 근원적인 진리를 일원상이라고 표현했다. 따라서 법신불이 곧 일원상이며, 일원상은 다시 사은으로 화현(化現, 모습을 바꾸어 나타나는 것)하고, 사은은 또다시 우주만유로 전개된다.

교의편

큰 원상이 돎에 작은 원상이 따라서 돈다

우리는 눈에 보이는 뭔가가 있어야 좋아하고
그 속에서 엎치락뒤치락 욕심을 부리며 살아갑니다.
하지만 그것이 삶의 전부가 아니라는 것입니다.

교의편
인생의 요도와 공부의 요도

개괄

〈정전〉 제2 교의편은 원불교 교리의 기본 강령을 총 7장에 걸쳐 정리한 것입니다.

교의편 제1장에서는 교리의 종지가 되는 일원상의 진리를 밝혔고, 2장과 3장은 그러한 진리에 바탕해 모든 사람들이 은혜 가득한 세상에서 서로서로 감사하며 부처의 삶을 살게 하는 인생의 요도 사은·사요를 밝혔습니다. 그리고 이를 실천하기 위한 마음공부의 길을 삼학과 팔조로 4장과 5장에서 밝혔습니다. 6장은 마음공부와 인생의 길에 대한 관계가 어떻게 되는지를, 7장에서는 교리 전체의 내용을 바탕으로 우리가 어떻게 살아야 하는지를 네 가지 큰 강령으로 정리하여 길을 밝혔습니다.

일원상의 진리 1
세상 만물은 모두 한 기운

일원상이란 무엇인가?

일원상의 진리로 들어가기 전에 일원상에 대한 개념을 살펴보겠습니다.

일원상은 진리의 '상징'입니다. 예수님이 돌아가실 때 등에 진 형틀의 모습에서 비롯된 십자가는 예수님의 희생·박애·사랑을 상징하고, 각 나라별 국기는 그 나라를 상징합니다. 이처럼 상징이란 간이한 표식을 통해 무형한 정신이나 그 세계를 나타냅니다. 소태산 대종사께서는 진리를 깨닫고 난 후, 그 뜻이 깊고 호대해서 간이하게 말할 수 없는 그것을 원(○)이라는 상징을 통해 대중에게 신앙의 표본으로 삼게 했습니다.

그럼 왜 하필이면 일원상을 선택했을까요? 우리가 간단히 생각하면 '지구도 둥글고 우주도 둥그니까 그런 모습을 표상한 것'이라고 여기기 쉽습니다. 하지만 소태산 대종사께서는 무형한 진리가 가진 성격을 도형화한다고 할 때 '원의 형태가 진리의 성격을 가장 잘 표현할 수 있겠다.'고 생각했을 것입니다. 진리는 시작도 없고 끝도 없이 무한히 돌고 도는 것이기 때문에, 그런 속성의 표현으로서 원이 가장 근접하다는 생각을 했을 것입니다.

또 진리라는 것은 전체가 평등합니다. 원은 어느 방향에서 보든지 모습이 항상 똑같습니다. 또 진리라는 것은 한량없이 밝습니다. 한량없이 밝은 빛의 상징을 원으로 나타낼 수 있고, 공정한 진리의 모습을 형상화할 때도 원으로 나타납니다. 또 진리는 전체를 아우르는 것이므로 이 모습 역시 원으로 표현하면 적절합니다.

여기에서 궁금증이 생길 수 있습니다. 바로 '일원'과 '일원상'의 차이에 대한 것입니다. 진리는 사실 이름이 따로 존재하지 않습니다. 소태산 대종사께서는 오랜 구도 생활 끝에 진리를 깨친 후 이름이 없는 진리를 누군가에게 가르치기 위해 지칭할 만한 무엇을 찾다가 한 일(一) 자 둥글 원(圓) 자를 써서 '일원'이라고 표현했습니다. 즉 일원은 진리의 명칭이고, 일원상은 일원이라고 칭한 진리를 둥그런 원의 모습으로 상징화한 것을 말합니다.

이제부터는 일원상으로 표현된 진리의 모습을 하나하나 알아보겠습니다. 소태산 대종사께서는 '일원상의 진리'를 한 문장으로 정리했습니다. 이를 단락으로 나눠서 살펴보겠습니다.

먼저, '일원은 우주만유의 본원이며, 제불제성의 심인이며, 일체중생의 본성이며'입니다. 여기까지는 일원의 진리와 우리와의 관계를 중심해서 일러준 것입니다. 다음 구절인 '(일원은) 대소유무에 분별이 없는 자리며, 생멸거래에 변함이 없는 자리이며, 선악업보가 끊어진 자리며, 언어명상이 돈공한 자리로써'는 일원상 진리의 텅 빈 측면을 알려준 부분입니다.

그리고 '공적영지의 광명을 따라 대소유무에 분별이 나타나서 선악업보에 차별이 생겨나며 언어명상이 완연하여 시방삼계가 장중에 한 구슬 같이 드러나서'는 우리가 상상하기 어려운 신묘한 광명이 있음에 대한 설명입니다. 진리가 품고 있는 광명의 측면을 이야기해 준 것입니다. 끝으로 '진공묘유의 조화는 우주만유를 통하여 무시광겁에 은현자재 하는 것이 곧 일원상의 진리니라.'라는 구절은 시작도 끝도 없이 한량없는 세월을 통해서 나타났다가 숨었다가, 돌고 돌면서 우주만유로 생성 화육시키는 진리의 조화를 이야기합니다. 앞부분에서는 관계를 밝히고, 뒷부분에서는 진리의 속성을 설명하고 있습니다.

우주만유의 본원

먼저 '일원은 우주만유의 본원(本源)'이라는 구절의 '우주만유'에 대해 살펴보겠습니다.

우주는 시간적으로 한량없는 과거와 한량없는 미래 전체를 포함합니다. 공간적으로는 땅과 하늘, 은하계 등의 전체 세계를 모은 것을 '우주'라고 합니다. 만유란 그 우주 안의 시간과 공간의 무한대(∞) 속에 있는 모든 것을 말합니다. 지금 내가 서 있는 이 시점을 중심으로 과거·현재·미래를 모두 통틀어 우주만유라고 표현할 수 있습니다. 따라서 우주만유에는 '존재하는 모든 것'이 포함됩니다.

그럼 일원의 속성인 '우주만유의 본원'이란 무엇일까요?

진리를 알기 전의 우주만유는 우리가 일상에서 쉽게 접하는 사람, 동물, 광물… 또 사람 중에서도 키 큰 사람, 키 작은 사람 등등의 여러 차별을 가지고 있습니다. 소태산 대종사께서는 거기에 의심을 가지고 어떤 사람은 왜 잘 살고 어떤 사람은 왜 못 살며, 구름은 어디서 만들어져서 어디로 흘러가는지 등등 '차별성'에 대해 많은 의심을 품었습니다. 그러다가 마음이 열리고 깨닫게 되면서, 그것들이 각각 떨어진 것이 아니라 하나의 기운으로 움직인다는 것을 알게 되었습니다. 여기에서 '만유가 한 체성 만법이 한 근원'이라는 대각일성(大覺一聲)이 나왔습니다.

모든 것이 하나의 기운과 하나의 원리로 총섭된 그것이 바로 소태산 대종사께서 깨달은 진리이므로, 우리가 눈으로 보고 귀로 듣는 모든 것 역시 하나로 통하는 일원의 진리에서 나왔습니다. 그러나 우주만유는 한번 나온 것에 그치지 않습니다. 식물은 씨앗에서 시작해 싹이 되고, 거기에 그치지 않고 계속 자라서 꽃을 피우고 열매를 맺은 후 다시 씨앗이 되어 순환 무궁합니다. 이처럼 생성, 발전, 소멸하는 모든 것이 다 일원의 힘에 의해 이뤄집니다. 한번 나온 것도 그 진리에서 비롯된 것이고, 한번 나온 이후 현재에 이르기까지 크고 늙고 병드는 모든 작용 역시 그 힘이 기반입니다.

다음으로 '본원'의 뜻을 살펴보겠습니다. 소태산 대종사께서는 '본원'을 없는 면, 광명, 조화로 설명했습니다. 우주만유의 본원에서 우주는 큰 것을 상징하고 만유는 작은 것을 상징합니다. 그리고 만유 역시 가만히 있지 않고 늘 있으면서도 늘 없는 것을 반복합니다. 아무것도 없는 데에서 꽃이 피고, 한번 핀 꽃은 때가 되면 집니다.

사람 역시 아무것도 없는 데에서 태어나고, 태어난 후 그 모습 그대로 머물러있지 않으며, 자라고 늙어서 어느 때에는 없어집니다. 그 모든 것은 도대체 어디에서 생겨나며, 어떤 힘으로 있어졌다 없어졌다 하는 걸까요? 그 근원을 따져보면 전체가 한 기운 한 이치로 움직이는 것을 발견할 수 있습니다. 그 한 기운 한 이치를 소태산 대종사께서는 '일원'이라고 표현했습니다. 인류끼리만 하나가 아니라 알고 보면 무정물까지 모두가 하나입니다. '우주만유의 본원'이라는 이 이치를 알면 나와 우주만유가 둘이 아닌 줄을 알게 되므로 나를 아끼듯이 전체를 아끼고 전체를 하나의 집안으로 삼아 더욱 큰 살림을 해갈 수 있습니다.

사실 '일원'은 과거 유가의 '도', 불교의 '부처님', 기독교의 '하나님'이라는 표현과 말만 다를 뿐 실체가 같습니다. 같은 한사람을 두고 아버지는 아들이라 하고 자녀는 아버지라고 하는 것과 마찬가지입니다. 그러니 어떤 입장에서 그것을 바라보는가가 중요합니다. 과거 성자들 역시 당시 제도문을 열고자 하는 방향에 따른 진리의 특성을 나타내기 위해 그 이름을 지었을 것입니다. 소태산 대종사께서는 대각을 이룬 후, 진리의 전체적 성격을 '일원'이라고 표현했습니다. 진리 전체의 성격을 한단어 안에 잘 담았다고 생각됩니다. 소태산 대종사께서 만든 것이 아니고, 과거 성자들이 몰랐던 것이 아니며, 늘 우주만유를 생성·변화하고 있음을 알아야 한다는 의미가 '일원은 우주만유의 본원'이라는 구절에 담겼습니다.

제불제성의 심인

'제불제성'은 모든 부처님과 모든 성자들을 말합니다. 일반적으로 불교에서는 진리를 깨달은 분을 부처님이라 하고, 유교 등의 다른 종교에서는 성인이라고 말합니다. 소태산 대종사께서는 특정 종교나 종파에 국한된 표현을 사용하지 않았습니다. 인류역사상 나타난, 또 앞으로 그 진리를 깨닫거나 깨달을 모든 분들을 제불제성이라고 표현했습니다. 제불과 제성은 같은 의미로 봐도 좋습니다.

제불제성은 곧 깨달음을 얻은 사람을 칭하는 말입니다. 그러한 깨달음을 얻은 분들의 심인이란 무엇일까요? 심인이라는 단어가 궁금해집니다. 심인은 마음 심(心) 자, 도장 인(印) 자를 씁니다. 단어 그대로 풀면 마음도장이라는 뜻입니다. 그런데 형상이 없는 마음을 어떻게 도장처럼 찍어낼 수 있을까요? 소태산 대종사께서 도장 인(印)

자를 쓴 이유는 아마 이런 것 같습니다. 일반적으로 도장을 찍으면 찍힌 자국과 글씨가 새겨진 도장 판이 조금도 틀림없이 딱 들어맞습니다. 여합부절(如合符節, 사물이 꼭 들어맞음)이라, 꼭 들어맞는다는 의미로 마음 심 자에 도장 인 자를 쓴 것이 아닐까 싶습니다.

그러면 모든 부처님과 성자들의 마음은 무엇과 똑같을까요? 법신불 일원상을 제불제성의 심인이라고 한 것에 비춰보면 모든 부처님과 성자들의 마음은 곧 법신불 일원상의 진리와 똑같습니다.

마음은 우리가 늘 사용하는 것입니다. 부처님과 모든 성자들도 우리와 마찬가지로 밥을 먹고, 사람을 만나고, 말을 하고, 움직이고, 앉습니다. 그런데 그 모든 움직임과 생활하는 마음 작용이 중생과는 다릅니다. 중생은 마음에 욕심이나 편착심 또는 탐심이 들어있어서 진리의 모습과 똑같이 사용하지 못합니다. 그러나 부처님이나 성자들은 모든 마음 작용이 진리와 똑같습니다. 만약 부처님 혹은 성인이라고 할 수 있느냐 없느냐를 따진다면, 그 사람의 마음 쓰는 것이 법신불 일원상의 진리와 같은지 같지 않은지를 보면 판가름 납니다. 그 마음에 일원상 진리의 핵심이 그대로 묻어 나와야 부처님 또는 성자라고 할 수 있습니다. 제불제성이 쓰는 마음은 진리와 같다는 의미로 심인(心印)이라고 한 것입니다.

일체중생의 본성

또 일원은 '일체중생의 본성'이라고 했습니다. 아마 우리에게 가장 가깝게 느껴지는 구절이 아닐까 싶습니다. 여기에서 일체중생에 해당하는 범위는 어디까지일까요?

보통 우리가 '중생'이라고 할 때에는 인간 세상을 중심으로 부처가 아닌 모든 사람을 말합니다. 진리를 깨닫고 진리적인 생활을 하는 분들을 제외한 모든 사람을 '중생'이라는 개념으로 이야기합니다. 그러나 불교에서의 중생이라는 개념은 그 범위가 훨씬 큽니다. 사람만이 아니라 자기의식을 가지고 움직이는 모든 유정물은 물론이고, 형체 없이 정신적으로만 존재하는 세계의 생령까지 포함합니다. 중생이 사는 범위를 불교에서는 육도(六道)[1]로 이야기하는데, 그중 인도·지옥·축생은 형체가 있는 세계이고, 천도·수라·아귀는 정신적인 의식만 가지고 사는 음(陰)의 세계입니다. 일체중생은 몸을 가지고 의식을 하는 세계와, 몸을 가지지 않고 의식을 하는 세계를 모두 포함합니다.

일원이 일체중생의 본성이라는 말은 어떤 의미일까요? 일체중생의 세계가 전개되는 원인은 전부 각자가 마음을 작용하는 데 달려있습니다. 그 마음을 선하게 잘 사용하면 진급이 되어서 인도 혹은 천도로 올라가고, 그렇지 못하면 수라·아귀·지옥·축생으로 떨어져갑니다. 이러한 중생의 세계는 욕심을 내는 마음, 화내는 마음, 또는 어리석은 마음을 따라 어떤 일을 행할 때 그 결과에 따라 업인(業因)이 뭉쳐서 전개됩니다. 그런데 그렇게 여러 가지로 나타나는 중생의 모든 마음도 작용되는 본성, 본래 성질, 마음의 본래 자리에서는 화를 내거나 어리석거나 그름이 없습니다. 화내는 마음을 쓸 때에도 화내는 바탕 마음에는 화냄이 없고, 어리석은 마음을 썼더라도 어리석은 마음의 바탕에는 어리석음이 존재하지 않습니다. 일체중생의 근본 마음자리와 진리는 그 성격이 같으므로 '본성'이라고 합니다.

일체중생이 평소 사용하는 마음은 진리적일 수도 있고, 아닐 수도 있습니다. 어느 면에서는 진리가 묻어나지만 대체로는 나를 중심으로 한 욕심에 의해 마음이 작용합니다. 진리에 입각한 텅 빈 마음에서 나오는 마음이 아닐지라도 그 마음이 나타나는 본래 성질은 진리와 똑같이 자타가 없고 깨끗합니다.

'우주만유의 본원'과 '일체중생의 본성'의 차이

우주만유의 본원인 진리, 제불제성의 심인인 진리, 일체중생의 본성인 진리는 따로따로 존재하는 것이 아닙니다. 하나인 진리를 어느 입장에서 바라보느냐에 따라 다르게 표현될 뿐입니다. 같은 '나'를 두고도 아버지는 자녀라 하고, 자식들은 나를 아버지라고 하는 것과 같습니다.

우주만유는 생성·변화하는 성질이 있습니다. 그러니까 우주만유의 입장에서 보면, 무한한 진리의 힘을 통해서 나타났다 숨었다 하는 그런 생멸변화의 성질을 가지고 있습니다. 무수하게 생멸변화하는 그것이 진리를 통해서 이루어지기 때문에 '우주만유의 본원'이라고 표현한 것입니다.

그럼 '제불제성의 심인'이란 무엇일까요? 어떤 분은 부처님이 되고 또 어떤 분은 성자가 되는 것은, 이 우주의 충만한 하나의 진리를 깨달아 평소 그 진리에 입각한 생활을 하기 때문입니다. 그 분들의 모든 마음은 진리와 다르지 않습니다. 그래서 심인(心印)이라는 표현이 사용된 것입니다.

일체중생도 우주만유 가운데 하나이므로, 그 진리의 힘으로 생멸변화를 합니다. 다만 우리에게는 '의식(생각)'이 있어서, 내가 쓰고 있는 마음을 스스로 잘 변화시키기도, 잘못 변화시키기도 합니다. 그럼 그 사용하는 마음과 진리는 어떤 관계일까요? 부처님이 사용하는 마음은 진리와 똑같아서 '심인'이라고 합니다. 중생인 우리들이 쓰는 마음에도 본래는 진리와 같은 마음이 있습니다.

예를 들어 노란 물감을 푼 물에서 노란 물감만 없다면 물 자체는 본래 맑았던 것이고, 빨간 물감을 푼 물 역시 빨간 물감만 없다면 본래 맑습니다. 현상적으로 나타날 때는 노랗게도 보이고 빨갛게도 보이지만 본래부터 그랬던 것이 아닙니다. 노란색 물감과 빨간색 물감을 빼면 우리의 본성은 본래 진리와 똑같은 색입니다.

'본성'은 우리 마음의 본래 성질을 표현한 말입니다. '본원'은 우주만유가 생멸변화하는 그 근원적인 힘이 어디에서 나왔으며 어떻게 생멸작용하는가를 표현한 말입니다. 일원의 본래 터(바탕)는 깨끗하고 맑고 텅 비어있습니다. 거기에 빨간색 물감이 묻은 도장을 찍으면 빨갛게 되고, 흙탕물이 묻은 도장을 찍으면 흙탕칠이 되고, 나만 이롭고 다른 사람은 생각하지 않는 마음을 찍으면 원만하지 않은 모습이 나타납니다. 지금 각자의 마음도장을 한번 찍어보세요. 날카로운 모서리로, 혹은 삐뚤빼뚤한 모습의 마음도장을 찍고 있진 않습니까? 여러분의 마음도장은 지금 어떤 모습을 하고 있습니까?

지금까지 우리는 일원상의 진리의 속성을 우주만유의 본원, 제불제성의 심인, 일체중생의 본성 세 가지 모습으로 파악해보았습니다. 그럼 이제, 이러한 진리의 속성을 알기 전과 알고 난 후의 생활이 달라져야 합니다. 이걸 알고 나면 대개벽이 됩니다.

일원의 진리를 한번 들은 것으로는 그 이치를 금방 알기가 어렵습니다. 그래서 소태산 대종사께서는 "믿으라."고 했습니다. '이건 내가 분명한 사실을 밝힌 것이니 우선은 믿어라. 믿고 알아가라.'는 당부이기도 합니다. 내가 확실히 알았든, 확실히는 모르지만 일단 믿었든, 진리가 우주만유의 본원이라는 것을 알면 내 마음이 한량없이 커집니다. 과거에는 나와 이웃, 나와 국가, 나와 세계, 나와 인류 등의 모든 관계가 서로 어떻게 연결되는지 몰랐기 때문에 상대방은 해로움을 입더라도 나만 이로우면 된다고 생각했을지 모릅니다. 그러나 우주만유의 본원인 이치를 알고 나면 상대방에게 해로움을 입히는 것이 곧 내가 해로움을 입는 것임을 알게 됩니다.

소태산 대종사께서는 이러한 모습을 '대세계주의'라고 표현했습니다. 자그마한 개인 이기주의, 가족주의, 또는 씨족주의나 국가주의 등으로 한정된 울을 벗어나서 전체를 하나로 볼 수 있는 큰 사상이 성립되고 큰 마음이 나오게 된다는 것입니다. 대세계주의가 되면 우주 전체를 하나의 살림과 하나의 식구로 알게 됩니다.

또 진리가 제불제성의 심인인 줄을 알면 먼저 그 부처님과 성자들을 모시는 바른 표준이 섭니다. 그래서 종교 간에 교리 표현의 다름을 가지고 다투거나, 혹은 다른 종교라는 이유로 이웃종교의 성자를 낮춰보지 않습니다. 모든 성자와 부처님들은 하나의 진리를 깨달았고 하나의 세계를 이루기 위해 노력하신 분들입니다. 물론 시대와 지역에 따라 제도의 방편은 다를 수 있습니다. 같은 아이를 놓고 수학을 못하면 수학을 먼저 가르치고, 영어를 못하면 영어를 먼저 가르치는 것을 생각하면 쉽습니다. 같은 수학 과목을 가르친다 하더라도 초등학생, 중학생, 고등학생 등 그 대상에 따라 가르치는 방식은 다르기 마련입니다.

성자들 역시 같은 깨달음을 얻었지만 방식을 달리 해왔을 뿐입니다. 우리는 이러한 성자들의 본의와 교법의 참 뜻을 제대로 알아야 합니다. 그래야 어떤 분이 성자이고 부처님이지 표준이 확실히 서고, 자신들이 공부해나갈 표준도 분명하게 세울 수 있습니다.

만약 부처나 성자가 되는 목적을 세웠더라도 그것이 나에게는 없고 남에게만 있다고 생각하면, 남이 주지 않는 이상 빼앗아야 가능한 일이 됩니다. 그러나 그 진리는 어디 먼 곳이나 외부에 있지 않고, 내 안에 모두 갖춰져 있습니다. 그것을 내가 발견하지 못했을 뿐입니다. 본래 내 것이기 때문에 내가 찾으면 될 일이지, 남에게 있는

지 없는지를 신경 쓸 필요가 없습니다. 부처님이나 성자가 모두 우리에게 그 길을 알려주었습니다. 나에게 없는 것을 어렵게 찾으라고 하지 않았습니다.

그러기 위해서는 내가 나를 믿어야 하고, 내가 내 양심을 지켜야 하고, 스스로 성불할 수 있다는 자신감을 가져야 합니다. 진리가 일체중생의 본성이라는 것을 안다면, 혹 아닌 행동을 하는 사람에게도 부처님의 마음이 있음을 믿고 그 사람을 부처로 모실 수 있습니다.

일원상의 진리가 우주만유의 본원임을, 제불제성의 심인임을, 일체중생의 본성임을, 또한 그게 바로 나의 본래 마음임을 믿는 그 순간 우리의 생활은 저절로 변화합니다.

1) 육도: 중생이 선악의 업인에 의하여 윤회하는 여섯 가지의 세계. 곧 천도 인도 수라 아귀 지옥 축생을 일컫는다.

일원상의 진리 2
한 몸, 한 기운, 한 이치

 # 일원은 대소유무에 분별이 없는 자리이며

대소유무는 큰 대(大) 자, 적을 소(小) 자, 있을 유(有) 자, 없을 무(無) 자를 사용해서 크고 작고 있고 없는 것을 말합니다. 이는 소태산 대종사께서 대각을 통해 우주가 이루어진 원리를 깨닫고 난 후 밝힌 표현이기도 합니다.

큰 대(大) 자는 우주 안에 있는 모든 것의 본체, 본래 몸이라고 생각하면 됩니다. 우주 안에 있는 모든 것의 본래 몸을 큰 대(大) 자로 표현한 것입니다. 적을 소(小)는 모든 것이 형형색색으로 다 각각 자기모습을 가지고 나뉘어져 있는 것을 표현한 말입니다.

있을 유(有) 자는 모든 것이 나타나는 것과 있게 되는 것을 표현하는 말이고, 없을 무(無) 자는 없는 것을 말합니다. 다시 정리하면 유무란 있고 없는 것을 말하는데, 단순히 있고 없는 것이 아닌 우주 안에 존재하는 모든 것의 이치가 '있던 것은 없어지고 없던 것에서 다시 있어지는 변화'를 상징합니다.

'대소'라는 우주원리는 개체들이 각각 따로 떨어져 있는 것이 아니라, 전체에 함께 연해있음을 상징합니다. 전체는 어떤 구별이나 차별 없이 무조건 한덩어리로 뭉쳐있지 않고 각양각색의 부분들이 모여 대(大)를 이룹니다. 예를 들어 사람의 몸 전체를 대(大)라고 한다면, 몸은 분명 하나입니다. 하지만 이 하나는 두루뭉술하게 이루어진 것이 아니라 그 안에 눈, 귀, 코, 입, 손, 발 등이 있어서 각각 제 역할을 합니다. 각각으로 보면 눈과 귀는 분명 다르고 입과 손도 그 역할이 분명히 다르지만, 몸이라는 전체적 측면에서는 하나로 연해있습니다. 이처럼 몸이 확연히 하나인 것을 알지만 나와 개, 나와 소나무, 나와 하늘이 우리 몸의 눈과 귀처럼 하나인 줄을 알고 살아가고 있나요? 진리를 깨달은 사람과 깨닫지 못한 사람의 차이는 여기에서 생깁니다.

우리의 몸이 하나로 연결되어있는 것처럼 우주 전체가 한 기운 한 이치로 되어있음을 소태산 대종사께서는 대(大)라고 표현했습니다. 또 우리 몸을 구성하는 소(小), 즉 눈과 귀 등 육근이 각각 자기 역할을 하면서 이루어지듯 우주도 이러한 대소의 이치로 구성되어 있습니다.

'유무'는 대소의 이치에 따라 존재하는 그것이 고정불변의 상태로 머무르지 않고 늘 있었다가 없어지기를 반복하면서 변화하는 속성의 표현입니다. 우리가 몸을 유지하기 위해서는 음식을 섭취해서 새로운 세포와 피를 생성해야 합니다. 몸 전체로 보면 이 몸이라는 형태가 늘 있는 것(有)처럼 보이지만, 없어지는 면(無)으로 보면 세포 하나하나가 생겨났다고 하여 영원히 존재하는 것이 아니라 일정한 시간이 지나면 소멸해갑니다. 유무는 늘 동시에 작용합니다. 이는 사람에게만 해당하지 않으며, 모든 것이 이러한 대소유무의 원리로 이루어집니다.

일원상의 진리 장에서 '일원은 대소유무에 분별이 없는 자리이며'라는 부분을 바로 이해하기는 쉽지 않습니다. '대소유무에 분별이 없다.'는 것은 대와 소와 유무의 원리로 모든 우주가 이루어져 가는 가운데 '이것이 대로구나. 이것은 소로구나. 이것은 있게 해야겠다. 이것은 없게 해야겠다.' 하는 등의 대/소/유/무에 대한 생각을 갖지 않고 자동적으로 운행되는 것을 뜻합니다.

다시 말해, 나눠서 보면 대소유무가 분명히 각각 존재합니다. 하지만 그것이 작용하는 진리(일원)에는 '이것은 대이니까 이렇게 해야겠다.' 혹은 '이것은 소이니까 이렇게 해야겠다.' 하는 등의 나누거나 분리하는 마음이 없습니다. 그래서 소태산 대종사께서는 '일원은 대소유무에 분별이 없다.'고 했습니다.

일원은 생멸거래에 변함이 없는 자리이며

생멸은 날 생(生) 자, 멸할 멸(滅) 자를 써서 무엇이 생겨났다가 없어졌다가 하는 이치를 표현하는 단어입니다. 거래 역시 갈 거(去) 자, 올 래(來) 자를 써서 왔다 갔다 하는 것을 뜻합니다.

이 우주 안에 형태를 가진 존재는 모두 생멸거래를 합니다. 바위 하나도 천만 년 동안 가만히 있지 않고 어느 때에는 가루로 부서져 없어지고, 가루로 부서져 없어진 그것이 언젠가 뭉쳐서 다시 바위가 됩니다. 그런 사이클, 즉 나타났다가 사라졌다가 또 왔다 갔다 하는 이치는 분명 확실합니다. 그렇다면 무엇이 그것을 가능하게 할까요?

일원은 우주만유의 본원이기 때문에 하나로 통하는 기운과 이치, 즉 진리라고 표현되는 어떤 힘이 있습니다. 만물은 생하기도 하고 멸하기도 하면서 변화 작용합니다. 그러나 그 작용을 가능케 하는 힘은 정작 언제 생(生)한 것도 아니고 언제 멸(滅)한 것도 아니며, 가거나 오는 것도 아닙니다. 전체를 놓고 보면 그 형상이 조금 바뀌었을 뿐, 실제 그 당체는 어디로 간 것도 온 것도 아닙니다.

하지만 생멸거래는 분명히 있습니다. 현상에서는 생겼다가 없어지고, 왔다가 가는 모습이 나타나기 때문입니다. 예를 들어 물은 수증기도 되고 얼음도 됩니다. 형태로는 수증기와 물과 얼음이 분명 다릅니다. 변화했기 때문입니다. 하지만 수증기든 얼음이든 물이든, 그 물의 본래 성질인 H_2O에는 변함이 없습니다.

또 한 가지 예를 들겠습니다. 거울이 하나 있습니다. 대상에 따라 거울에 나타나는 모습은 달라집니다. 무를 비추면 무의 형상이 나타날 것이고, 배추를 비추면 배추의 형상이 나타납니다. 하지만 그 형상들을 비추고 있는 거울 당체의 성격에는 전혀 변함이 없습니다. 거울에 비치는 대상에 따라 모습이 나타났다 사라졌다, 그야말로 생멸거래를 하는 것입니다. 그러기 때문에 있어진 것도 아니고 없어진 것도 아니고, 간 것도 아니고 온 것도 아닌 것이 됩니다.

우리 마음도 마찬가지입니다. 짧은 순간에도 여러 가지 마음이 생겼다 없어졌다 합니다. 이게 바로 생멸입니다. 우리는 매순간 엄청난 생멸거래를 하고 있습니다. 마음을 작용하는 그것, 여러 마음이 나가고 들어오고 가고 오는 가운데에도 변함없는 본래의 바탕, 그것을 생각해보면 생멸거래에 변함이 없다는 말의 뜻을 조금 더 쉽게 이해할 수 있습니다.

과거 불교에서는 '공(空)' 도리를 많이 강조했습니다. 그러나 진리에는 없는 면만 존재하지 않습니다. 소태산 대종사께서 말한 것처럼 '광명이 가득차고 조화로운 것'까지 포함한 것이 진리의 최종 성격입니다. 공(空)의 진리(진리의 없는 면)를 알아야만 진리를 깨달은 것처럼 이야기하거나, 반대로 우리 생활에 나타나는 면(진리의 있는 면)만 생각하고 사는 것은 모두 진리를 제대로 알지 못한 것입니다.

일원은 선악업보가 끊어진 자리이며

이 구절은 '대소유무는 하나'라는 우주원리에 비춘 말입니다. 우주는 대소유무의 이치로 이루어지고, 진리는 대소유무에 분별이 없이 작용합니다. 또 생멸거래는 우주 만상의 형태를 표현한 말입니다. 우주에 존재하는 수많은 것들은 모두 생겨나고 사라지고, 가고 옴을 반복합니다. 하지만 그렇게 하는 진리의 당체는 사실 생긴 것도, 멸한 것도, 간 것도, 온 것도 아니고 그저 여여자연합니다.

선악업보는 우리의 일상생활을 비춘 표현입니다. 우리의 삶에서 선악은 결국 우리의 마음과 몸의 작용에 따라 생겨납니다. 좋은 일을 하면 그에 따르는 복을 받고, 나쁜 일을 하면 그에 따르는 벌을 받습니다. 그리고 선악의 결과에 따라 괴로운 생활도, 즐거운 생활도 하게 됩니다. 선악업보는 다시 말하면 인간생활입니다. 더 넓게는 사람뿐만 아니라 일체생령들이 사는 모든 생활이라고도 할 수 있습니다. 일체생령은 자신의 심신동작에 따라 선악업보를 받으며 살아갑니다.

그런데 소태산 대종사께서는 '일원은 선악업보가 끊어진 자리'라고 했습니다. 우리는 생활 속에서 분명히 선과 악의 사이에서 왔다 갔다 하고, 그에 따라 괴로움과 즐거움을 받으며 살아갑니다. 그렇게 만든 주체는 알고 보면 '마음'입니다. 마음이 있어서 육신을 움직이게 하고, 육신이 지은대로 받게 됩니다. 하지만 그렇게 하고 있는 마음의 근본 바탕, 최초 마음의 자리는 선과 악, 즐거움과 괴로움 등을 모두 초월합니다. 선하다/악하다는 것은 우리 마음의 상대적 작용일 뿐이지, 절대 마음자리에 들어가면 선과 악을 구분하는 것이 무의미해집니다. 그 자리가 바로 선악업보[1]가 끊어진 자리입니다. 괴롭고/즐겁고, 착하고/악하다는 분별이 없는 것입니다.

일원은 언어명상이 돈공[2]한 자리로써

언어명상은 말과 글, 이름과 모습을 말합니다. 사람은 사람의 형상이 있고, 나무는 나무의 형상이 있습니다. 꽃 하나에도 진달래꽃, 도라지꽃 등 이름이 각각 다릅니다. 이렇게 나타난 모든 것이 언어명상의 세계입니다. 언어명상의 세계가 어딘가에 따로 있는 것 같지만 사실은 우리 마음에 있습니다. 내 마음이 있기 때문에 각각의 이름과 모습으로 분별하게 됩니다.

그런데 소태산 대종사께서는 '일원은 언어명상이 돈공한 자리'라고 했습니다. 세상 만물이 각각 자기 고유의 이름을 가진 것으로 알지만, 본래부터 이름이 있었던 것은 아닙니다. 또 형상을 따라 좋거나 미운 감정을 일으키는 것도 물거품 같은 것입니다. 이 모든 것은 우리 마음이 만든 허상임을 알아야 합니다. 거울에 형상이 비치지만 거울 그 자체가 형상은 아닌 이치와 같습니다.

하지만 보통 우리들은 분별을 통해 이름을 짓고 설명하는, 즉 언어명상하는 그것이 내 마음의 실체인 줄 압니다. 언어명상을 하기 이전의 실체를 알지 못합니다. 가령, 나무로 만든 의자가 있으면 우린 그것을 나무라고 불러야 할까요, 의자라고 불러야 할까요, 아니면 그 이전의 물질로 불러야 할까요?

이처럼 경계에 따라 거울에 사물이 비쳤을 뿐인데 그 사물이 원래 나에게 있는 것인 줄 알면서 없어지면 슬퍼하고, 있으면 좋아하며 삽니다. 사실은 잠깐 모습이 비친 것일 뿐, 본래 있는 것도 없는 것도 아닌데 말입니다. 좋은 일이 닥치면 기쁘고 나쁜 일이 닥치면 슬퍼하는 모든 우리의 마음작용은 마치 거울에 비친 형상과 같습니다.

없음에서 있음이 나오다

소태산 대종사께서 일원상의 진리자리를 설명하면서 '없는 자리'를 거듭 강조하는 것은, 우리 마음의 순수한 본연 자리를 알라는 뜻입니다. '네가 있다고 생각하고, 없다고 생각하고, 갔다고 생각하고, 왔다고 생각하고, 좋다/싫다고 생각하는 모든 것은 본연 자리에 들어가면 다 빈 것이다.'라는 것을 알려주기 위함입니다. 우리 마음의 본래 고향자리인 그 마음으로 모든 경계에 임하라는 가르침입니다.

사람이 잘 살기 위해 돈을 벌고자 하지만 욕심껏 구하면 과욕이 됩니다. 돈에 대한 욕심을 떠났을 때 진정으로 돈을 벌 수 있습니다. 큰 돈을 벌려면 길게 보고 준비를 해야지, 욕심에 붙잡혀 돈을 따라다니면 그때부터 돈은 달아나버립니다. 또 정당한 도를 실천하지 않고 번 돈은 언젠가 뺏기게 되고, 오히려 고통을 줄 수가 있습니다. 내 본래 마음자리를 알지 못하면 재물도, 명예도, 인연도, 도망가버립니다.

진리도 마찬가지입니다. 없는 자리를 수용해야 모든 있는 것을 얻을 수 있습니다. 없는 자리로 돌아가려면 그 마음을 쉬어야 합니다. 그 방법으로써 소태산 대종사께서는 '정신수양'을 강조했습니다. 수양은 어려운 것이 아닙니다. 일이 없을 때는 가급적 마음을 비우는 연습으로 단련하면 됩니다. 그런데 마음이 잘 비워지지 않기 때문에 염불이나 선을 하게 했습니다. 마음 모으는 연습을 해보는 그것이 수양입니다. 또 일을 할 때도 마찬가지입니다. 걸어갈 땐 걸어가는 데 일념을 다하고, 방송할 땐 방송하는 데 일념을 다하고, 밥 먹을 땐 밥 먹는 데 일념을 다하다 보면 차츰 마음에 일심의 힘이 모아지면서 정신수양이 되어 안정을 얻습니다.

　어떤 경계가 나에게 닥쳐와서 내 마음이 요란하게 동(動)하는 것은 분별심이 작동했기 때문입니다. 친했던 친구가 나에게 잘못했을 때, '어떻게 그 애가 나에게 그럴 수 있을까?' 하고 생각하면 마음이 요란해집니다. 그럴 때, 수양력 있는 사람은 마음을 얼른 진정시켜서 괴로움이 없는 본래 자리로 돌아갑니다. 이는 좋지 않은 업을 끊는 힘으로 작용합니다. 수양력에 힘입어 마음을 비우고 친구를 대하면 서운했던 마음은 과거사가 되고, 새로운 마음으로 더 좋아진 관계를 형성할 수 있습니다. 소태산 대종사께서 '없는 자리'를 조목조목 일러준 이유가 여기에 있습니다.

　이 '없는 자리'는 소태산 대종사께서 새롭게 만든 것이 아닙니다. 우리가 있다고 생각하는 것이 사실은 없는 데에서 나온 것이라는 이치를 다시 한번 짚어준 것입니다. 이 자리를 알면 내 마음을 괴롭게 하는 경계에서 한 발 떨어져 바라보는 여유의 힘이 생깁니다. 그 힘이 있어야 일을 처리할 때 바른 생각을 낼 수 있고, 바른 행동을 할 수 있습니다.

---

1) 선악업보(善惡業報): 선업·악업의 과보. 선업을 짓고 악과를 받는 법 없고, 악업을 짓고 선과를 받는 법은 없다는 뜻.
2) 돈공(頓空): 마음속에 일체의 분별 사량이 다 끊어져버려 텅 빈 마음(大空心)이 되는 것, 한 생각이 일어나기 이전의 마음, 천지가 나뉘기 이전의 소식.

일원상의 진리 3
환하게 드러나다

 # 공적영지의 광명을 따라

공적영지는 빌 공(空) 자, 고요할 적(寂) 자, 신령 영(靈) 자, 알 지(知) 자를 써서, 비고 고요한 가운데 신령스럽게 안다는 뜻입니다. 앞에서 진리를 '대소유무에 분별이 없고, 생멸거래에 변함이 없고, 선악업보가 끊어지고, 언어명상이 돈공하다.'라고 설명한 것처럼 '공적'은 진리의 텅 비고 고요한 면을 나타낸 것이라면, '영지'는 그 고요하고 텅 빈 가운데 진리가 환하게 드러나는 것을 말합니다.

사실은 비고 고요한 진리, 광명이 있는 진리, 조화가 있는 진리가 따로따로 존재하는 것은 아닙니다. 사과 하나를 놓고도 맛, 색, 크기 등에 따라 다양한 설명이 이루어지듯, 진리 역시 여러 가지의 모습으로 설명할 수 있습니다. 우리가 '진리'라고 말하는 '우주의 근원이 되는 그 무엇'을 기운이라고도 하고, 원리라고도 하고, 마음이라고도 합니다. 여러 가지로 표현을 했지만 사실은 모두가 하나입니다. 그 하나가 있어서 우주는 성주괴공으로 생성 변화하고, 세상은 흥망성쇠의 기운으로 돌아가며, 동물과 식물은 생로병사의 이치를 따라 돌고 돕니다. 이 하나의 이치는 작용을 하되 작용을 하고 있다는 생각이 없고, 비어있으되 빈 채로 존재하지 않는 원리를 갖습니다. 이것이 바로 공적영지의 광명입니다.

호수의 물이 고요해서 움직이지 않으면 그 안에 있던 먼지나 불순물이 가라앉아 맑아지면서 사물을 잘 비춥니다. 거울도 깨끗하게 닦아진 거울이라야 사물을 온전하게 비출 수 있습니다. 그러한 공적영지의 상태를 체득해 들어가는 방법이 우리에게는 선(禪)입니다. 선을 통해 모든 마음을 쉬게 만들어야 마음에 떠다니던 부유물들이 가라앉고 청정한 마음이 드러납니다.

하지만, 우리가 수양 공부를 할 때 마음을 없애는 것에 위주하면 자꾸 빈자리로만 들어갑니다. 그러면 멍한 상태의 무기공(無記空)에 떨어집니다. 멍하면 분별이 없으니까 좋을 것 같지만, 사실 그렇지 않습니다. 진정한 우리의 본성은 진리와 똑같기 때문에 빈 가운데 신령스러운 알음알이가 있어야 합니다. 그냥 비우기만 하여 멍한 것은 영지(靈知)의 바탕이 되어야 할 창고가 텅 빈 것이므로 수양을 잘 한 것이 아닙니다. 비었으되 신령스럽게 알고 있어야 참으로 빈 것입니다.

 # 대소유무에 분별이 나타나서 선악업보에 차별이 생겨나며

일원은 대소유무에 분별이 없는 자리라고 했는데, 이 구절에서는 '공적영지의 광명을 따라 대소유무에 분별이 나타난다.'고 했습니다. 앞 내용과 반전이 일어나는 부분입니다.

'분별이 없다.'는 것은 대/소/유/무에 대한 생각을 갖지 않고 자동적으로 운행되는 것을 뜻한다고 설명한 바 있습니다. 이에 반해, '대소유무에 분별이 나타난다.'는 것은, 텅 비고 공적한 진리가 그대로 머물러있지 않고 대/소/유/무로 차별 있게 생성되고 변화해가는 모습이 환하게 드러난다는 의미입니다.

소태산 대종사께서는 진리의 광명을 이야기할 때 '천지의 식'이라는 표현을 했습니다. '하늘과 땅이 무엇을 안다고 볼 것인가 모른다고 볼 것인가?'를 얘기할 때의 '식(識)[1]'은 진리의 광명을 표현하는 말이기도 합니다. 이에 대해, 〈대종경〉에서는 '무정한 땅 같지만 거기에 씨앗을 심으면 반드시 싹을 틔워낸다. 배추씨앗을 심으면 배추를, 콩을 심으면 콩을 자라게 하는 것에 틀림이 없다. 그래서 천지의 식은 생각이 없는 가운데 생각이 있고, 상이 없는 가운데 상이 있다.'며 식을 쉽게 설명하고 있습니다.

〈명심보감〉에 '천망이 회회하여 소이불루(天網 恢恢 疎而不漏)'라는 말이 있습니다. '(우리 눈에는 보이지 않지만) 하늘을 덮고 있는 어떤 망이 있는데, 넓고 넓어서 헐거운 것 같지만 빠져나갈 틈이 없이 촘촘하다.'는 뜻입니다. 그야말로 진리의 광명이 가득 차 있음을 드러내는 말입니다. 기독교에서의 '하느님이 무소부재하사 전

지전능하시다.'는 말 또한 이 우주 안에 있지 않은 곳 없이 꽉 차 있으므로 모르는 것 없이 다 안다는 말입니다.

　대(大)는 우주 원리의 전체성을 말합니다. 어떤 개체도 단독으로 이루어지는 것은 없습니다. 전체로 다 연결되어 있습니다. 개체들이 연결되다 보면 우주 전체는 하나가 됩니다. 가장 근원적인 대(大)는 우주 전체이고, 그 대 가운데에는 대(大)와 소(小)가 함께 존재합니다. 그리고 소는 다시 대가 되어서 그 안에 또 다른 소를 존재케 합니다.

　가령, 우리 몸을 대라고 하면 대를 구성하는 손은 소입니다. 그런데 손에는 손가락이라는 소가 또 있습니다. 이 손가락은 다시 대가 되어서 엄지, 검지 등의 여러 가지 소를 품습니다. 그리고 손가락 하나하나는 다시 세포로 구성됩니다. 이렇게 대는 소로, 소는 다시 대로…, 고정되지 않는 모습으로 끊임없이 분별합니다. 소나 대가 하나로 완성된 것이 아니라, 대는 하나이지만 그 하나는 여러 개의 소가 합쳐진 하나인 것입니다. 우주도 그렇고, 나도 그렇고, 어떤 작은 물체 하나도 모두 대소의 원리로 만들어집니다.

　또 유무라는 것은 단순히 늘 있거나 늘 없는 것을 말하지 않습니다. 대소의 원리로 만들어진 그것이 있다가 없어지고, 없어졌다가 다시 있게 되는 것을 상징합니다. 어떤 사람이 100세까지 살았다고 할 때, 백 년 전에 태어난 모습 그대로 머물러 있다가 백 년 후 갑자기 사라지는 것이 아닙니다. 알고 보면 순간순간 생기고 없어짐을 반복하며 일생이라는 흐름을 지내온 결과입니다. 유무란 '변화되는 그것'을 말합니다.

우주 안에 있는 모든 것이 대소유무의 원리로써 생성 변화되고 있습니다. 그러기에 공적영지의 광명을 따라서 대소유무로 나타나는 분별이 생겨납니다. 있어야 할 자리에는 있고, 없어야 할 자리에는 없으며, 또 대는 대의 입장대로 존재하고, 소는 소의 입장대로 각각 역할을 다하고 있습니다.

이렇게 분별이 나타남으로써 선악업보에도 차별이 생겨납니다. 소태산 대종사께서는 '이 세상은 대소유무의 이치로써 건설되고 시비이해의 일로써 운전해간다.'고 했습니다. 대소유무는 우주의 원리입니다. 우리가 냉장고를 사용할 때 그 원리에 맞게 쓰면 냉장고를 통해 유익을 얻습니다. 하지만 그 원리에 맞지 않게, 예를 들어 냉장고 문을 늘 열어놓거나 물건을 가득 채우면 물건이 상하거나, 전기세가 많이 나오고, 냉장기능도 떨어집니다. 오히려 해로움을 얻게 되는 것이지요.

선악업보는 이와 같습니다. 우리의 심신동작이 대소유무에 맞게 쓰이면 선(善)이 되지만 그 원리에 맞지 않게 쓰이면 악(惡)이 됩니다. 잘 쓰면 나도 남도 이롭게 만들고, 잘못 쓰면 나도 해롭지만 상대방도 해롭게 만듭니다. 대소유무의 원리를 어떻게 사용하느냐에 따라서 선과 악의 차별이 생겨납니다.

언어명상이 완연하여 시방삼계가 장중에 한 구슬같이 드러나고

시방(十方)은 동서남북 네 방향에 동남, 서남 등 간방 네 개와 상하를 합해 공간적으로 이 우주 전체를 표현하는 말입니다. 삼계는 시방이라는 우주의 공간 안에 건설된 세계를 욕계·색계·무색계로 나눈 것을 뜻하기도 하고, 과거·현재·미래를 뜻하기도 합니다. 시방은 공간개념이고, 삼계는 시간개념입니다. 이 둘을 합하면 우주 전체를 표현하는 말이 됩니다. 이 우주 안에 건설된 세계를 시방삼계라고 합니다.

그 모든 것이 장중에 한 구슬같이 드러난다고 했습니다. 장중은 손바닥입니다. 손바닥 안에 구슬을 놓고 보면 얼마나 잘 보일까요? 그런 비유입니다. 진리의 광명은 가리는 것이나 막힌 것 없이 환하게 드러납니다.

우리가 신앙생활을 통해 진리를 안다는 것은 진리의 광명을 믿는 것입니다. 지극히 밝은 광명이 있기 때문에 작은 마음 하나 쓰는 일이나 몸 한 번 움직인 행동이 그대로 진리의 세계에 각인되고 녹음됩니다. 그대로 비춰지는 것입니다. 진리의 광명은 속일 수도, 어길 수도, 피할 수도 없다는 것을 알면 저절로 진리를 두려워하게 됩니다. 그러므로 진리의 광명을 체받아 마음을 닦아나감으로써 자신을 발전시키려는 노력이 중요합니다.

그렇다면, 공적영지의 광명이 있다는 것을 믿고 그대로 살아가기 위해서는 어떻게 해야 할까요? 소태산 대종사께서는 '온전한 생각'을 하라고 했습니다. 신앙적으로 보았을 때 우리가 진리의 광명을 믿으면 거짓생활을 할 수 없습니다. 사람은 속일 수 있지만 진리는 속일 수 없고, 한때는 속인 것 같아도 결국 드러나게 되어있어서 결국은 사람도 속이지 못합니다. 유가의 '신기독(愼其獨, 홀로를 삼간다)'이라는 말도 진리의 광명을 두려워하는 군자들의 생활을 표현하는 것입니다.

내 마음이 요란한 상태이거나 여러 마음으로 가득 찬 상태에서는 광명이 나오기 어렵습니다. 그럴 땐 먼저 마음을 멈추어야 합니다. 마음이 가는 대로 쓰지 않고, 우선 마음을 멈추고 가라앉히는 공부를 해야 합니다. 마음이 안정되어야 거기에서 지혜가 솟고, 그래야 모든 사물을 두루두루 바라볼 수 있게 됩니다. 바른 판단과 행동이 나오는 그것이 공적의 광명을 운용하는 법입니다.

사실 마음작용 가운데 공적영지의 광명이 아닌 것은 없습니다. 다만 그것이 욕심에 흔들린다든지 자신의 편벽된 습관에 묶여서 그 빛이 두루 나타나지 못했을 뿐입니다. 그것만 벗어나면 우리 마음 자체는 늘 '두렷한 광명 그 자체'입니다.

우리는 선한 마음을 내기도 하고 혹 악한 마음을 내기도 합니다. 대체로 욕심이 많고 자기중심적 사고를 많이 가진 사람일수록 바른 판단과 바른 행동을 내기가 어렵습니다. 욕심이 담박하고 자기중심적 사고를 많이 내려놓은 사람일수록 공적에 들어가기가 쉽습니다. 그 마음이 공적이 될수록 마음의 빛이 구름에 가리지 않아 잘 비출 수 있기 때문입니다. 공적영지의 광명으로 살아가는 방법은 일원상 진리를 믿는 것에서 출발합니다.

모두가 진리의 한 부분

우리가 일원의 진리를 모를 때에는 하늘과 땅 또는 사람들이 진리성을 가졌다고 여기지 못합니다. 하늘은 그냥 빈 공간, 땅은 그냥 둔탁한 흙으로 만들어진 것 등 나타나 있는 현상만으로 판단합니다. 하지만 우리가 일원의 진리를 알게 되면 모든 것이 진리의 몸임을 알게 됩니다. 하늘에서 여러 자연현상이 생기고, 땅에서 곡식이 나고 자라는 것, 그 안에서 사람과 동물이 살아가는 것이 모두 천지의 한 부분임을 알게 됩니다. 그 전체가 진리이고, 광명과 둘이 아닙니다. 그것을 알면 마음이 늘 경건해집니다. 세상 어떤 만물에게도 함부로 할 수 없게 됩니다.

이는 또 내 자신이 진리임을 알게 합니다. 내 마음에 조그맣게 생긴 나쁜 마음을 함부로 내지 않게 됩니다. 아직 중생이기에 순간순간 아닌 마음이 생길 때가 있지만, 그것을 바로 알아차리게 됩니다. 내 마음이 그런 진리의 광명과 닮아있는 것을 알고 회복하기 위해 공부가 필요합니다.

소태산 대종사께서는 일원상의 진리 장을 통해 진리를 세 가지 성격으로 설명합니다. ①진리의 바탕은 텅 비어 있다. ②텅 빈 진리이지만 아무 것도 없이 비어있는 것이 아니고, 거기에는 광명이 가득 차 있다. ③광명이 가득한 그 진리는 그대로 빛으로만 존재하지 않고, 늘 생생약동하게 움직이면서 조화를 드러낸다.

---

1) 식(識): 대상을 인식하는 마음의 작용. 분별하여 아는 것, 깨달아서 아는 것.

일원상의 진리 4
성주괴공 흥망성쇠

진공묘유의 조화

　진공묘유의 조화는 진리의 조화로움을 표현한 말입니다. 기독교에서는 하나님을 창조주라고 합니다. 세상의 모든 것을 다 만들었기 때문입니다. 창조주라는 말을 진리의 성격으로 보면 조화의 성격과 일치합니다. 창조주는 우주만유를 '만들고 변화(창조)'시켜가고 있기 때문입니다.

　우리가 사는 세상은 모두 이 '조화' 속에 있습니다. 구름이 생겼다가 없어지는 것이나, 해가 떴다가 지는 것이나, 깊은 바닷속에 사는 것, 하늘 위에 사는 모든 것이 다 조화로써 이루어집니다. 조화를 나투는 진리는 '이번에는 내가 이렇게 꽃을 피워봐야겠다.' 혹은 '때가 됐으니 낙엽이 떨어지게 해야겠다.'고 하는 생각 없이 그 일을 합니다. 모든 작용을 하고 있으면서도 작용을 하고 있다는 생각이 없는 것이 진공이고, 하고 있다는 것이 없지만 한량없이 무엇인가를 묘하게 있도록 하는 것이 묘유입니다.

나무에 필 꽃을 미리 보겠다며 나무를 자른다고 해서 꽃을 볼 수 있는 것은 아닙니다. 하지만 적절한 때가 되면 꽃은 어딘가에서 피어납니다. 진리의 그러한 성격이 바로 진공묘유입니다. 진리는 없다가도 있는 이치 속에서 조화롭게 스스로 나타납니다. 사시사철과 춘하추동으로 모든 것이 바로 변화되는 것은 진리가 조화를 부리는 힘 덕분입니다.

진공묘유의 조화는 우주만유를 통해 무시광겁에 은현자재 하는 것이 곧 일원상의 진리니라.

진공묘유의 조화는 진리가 가진 여러 가지 성격 중 하나입니다. 진리는 모든 것이 비어있는 바탕에 영지의 광명, 즉 아주 신령스럽게 아는 지혜의 광명이 깔아있습니다. 그것이 진공묘유의 조화입니다. 소태산 대종사께서는 "우주의 진리는 생멸이 없이 길이 돌고 돈다. 한량없는 세월을 통해서 돌고 돈다."고 했습니다. 어느 때 생(生)한 것이라고 할 수 없고, 생이 없기 때문에 없어지지도 않습니다. 그렇게 쉼 없이 돌고 도는 것을 우주로 볼 땐 성주괴공이라 하고, 만물로 볼 땐 생로병사 하고, 인생사로 볼 땐 흥망성쇠로 가고 오는 것이라고 합니다. 이렇게 돌고 도는 것이 바로 '조화'입니다.

하지만 그러한 진리의 조화는 멀리 하늘 위나 땅 밑에 따로 있지 않습니다. 우주만유를 통하여 무시광겁에 늘 은현자재합니다. 무시광겁은 없을 무(無) 자, 시작할 시(始) 자, 넓을 광(廣) 자, 아주 오랜 세월 겁(劫) 자를 써서 '비롯 없는 아득한 세월 이전부터'라는 뜻입니다. 생멸이 없는 영겁을 의미하는 것이기도 합니다. 언제 비롯된 바도 없고 끝날 바도 없는 그런 아득한 세월 사이에 진공묘유의 조화가 우주만유를 통해 은현자재합니다. 눈에 보이지 않는 티끌 하나에도, 거대한 우주 속에도, 진공묘유의 조화는 한결같이 깊이있습니다. 그 자체가 진공묘유의 조화로 이루어져서 우주만유를 통해 은현자재합니다.

여기서 은현은 숨길 은(隱) 자, 나타날 현(現) 자를 쓰고, 자재한다는 것은 스스로 그러한다는 뜻입니다. 숨었다/나타났다 하는 것을 누가 시켜서 하는 것이 아니라 스스로 합니다. 진리가 스스로 현(現)하게 하는 작용을 따라서 우리의 몸도 나타납니다. 그런데 나타나는 것에 그치지 않고 현(現)은 은(隱)으로도 가고 있습니다. 사람이 태어나 나이를 한 살씩 먹고, 키가 자라고, 능력이 생겨나는 것을 시작점에서 보면 점점 '나타나는' 것이지만 종착지 쪽에서 보면 자꾸 '사라져 가는' 것입니다. 그렇다고 은(隱)이 은(隱, 숨음)으로 끝나지 않습니다. 은(隱)은 다시 현(現, 나타남)으로, 현(現)은 다시 은(隱)으로 그렇게 끊임없이 돌고 돕니다. 그것이 바로 진공묘유의 조화입니다.

그러한 진리의 조화가 우주만유를 통해 존재하기 때문에 사실 우주만유는 '나타났다/숨었다' 하며 그 모습만 달리할 뿐 그 자체는 불생불멸합니다. 소태산 때종사께서도 영원한 세계(有常, 유상)와 변화하는 세계(無常, 무상) 두 가지가 함께 무량세계를 전개하고 있다고 했습니다. 변화라는 것도 현실로 보면 있기도 하고 없기도 하지만, 근본적으로 보면 나타났다/숨었다 할 뿐 무엇이 생했다가 멸하는 것이 아닙니다. 현실적으로 볼 때 '생했다/멸했다.'고 하는 것이지, 진리적으로 볼 때는 모습을 변화할 뿐입니다.

본질적으로 없던 것이 있어진다거나 있던 것이 없어지는 것이 아닙니다. 우리가 볼 때 나타나면 그것을 '생했다.'고 하고 보이지 않으면 '멸했다.'고 할 뿐, 사실은 숨었다/나타났다 하는 것입니다.

'공적영지의 광명'과 '진공묘유의 조화'의 관계

보통 진리를 설명할 때면 체(體)/용(用)이나 혹은 없는 면/있는 면만을 이야기합니다. 그런데 소태산 대종사께서는 거기에 하나 더하여 '광명의 면'을 표현해주었습니다. 없다는 것은 모든 것이 없으므로 조화도 광명도 다 끊어진 자리이고, 있다는 것은 나타난 자리이므로 조화로운 자리입니다. 크게 보면 없고/있는 두 가지이지만, 이 둘 사이에 무엇인가가 들어있어서 모든 것을 주재합니다. 그게 바로 '광명'입니다.

조화롭게 하는 것도 아무런 가늠 없이 조화하는 것이 아닙니다. 소소영령한 광명이 들어있어서 거기에서 대소유무에 분별이 나타나 선악업보에 차별이 생겨나고, 언어명상이 완연해서 장중(손바닥 안)에 한 구슬처럼 드러나기 때문에 거기에 조금도 착란이 없습니다. 광명이 있어서 모든 조화가 생겨납니다. 이를 불교에서는 인과라고 합니다. 짓는 바 인(因)에 따라 과(果)가 나타난다는 것, 인과의 세계가 곧 조화의 세계입니다. 조화가 있기 때문에 오고 갑니다. 인과의 세계가 정확하고 틀림없이 이루어지는 것은 '광명'이 있어서입니다.

때에 따라서는 일원상의 진리에서 '광명'이 가장 중요합니다. 일원의 진리가 왜 이렇게 광명으로서 밝은가 하면 지극히 비었기 때문입니다. 무엇이라도 상(相)에 가려 있으면 밝을 수 없습니다. 우리가 진리를 신앙하는 것은 조화가 있기 때문이지만, 그것이 단순히 밝은 상태로만 있으면 나와는 아무런 관계가 없기 때문에 굳이 신앙을 할 필요가 없어집니다. 내가 있고 내가 살아가는 가운데 죄복이 나타나는 것은 '조화력'이 있어서입니다. 빈자리, 조화, 광명은 그 표현이 다를 뿐 모두 하나의 진리를 말합니다.

진공묘유의 조화를 일상생활에서 어떻게 써야 할까?

'진공묘유의 조화가 우주만유를 통하여 은현자재한다.'는 말은 상당히 중요합니다. 진공묘유의 조화가 우주만유를 떠나서 주재한다면, 주재자가 거기에만 있기 때문에 우리는 하늘에 있는 조화만 믿으며 살아야 합니다. 가령 진공묘유의 조화가 부처님에게만 있다고 한다면 모두 부처님만 따라야겠지요. 그런데 그렇지 않습니다.

진공묘유의 조화는 우주만유를 통하여 은현자재합니다. 우주만유를 통해 무엇이 나타나기도 하고, 숨기도 합니다. 이를 바꿔 말하면, '우주만유 전체가 죄와 복을 줄 수 있는 능력을 가진 부처님'이라고 할 수 있습니다. 자기 자신은 더 말할 것도 없습니다. 그게 진리입니다.

여기 볼펜 한 자루가 있습니다. 이것이 나에게 어떠한 죄와 복을 줄 수 있을까요? 볼펜에도 힘이 있습니다. 볼펜으로 남을 찌르면 다치게 할 수 있고, 볼펜을 잘 사용하여 글을 쓰면 거기에서 나에게 무엇인가 이익이 생깁니다. 모든 사물과 사람에게는 각각 가지고 있는 죄복의 권능이 있습니다. 그 죄복의 권능이 바로 진리의 조화력입니다.

우리가 그것을 알아야 합니다. 아무리 하찮은 것이라도 나에게 죄복을 줄 수 있습니다. 세상의 모든 것을 진리의 화현불(化現佛, 현실에 나타난 부처님)로 알고 늘 불공하는 마음으로 대할 때, 그것이 바로 진공묘유의 조화를 신앙의 측면에서 생활에 잘 적용하는 것이 됩니다. 상대방은 나에게 죄와 복을 줄 수 있는 조화의 힘을 가지고 있습니다. 그 조화의 힘은 내가 거기에 어떤 원인을 심었느냐에 따라 작용됩니다. 다시 말하면, 내 마음 자체가 진공묘유의 조화를 이루는 주인공입니다.

진공묘유의 조화를 '묘하게 있어지는' 모습으로 보면, 어떤 빛과 같은 의미로도 볼 수 있습니다. 내 마음을 그러한 진리에 회복시켜서 마음을 쓰면 진리적인 행동이 나오기 때문에 상대방이 갖고 있는 진리의 힘이 나에게 그대로 응(應)합니다. 그런데 반대로 나의 마음에 욕심이 있어서 진공묘유와 공적영지가 잘 되지 않으면 거기에서는 정당한 진리의 힘이 나오지 않습니다. 그러기 때문에 상대방도 진리의 힘에 응하지 않고, 오히려 비(非)진리의 힘을 작용합니다. 해(害)가 오게 되는 이치는 그렇습니다.

따라서 우리는 밖으로 사물사물이 모두 그런 진리의 힘을 갖고 있다는 것을 믿으면서 경건히 받들고, 불공을 잘 하는 마음을 가져야 합니다. 또 상대가 나에게 죄와 복을 주는 원인이 결국 나의 마음 작용에 있다는 것을 알아서, 안으로는 내 마음이 진리의 작용대로 쓰이게 해야 합니다.

소태산 대종사께서는 이것을 아주 쉽게 '온전한 생각으로 취사하라.'고 표현했습니다. 온전하라는 말은 욕심을 놓으라는 뜻입니다. 욕심을 비울수록 온전해집니다. 마음이 요란하고 산란한 것은 그 뿌리가 욕심이기 때문입니다. 마음이 온전해질수록 진리의 텅 빈 자리에 가까워집니다.

또 생각을 한 가지 면에 집착하거나 과거에 알던 것에 묶이지 말고, 어떤 사물을 대할 때에는 항상 빈 마음으로 모든 가능성을 두루 살펴보아야 합니다. 나만 유익하려는 마음보다는 자타(나와 너)를 함께 생각하는 마음을 갖는 것이 공적영지의 광명을 발현하는 방법입니다.

마지막으로 정당한 취사는, 여러 생각이 일어날 때 해야 할 일은 하고 하지 않아야 할 일은 하지 않는 것입니다. '온전한 생각으로 취사하라.'는 말에는 진리의 돈공의 체성, 영지의 광명, 묘유의 조화를 운용하는 비결이 다 들어있습니다.

진리는 복락의 곳간

일원상의 진리는, 우리가 알아도 되고 몰라도 되는 것이 아닙니다. 우리가 얘기를 하고, 듣고, 소통하는 모든 것에는 우리가 알든 모르든 반드시 어떤 원리가 들어있습니다. 그 원리를 소태산 대종사께서는 '일원의 진리'라고 밝혀주었습니다. 소태산 대종사는 물론이고 모든 성자들도 결국은 이 일원의 진리가 하나의 진리로 되어있음을 알았고, 그 진리에 맞는 생활을 했습니다. 우리 역시 본바탕에 진리성을 갖고 있습니다.

그 진리성은 다른 것이 아닙니다. ①텅 빈 면(공적) ②아주 밝은 면(영지) ③지극히 조화로운 면(진공묘유) 이 세 가지의 모습으로 함께하는 것이 곧 진리의 속성입니다. 진리는 곳간입니다. 복은 다른 데 있지 않습니다. 진리에서 모든 복락이 나옵니다. 그리고 진리는 혜복의 원천입니다.

진리를 체득하고 살면 거기에서 한량없는 복과, 지혜와, 인격과, 평화가 나옵니다. 모든 것이 '생산'됩니다. 그런데 진리를 체득하지 못하고 살면 나도, 세상도, 가정도, 모두 괴롭고 어려워집니다.

'어떤 삶을 살 것인가?'에 대한 책임은 진리가 아닌 우리 각자에게 있습니다.

    지금 행복하십니까? 혹은, 불행하십니까? 그 원인은 바로 '나'입니다. 그러기에 우리는 일원상의 진리를 배우지 않을 수 없고, 믿지 않을 수 없습니다.

일원상의 신앙
진리의 불빛에 의지하다

우리가 사는 세상에는 분명 이법(理法, 이치와 법)이 있습니다. 그래서 복을 받기도 하고, 벌을 받기도 하며 살아갑니다. 이법의 원리는 우리가 진리를 깨닫기 전에는 알기가 어렵습니다. 그래서 신앙이 필요합니다. 나보다 먼저 그 원리를 깨달은 분의 지혜를 빌리는 것이 바로 '신앙'입니다.

이는 다른 사람의 불빛에 의지하여 깜깜한 밤길을 걷는 것과 같습니다. 비록 내가 횃불을 만들지 못했더라도 횃불을 가진 사람의 불빛에 의지하면 잘못된 길에 들지 않고 목적지를 향해 올바르게 갈 수 있습니다. 원불교에서 '신앙'의 참 의미는 여기에 있습니다. 진리를 믿음으로써 인생의 바른 길을 제대로 걷자는 것입니다. 우리가 가야 할 길에 대한 이정표를 신앙으로써 세워준 것입니다.

일원상의 신앙 장에서는 구절마다 '믿으며'라는 단어가 반복됩니다. 이는 '그대로 믿어라.'라는 강한 메시지입니다. 소태산 대종사께서 밝혀준 일원의 진리는 절대적인 힘을 가집니다. 일원의 진리는 우주의 원리이고, 그 원리를 따라 잘 살고 못 사는 것은 각자의 심신 동작에 달려있습니다. 내가 몸과 마음을 어떻게 쓰는가에 따라 잘 살고 못 사는 것이 달라집니다. 그러므로 심신 동작을 잘 하려면 길을 먼저 알아야 합니다. 길을 모르면 어떨 땐 맞고 어떨 땐 틀립니다.

일원상의 신앙 장에서 일원의 진리를 나열하며 '믿으며' '믿으며'를 반복한 것은 '깨달은 눈으로 보니 세상 이치가 이렇다. 우리는 이 이치를 알고 이치에 맞게 살아가야 한다. 하지만 아직 깨달은 처지가 아닌 상황에서는 일단 내가 안 그대로 믿고 따라오면 된다.'는 자비의 마음이 담겨있습니다. 서울에 가는 것이 초행인 사람은 그 길을 아는 사람에 대한 믿음이 있어야 틀림없이 그 길을 갈 수 있습니다. '믿으며'에는 그런 의미가 있습니다.

일원상의 신앙의 특징

일원상의 신앙의 특징은 크게 세 가지입니다.

첫 번째는, 전체신앙(진리신앙)입니다. 일원의 진리는 우주만유의 본원이요, 제불제성의 심인이요, 일체중생의 본성이라고 했습니다. 이것을 바꿔 말하면 세상에 있는 모든 것의 근본 바탕이 곧 일원의 원리라는 것입니다. 무형한 우리의 마음이든, 유형한 현상이든, 전체가 그렇게 되는 바탕에는 일원의 원리가 들어있습니다.

일원의 진리를 믿는다는 것은, 전체의 근원이 되고 바탕이 되는 '그 원리'를 믿는 것입니다. 그래서 전체신앙이라고 합니다. 전체가 곧 하나의 진리이고, 하나의 몸이고, 하나의 덩치라는 것을 알기 때문에 믿을 수밖에 없습니다.

두 번째는, 개체신앙(사실신앙)입니다. 전체가 곧 진리이지만, 그 진리의 힘은 낱낱의 사물을 통해 발현됩니다. 나와 관계된 작은 물건이나 작은 현상이 어떤 힘으로 작용한다는 것을 겉으로만 보면 '그 사물의 힘'이라고 여겨집니다. 하지만 근원적으로 그것은 '진리의 힘'입니다. 전체에 작용되고 있는 진리의 힘이 하나하나의 사물과 현상으로 나타나는 것입니다. 그래서 '진리의 화현'이라고 합니다. 진리가 나타나는 모습이라는 것을 알아서 각각의 사물과 모습을 진리처럼 받드는 것이 곧 개체신앙입니다.

세 번째는, 인과신앙입니다. 전체에 작용되어 있는 진리의 힘이 개개의 모습을 통해 나에게 올 때 반드시 어떤 원리가 있습니다. 그 원리가 인과입니다. 내가 좋은 일을 하면 좋은 일을 한 대로 좋은 힘이 나에게 작용되고, 나쁜 일을 하면 나쁜 일을 한 대로 작용합니다. 텅 빈 가운데 묘하게 작용하는 진공묘유의 조화를 따라, 인과는 내가 행한 대로 숨김없이 그대로 보응합니다.

진리의 힘은 낱낱의 사물에만 있지 않습니다. 나에게도 진리의 힘을 좋게 또는 나쁘게 가져올 수 있는 힘이 있습니다. 내 마음을 좋게 사용해야 상대에게 좋은 것을 줄 수 있고, 그래야 상대방을 통해 내가 더 발전할 수 있는 환경이 조성됩니다. 이것이 자력과 타력을 함께 아울러나가는 진리의 힘입니다.

진리신앙과 사실신앙

일원상 신앙의 특징인 전체신앙(진리신앙), 개체신앙(사실신앙), 인과신앙은 각각 떨어진 이치처럼 보이지만 사실은 하나로 연결되어 있습니다. 이를 우리 몸에 비유해보겠습니다.

전체라는 것은 우리 몸과 같습니다. 내 몸에 기운이 왕성하면 작은 균이 들어왔을 때 잘 견뎌냅니다. 가령 소화가 조금 힘든 음식을 입에 넣었더라도 몸의 기운이 좋으면 수월하게 소화해내는 것과 같습니다. 평소에 운동을 열심히 하여 몸 전체에 활력이 넘치면 자생력이 높기 때문에 작은 상처가 생겨도 바로 아물게 됩니다. 이것이 일원의 전체신앙에 대한 측면입니다.

그렇다면 전체신앙을 대상으로 하는 불공은 어떻게 해야 할까요? 몸을 위해 운동을 하거나 보약을 먹는 것으로 불공하는 것처럼, 진리와 우주 전체를 대상으로도 불공을 해야 합니다. 소태산 대종사께서는 이를 진리불공이라고 했습니다.

형상 있는 것들은 낱낱이 개별로 나타나 있기 때문에 전체를 대변하지 못합니다. 예를 들면 손이 몸을 이루는 한 부분이긴 하지만 몸 전체를 대변할 수 없고, 눈이 몸 전체를 대변할 수 없습니다. 마찬가지로 땅도, 하늘도, 이 우주 전체를 대변하지는 못합니다. 그러면 그 전체를 대변하는 것은 무엇일까요? 우리는 그것을 '법신불'이라고 합니다.

'법신불'은 어딘가에 따로 존재하는 어떤 특별한 대상을 칭하는 말이 아닙니다. 모든 것을 포함하고 전체를 총괄하는 그것을 '법신불'이라고 합니다. 그러면 우리는 법신불에게 어떻게 통할 수 있을까요? 무형한 허공법계를 통해야 합니다. 무형한 그 세계는 마음을 통해 들어갈 수 있습니다.

간절한 마음으로 심고를 올리거나 기도를 하면 무형한 세계를 통해 우주에 충만한 법신불과 연결됩니다. 욕심이 떨어진 마음으로 전체를 위해서 살아가는 사람들은 법신불과 합일되는 심경을 갖습니다. 그 심경은 우주 전체와 통하기에 서로 상생의 기운으로 응합니다. 이것이 전체를 모시는 방법, 즉 전체불공을 하는 방법입니다.

하지만 애를 써서 몸 전체에 공을 들이더라도 부분부분을 세심히 신경 쓰지 않으면 온전한 건강을 갖기 어렵습니다. 운동을 열심히 하여 체력은 길렀더라도 정작 발을 함부로 쓰면 다칠 수밖에 없습니다. 전체불공은 전체불공대로 하면서, 현실에서 작용되는 원리에도 소홀하지 않아야 합니다. 손은 손에 맞는, 눈은 눈에 맞는, 귀는 귀에 맞는, 위는 위에 맞는 작용 원리가 있습니다. 몸이 건강하고 체력이 좋다고 하여 돌을 씹어 먹는 것은 치아나 위에 바른 불공을 하는 것이 아닙니다. 그럴 땐 그것이 가진 성질에 맞게 사실불공을 해야 합니다.

전체불공을 잘 하는 가운데 사실불공도 잘 해야 합니다. 이 두 가지 면을 아울러나가는 가운데 인과가 작용합니다. 인과는 정성을 바친 만큼 기운이 응해지는 것입니다. 전체에 정성을 바친 만큼 그 기운이 나에게 응하고, 개체개체에 정성을 들이고 불공한 만큼 그 위력이 나에게 응합니다. 이것이 인과를 따라 죄와 복이 오는 것을 알고 그대로 믿는 인과신앙입니다.

하지만 이제 막 원불교를 알기 시작한 사람은 '전체불공을 해라, 당처불공을 해라, 인과신앙을 해라.'라는 말을 쉽게 이해하지 못합니다. 그러한 진리신앙의 뜻을 아주 쉽게 축약하여 표현한 것이 '처처불상 사사불공'이라는 신앙표어입니다. 곳곳에서 마주치는 모든 대상이 부처님이므로 일마다 그 부처님을 모시는 심경과 불공하는 마음으로 대하라는 것입니다. 신앙표어에는 전체불공, 당처불공, 인과신앙에 대한 뜻이 농축되어 있습니다.

일원상 신앙 실천방법

일상생활에서는 일원상의 신앙을 어떻게 실천해나가야 할까요?

많은 사람들이 '불공'을 어렵게 생각합니다. 그러나 소태산 대종사께서는 '처처불상 사사불공'하는 생활을 아주 간단하게 '감사생활'이라고 설명했습니다. 나에게 좋은 일이 돌아오면 좋은 일이 돌아오니까 감사하고, 나에게 낮은 일이 돌아와도 거기에서 은혜를 발견해 감사하는 것이 곧 불공하는 생활입니다. 소태산 대종사께서는 이를

'원망할 일이 있더라도 은혜의 소종래를 발견하라.'고 표현했습니다.

〈대종경〉에 '실상사 노부부의 며느리 불공'에 대한 일화가 있습니다. 소태산 대종사께서 변산에 머물 때 머리에 한 짐 쌀을 이고 산을 오르는 노인 부부를 만났습니다. 어디로 가느냐는 물음에 노인 부부가 "절에 불공하러 간다."고 하자, 소태산 대종사께서는 "왜 불공하러 가느냐."고 다시 묻습니다. 노인 부부는 "집에 있는 며느리가 불효를 해서 부처님께 빌러 간다."고 대답합니다. 그 말에 소태산 대종사께서는 "그러면 내가 영험 있는 살아있는 부처님을 알려줄 테니 그 부처님께 빌어보겠느냐?"고 했고, 노인 부부는 "가르쳐만 주면 그 부처님에게 불공을 해보겠다."고 합니다. 이에 "살아있는 부처님은 다른 분이 아니라, 집에 있는 며느리가 산 부처님이다. 지금 절에 공양 올릴 물건의 비용으로 며느리가 좋아하는 것들을 해주어 보라."고 당부합니다. 실제로 두어 달 후, 며느리와 노인 부부가 함께 소태산 대종사를 찾아옵니다. 며느리가 그간의 경과를 전하며 말합니다. "어느 날부터 부모님이 갑자기 내가 좋아하는 음식을 해서 먹어보라 하고 옷도 사다주셨다. 처음에는 그냥 몇 번 이러다 말겠지 했는데 그 시간이 오래 지속되고 보니 스스로 '부모님에게 잘 해야겠다.'는 생각이 들어 참회를 하고 서로의 관계가 좋아졌다."

이 이야기는 '처처불상 사사불공'에 대한 생생한 예화입니다. 일원상의 신앙을 믿고 따르는 사람은 일상생활에서 마음을 이렇게 써야 합니다.

일원상의 수행
마음사용법

불교에서는 진리의 근본을 '일체유심조(一切唯心造)'라고 합니다. 모든 것이 마음의 짓는 바라는 것입니다. 각자의 마음을 어떻게 사용하느냐에 따라 즐거움과 괴로움이 결정됩니다. 때문에 가장 중요한 것은 '마음을 어떻게 사용하는가.'에 달렸습니다. 수행은 마음을 잘 사용하도록 하는 방법입니다.

텅 비고 광명하고 조화로운

소태산 대종사께서는 일원상의 수행 장에서 '일원상의 진리를 신앙하는 동시에 수행의 표본을 삼아서 일원상과 같이 원만구족하고 지공무사한 각자의 마음을 알자는 것이며…'라고 수행의 방법을 먼저 일러주었습니다.

여기서 일원상 수행의 표준은 '일원의 진리'입니다. 일원의 진리를 표준하기 때문에 일원상의 진리만 안다면 바로 표준을 삼을 수 있습니다. 하지만, 우리는 깨달은 사람이 아니기에 그 진리를 바로 알기가 어렵습니다. 그럼 진리를 모르면 영원히 표준 삼을 수 없을까요? 아닙니다. 소태산 대종사께서는 당신이 깨달은 진리를 우리가 쉽게 표준 잡도록 조목조목 밝혀주었습니다. 우리는 그 진리를 믿음으로써 내 마음을 수행해나가는 표준을 잡기만 하면 됩니다.

앞에서 일원상의 진리를 설명할 때 우주만유의 본원이고, 제불제성의 심인이며, 일체중생이 가지고 있는 본래의 마음이라고 했습니다. 이렇게 보면 제불제성이 사용하는 마음이나 우리의 본래 마음은 같습니다. 진리와 똑같은 그 마음을 표준 삼아 공부를 하면 됩니다.

소태산 대종사께서는 진리의 속성을 세 가지로 설명했습니다. '① 진리는 모든 것이 텅 비어있는 면이 있다. ②진리는 텅 빈 그 가운데 신령스럽게 아는 광명이 있다. ③진리는 시간과 공간에 제약받지 않고 한량없는 세월에 우주만유의 운행을 따라 있었다/없었다를 반복하는 조화를 가지고 있다.'

이렇게 텅 비고, 광명하고, 조화로운 그것이 부처님의 마음이자 우리의 본성입니다. 그러므로 우리의 수행 표준 역시 '비고, 광명하고, 조화로운' 것이어야 합니다. 마음을 사용하는 데 있어 '비고 광명하고 조화로운' 세 가지 면을 소태산 대종사께서는 '원만구족 지공무사'로 표현했습니다.

원만이란, 전체를 두루 보살피는 마음입니다. 예를 들어, 부모에게 자녀가 다섯 있습니다. 그 중 세 자녀만 예뻐하고 두 자녀는 마음 밖에 두는 것은 원만한 마음이 아닙니다. 다섯 자녀에게 모두 마음이 향해야 원만한 마음입니다. 한 나라의 지도자 역시 마찬가지입니다. 전라도 사람, 경상도 사람, 북한 사람 등을 나누지 않고 모든 국민에게 평등한 마음이 향해야 원만한 것입니다. 어느 쪽에만 향하고 어느 쪽에는 향하지 않는 것은 원만하다고 하지 않습니다.

진리 역시 우주전체를 총섭합니다. 모든 것을 다 총괄하고 다 알고 감싸는 마음, 그것이 원만입니다. 원만한 마음이 되면 잘하면 잘하는 대로, 못하면 못하는 대로 모든 것을 다 감싸 안습니다. 그래서 구족(具足, 빠짐없이 두루 갖추어져 있는 것)이라고 합니다. 내가 좋아하는 것만 마음에 담고 싫어하는 것은 담지 않으면 구족한 것이 아닙니다.

원만은 진리의 텅 빈 면과 통하고, 구족은 진리의 광명하고 조화로운 면과 통합니다. 우리가 '마음 쓰는 법(用心)'을 표준 잡을 때 '텅 비었고 광명하다.'만으로는 그 진리를 표준잡지 못합니다. 그래서 소태산 대종사께서는 '원만구족'이라고 하여 우리가 쉽게 표준 잡도록 했습니다.

두 사람이 있을 때, 두 사람에게 마음이 평등하게 가는 것이 원만한 마음입니다. 우리가 일상생활에서 마음을 써갈 때, 원만구족하다는 말이 훨씬 내 마음 상태를 점검하기에 용이하고, 가까운 표현입니다. 지공무사도 마찬가지입니다. 원만구족한 마음이 갖춰져야, 잘하면 잘한 대로 못하면 못한 대로 어느 한 사람에게 치우치지 않고 제대로 응해줄 수 있습니다. 그렇지 않으면 마음 작용이 편협하게 나타납니다.

원만구족의 상태가 곧 일원상 진리의 상태이고 동시에 우리 마음의 본래 자리입니다. 원만구족과 지공무사는 사실 그 상태가 같지만, 나타나는 모습은 정(靜)할 때와 동(動)할 때로 약간 차이가 납니다. 다시 말하면, 원만구족은 마음이 그렇게 되어있는 상태를 표현하는 말이고, 지공무사는 그 원만구족한 마음이 동해서 사용이 될 때를 표현하는 말입니다.

그러면 우리는 생활 속에서 이 원만구족하고 지공무사한 마음의 상태를 어떻게 알고 살아야 할까요? 원만구족하고 지공무사한 마음을 아는 것을 불교적 용어로 표현하면 '견성'입니다. '내 마음의 어떤 상태가 원만구족하고 지공무사한가?'를 알면 그 상태를 지키려고 노력할 것이고, 그러한 마음을 쓰려고 노력을 하게 됩니다. 사실 수행에 있어서 가장 시초는 바로 이 '원만구족하고 지공무사한 마음'을 스스로 찾아 아는 것입니다.

소태산 대종사께서 일원의 진리를 설명할 때 '제불제성의 심인'을 말한 것은, 모든 부처님이나 성자들의 평소 쓰는 마음 자체가 늘 원만구족하고 지공무사하기 때문입니다. 사실 우리가 스스로 마음을 들여다보아서 어떤 마음이 원만구족하고 지공무사한가를 알기는 참 어렵습니다. 흙탕물이 차 있기도 하고, 깨져있기도 하고, 막혀있기도 해서, 어떤 마음이 맑은 마음인지, 어떤 마음이 터진 마음인지, 어떤 마음이 막힌 마음인지를 잘 알 수 없습니다. 그래서 소태산 대종사께서는 '제불제성의 심인'이라고 하여 부처님과 성자들의 마음을 표준 삼게 했습니다.

스승을 길잡이 삼다

소태산 대종사의 말씀이나, 부처님의 법문이나, 여러 성자들의 가르침은 그것이 다만 말씀으로 중요한 것에 그치지 않습니다. 그 말씀들은 곧 그분들의 마음이자 생활 모습 자체입니다. 우리는 말씀이 정리된 경전을 통해 '아, 이런 경우에는 이렇게 마음을 쓰면 원만구족하고 지공무사하겠구나. 저런 경우에는 저렇게 마음을 쓰면 원만구족하고 지공무사하겠구나.'를 알아야 합니다. 처음에는 거기에 의지하며 공부를 해갑니다.

보통은 경전을 통해 현실에 존재하지 않는 성자들의 법을 받듭니다. 하지만 우리 원불교 사람에게는 그 법을 완전히 소화하여 원만구족하고 지공무사한 마음을 현실 속에서 이룬 분들이 있습니다. 그런 분들을 우리는 스승님이라고 합니다. 내 옆에 존재하는 그분들의 마음을 나의 생활과 대조하면서 '아, 저런 경우 나는 이 마음이 나오는데 저분은 저 마음을 쓰시는구나.' 하며 마음사용법을 비교하고 공부해가면, 차츰 내 마음이 맑아집니다.

원만구족하고 지공무사한 각자의 마음을 아는 방법에는 두 가지가 있습니다. 하나는 밖으로 일원상의 진리에 밝혀진 '제불제성의 심인'이라는 구절에 의거하여 밖으로 성현들의 경전을 대조하거나, 그 법을 이어가고 있는 스승님들의 심법을 배워 아는 방법입니다. 또 하나는 안으로 내 마음 상태를 살피면서 어떤 마음 상태가 원만구족하고 지공무사한 것인가를 찾아가며 아는 것입니다. 원만구족하고 지공무사한 마음을 밖에서만 찾는 것은 한계가 있습니다. 결국 내 마음 안에 있는 원만구족하고 지공무사함을 발견해야 합니다.

사실 내 마음의 광명이 발현되지 못하는 가장 큰 이유는 불교적 표현을 빌리면 관념과 상에 가렸기 때문입니다. 그 관념과 상의 가장 뿌리는 '나(我)'입니다. 그래서 불교에서는 무아(無我, 나 없음)를 이야기합니다. 나에 대한 관념과 상의 뿌리가 녹아야 원만구족하고 지공무사한 마음 바탕이 드러날 수 있습니다.

일상생활을 하는 가운데 원만구족하고 지공무사한 진경에 깊이 들어가지는 못한다 하더라도, 원만구족한 마음의 표준을 쉽게 잡을 수 있는 방법은 있습니다. 바로 '내 마음이 전체를 향해 있는가.'를 생각하면 됩니다. 마음이 어느 한 편에 치우쳐있는 것은 원만구족하고 지공무사한 마음이 아닙니다. 전체를 가지려면 어느 한 편에 마음이 머물지 않아야 합니다. 그렇게 표준을 잡으면 '원만구족 지공무사'에 다가서는 것이 조금 더 쉽습니다.

일원상과 같이 원만구족하고 지공무사한 각자의 마음을 알면, 인간뿐만이 아니라 우주 만물 모든 것에 내 마음이 향합니다.

일심공부로 조각마음을 부수다

그 다음은 일원상과 같이 원만구족하고 지공무사한 각자의 마음을 '양성'하는 것입니다.

양성이란 기를 양(養) 자, 성품 성(性) 자를 씁니다. 원만구족하고 지공무사한 마음의 상태를 잘 길러내는 것이 바로 양성 공부입니다. 이 양성 공부를 원불교에서는 정신수양이라고 말합니다. 정신수양을 통해 성품을 기르는(양성) 것입니다.

정신수양의 대의는 '수기망념 양기진성(修其妄念 養其眞性)'입니다. 망령된 생각을 닦아내고 참다운 성품자리를 길러낸다는 것입니다. 이때 누군가는 '닦는 것'과 '기르는 것'을 각각 다른 것이라고 생각할 수 있습니다. 하지만 이 둘은 다르지 않습니다. 망령된 생각을 닦는 그 순간과 동시에 참다운 성품자리가 양성됩니다. 거울의 때를 닦으면 빛이 나타나는데, 이때 때를 닦는 것과 빛이 나는 것은 따로따로가 아닙니다. 얼룩을 닦는 동시에 빛이 드러납니다. 마찬가지로 수기망념과 양기진성은 같은 것입니다. 망념을 한 번 쉬면 한 번 쉰만큼 양성이 된 것이고, 그 순간에 원만구족 지공무사한 마음자리가 길러진 것입니다.

사실 내 마음의 본래가 원만구족 지공무사하기 때문에, 어떻게 생각하면 따로 기를 것이 없습니다. 하지만 현실적으로 우리는 본래 마음을 충분히 사용하지 못합니다. 그런 입장에서 '점점 양성되어 간다.'고 한 것입니다. 본래적인 입장에서 보면 양성이라고 할 것도 없이 본래 스스로 갖춰져 있는 것이지만, 욕심과 습관이 들어서 그 본래 마음을 가리고 있는 것입니다. 따라서 그것을 제거해나가면 내 본래 마음이 잘 드러납니다. 그래서 '길러나가는 것'이라고 합니다.

원만구족하고 지공무사한 마음을 기르는 방법에는 안과 밖 두 방면이 있습니다. 밖으로는 그 마음을 번거롭게 하는 요인을 쉬게 하고, 안으로는 일어나는 생각들을 잠재우는 것이 그것입니다.

밖으로 내 마음을 번거롭게 하는 인연이나 요인을 쉬게 하는 것은 쉽지 않습니다. 세상을 살아가다 보면 많은 인연을 접합니다. 그 번거로운 인연들을 쉬게 하려고 모든 관계를 끊고 적막강산에 들어가서 수행하는 것이 답이 되지는 않습니다. 밖으로부터 주어지는 경계에 응해서 내 마음이 흔들리거나 흔들리지 않는 요인은 결국 내 마음에 있는 것이지, 바깥 경계에 있지 않기 때문입니다. 즉 바깥의 인연을 쉬게 한다는 말은, 밖으로 어떤 사물을 대하거나 사람을 만날 때 마음이 그 외부 경계에 끌려서 동하지 않는 자유의 힘을 갖는 것을 말합니다. 그런 마음의 움직임을 없게 하려면 수양을 통해 마음의 힘을 쌓아야 하는데, 수양을 할 때에는 큰 원(願, 서원)이 필요합니다. 큰 원을 세우고 진리에 대한 큰 신심을 내야 합니다.

예를 들어, 여기에 천만 원을 버는 일과 십만 원을 버는 일이 있습니다. 그 중 내가 천만 원 버는 일을 하고자 한다면, 십만 원 버는 일이 나를 유혹하더라도 마음이 끌리지 않고 천만 원을 버는 일에 전념을 하여야 합니다. 마찬가지로, 성불제중이라는 큰 진리에 대한 원을 세울 때에는 그것 외에는 더 가치 있는 일이 없다고 여겨야 합니다. 그렇게 서원이 확실히 서면 일상에서의 작은 일에 마음이 흔들리거나 작은 것을 취하기 위해 목적하는 바를 놓치는 일은 없습니다. 자연히 모든 인연들이 쉬고 마음의 평정을 찾게 됩니다. 그것이 원만구족하고 지공무사한 마음을 양성하는 데 큰 힘이 됩니다. 이처럼 밖으로 활동할 때 서원으로 마음의 큰 축을 세우는 공부를 함과 동시에, 마음이 바깥으로 탁 나가려고 할 때 잡아서 멈추고 가라앉히는 것도 중요합니다. 뜬 마음을 가라앉히고 맑히는 공부를 평소에 많이 반복하면 그것이 원만구족하고 지공무사한 마음을 양성하는 수양법이 됩니다.

안으로 마음을 가라앉히는 방법은 여러 가지가 있습니다. 염불이나 좌선은 전문적이고 대표적인 수양법입니다. 이러한 수양법을 통해 내 마음을 하나로 뭉쳐보고 비우면서 일심을 기르면 욕심이나 관념이 자연스럽게 녹고 마음에 안정을 얻습니다. 안정을 얻은 그 자리가 바로 '원만구족하고 지공무사한' 각자의 마음 바탕입니다.

이 모든 것을 일괄하여 소태산 대종사께서는 '일심공부'라고 쉽게 표현해주었습니다. 마음이 여러 갈래로 나가면 조각마음이 되기 쉽고, 뚜렷하고 큰 마음이 되지 못합니다. 하지만 그런 마음들을 계속 모아서 하나로 합해가면 그 자리 그대로가 원만구족하고 지공무사한 우리의 본래 마음자리가 됩니다.

　선(禪)은 일심을 모으는 대표적인 공부법입니다. 과거부터 선이란 하나의 경계에 마음을 집중해서 다른 모든 마음이 그 한 마음에 통일되도록 하는 공부법이었습니다. 그래서 바깥 사물의 어떤 한 점이라든지 이마 혹은 코끝에 마음을 주하도록 하는 등의 여러 방법이 있습니다. 그중 소태산 대종사께서는 단전에 주하는 방법을 선택했습니다. 단전은 배꼽아래 3cm 정도의 부분을 말합니다. 일부에서는 정확한 위치를 잡아야 한다고 합니다. 하지만 소태산 대종사께서 단전에 일심을 모으라고 한 것은 정확한 어떤 지점을 강조하기 위해서가 아닙니다. '단전을 중심으로 한 위치에 일심을 모으라.'고 한 것은 마음을 따라 기운도 아래로 잘 내려서 몸의 건강에도 도움이 되게 하는 방법입니다. 좌선법은 우리 마음을 단전에 집중해서 일념이 모이도록 해나가는 공부법입니다. 마음이 발할 때 멈춰서 마음의 본성으로 돌아가는 순간이 마음을 양성하는 공부입니다.

나쁜 습관 놓는 공부

　그럼 이제, 일원상과 같이 원만구족하고 지공무사한 각자의 마음을 어떻게 사용(솔성)해야 할까요.

　우리가 몸과 마음을 쓰게 되면, 그와 동시에 작업(作業, 업이 지어짐)이 이루어집니다. 그렇기 때문에 업을 짓는 그 순간에 취사를 잘 해야 합니다. 좋은 업이 될 수 있는 것은 취하고, 나중에 고통이 오거나 좋지 못한 업이 될 수 있는 것은 놓는 공부를 해야 합니다. 원래 원만구족하고 지공무사한 각자의 마음이 그대로 드러나서 사용이 되면 항상 선업(善業, 착한 업)이 됩니다. 하지만 편협하게 나타나면 모두에게 해가 될 수 있습니다.

그럼 우리는 왜 원만구족하고 지공무사한 마음을 사용하지 못할까요?

그것은 각자의 익힌바 습관과 기질에 따라 마음을 사용하기 때문입니다. 팔다리를 제어하지 못하면 길을 걸을 때 비틀거리게 됩니다. 이처럼 좋지 못한 업에 굳어 있거나 잘못된 습관에 빠져 있으면 바른 통제를 받지 못하여 바른 길을 걷지 못합니다. 소태산 대종사께서 계문을 주신 이유가 여기에 있습니다. 계문은 원만구족하고 지공무사한 각자의 마음을 잘 사용하기 위한 공부법으로, 먼저 내 안에 입력된 나쁜 기질과 습관을 고치는 방법이 됩니다.

진리를 확실히 알기 전에는 나의 잘못된 습관과 업력이 잘못된 줄도 모른 채 삽니다. 이기심과 욕심을 내면서도 그게 당연하다고 여깁니다. 선악판별을 잘 하지 못하는 것이지요. 계문은 진리의 확실한 표준이 없어서 마음이 병들 수 있는 요인, 다시 말하면 좋지 못한 습관력을 고치고 정리할 수 있게 합니다.

동시에 밖으로는 인간으로서 해야 할 바른 행(行)을 하며 살아야 합니다. 그것을 소태산 대종사께서는 '사은·사요'로 밝혀주었습니다. 뒤에서 더 자세히 살펴보겠지만 사은은 천지·부모·동포·법률 네 가지 은혜를 말합니다. 거기에 보은하는 삶을 사는 것이 인간으로서 해야 할 바른 행동 중 하나입니다. 또 스스로의 힘을 기르고, 잘 배우고, 잘 가르치고, 또 공중을 위해 노력하는 삶의 모습 등이 사요(四要, 네 가지 요건)에 담겨있습니다. 사은에 보은하고, 사요를 잘 실천하는 일, 그것이 바로 마음을 원만구족하고 지공무사하게 사용하는 모습입니다.

일원상과 같이 원만구족하고 지공무사한 각자의 마음을 사용하자는 것이 곧 일원상의 수행이라는 것은, 우리 교리의 삼학(三學) 가운데 작업취사(作業取捨)와 통합니다.

스승과 문답감정

일원상의 수행을 잘 하려면 먼저 일원상의 진리를 믿어야 합니다. 믿고, 마음에 모셔야 합니다. 하지만 일원상의 진리를 잘 모르는 입장에서는 그 진리를 마음에 모신다는 생각이나 말마으로 표준을 잡기가 쉽지 않습니다. 둥그런 원상을 떠올릴 수는 있지만 그 원상을 통해 마음의 표준을 잡기는 어렵습니다.

일원상의 진리를 모시려면, 일원의 진리를 깨닫고 실천하는 스승님들의 심법과 생활을 닮아가고자 노력하면서 그분들을 내 마음에 모시는 것이 선결되어야 합니다. 그렇게 하면서 스승님의 마음과 둘이 아닌 내 마음을 찾아야 합니다. 그걸 견성(見性)이라고 합니다. 견성을 하면 '이 마음이면 스승님 마음과 같겠구나. 스승님도 이 마음을 기르신 분이지. 나도 이 마음을 잘 길러서 확실하게 힘을 쌓으면 스승님과 같은 그런 인격을 얻을 수 있겠다.' 하는 자신감이 생깁니다.

그러나 그 마음을 알았다고 해서 바로 양성(養性)[1]과 솔성(率性)[2]이 되지는 않습니다. 진리와 합일한 스승님들은 무수히 많은 공을 쌓았고 적공을 했습니다. 그러한 과정이 있었기 때문에 일동일정이 원만구족하고 지공무사한 자리를 여의지 않으며 생활할 수 있고, 그러한 지혜를 발현할 수 있고, 그러한 덕화(德化)[3]가 나올 수 있습니다. 일원상의 진리를 신앙의 대상과 수행의 표본으로 삼는다고 하면서 '스승'을 모시지 않으면 참 진리를 모시는 것이라고 할 수 없습니다. 오히려 함정에 빠지기 쉽습니다. 반드시 스승이 있어야 합니다. 본인이 이해하고 있는 일원의 진리에 바탕하는 것에서 더 나아가, 먼저 그 길을 간 스승님들과의 문답감정이 있어야 합니다. 그것이 일원상의 수행을 제대로 하는 방법입니다.

---

1) 양성: 정신수양의 다른 표현. 일원과 같이 원만구족하고 지공무사한 자기의 성품을 기르고, 천만경계 속에서도 일원의 체성을 잘 지키는 것.
2) 솔성: 사람의 본성을 회복하여 일상생활 속에서 잘 활용하는 것.
3) 덕화: 덕행으로 사람들을 교화하는 것.

일원상 서원문 1
성불제중의 비법

개괄

〈정전〉 제2 교의편 제1장 일원상 장에서는 소태산 대종사께서 깨달은 일원상의 진리에 대한 설명이 먼저 나옵니다. 그 다음에 일원상의 신앙 장을 통해 진리를 그대로 믿어야 함을 밝힌 신앙에 대한 설명이 나오고, 이어 일원상의 수행 장에는 일원상의 진리를 믿고 표본 삼아 마음을 닦아나가는 길이 밝혀져 있습니다. 일원상을 종지로 하여 신앙과 수행에 대한 핵심이 여기에 모두 들어있습니다. 그런데 소태산 대종사께서는 일원상의 진리와 신앙·수행에 이어 일원상 서원문을 추가로 밝혔습니다.

소태산 대종사께서 처음에 일원상 서원문을 내놓았을 때는 '심불 일원상 내역급 서원문'이 원제목이었다고 합니다. 급(及)이라는 말은 '~과'라는 의미로 쓰이는 한자입니다. 이를 해석하면 '마음부처인 일원상의 내역과 서원문'이라고 풀이할 수 있습니다. 이것이 나중에 〈정전〉이 편찬되면서 '심불'과 '내역급'이라는 단어가 빠지고 지금의 '일원상 서원문'이 되었습니다.

일원상 서원문에는 서원에 대한 내용만 들어있지 않습니다. 전반부에는 '일원의 진리'가 품고 있는 내역에 대한 설명이 나옵니다. 소태산 대종사께서 '내가 깨달은 진리가 이러이러하다.'는 내용을 말해주고 있는 것입니다. 우리가 살아가고 움직이는 모든 것이 어떠한 원리에 의해 이루어지는 것인지, 죄복을 받는 것과 생사 간에 움직이는 것들이 어떻게 되는 것인지에 대한 원리를 먼저 밝혔습니다. '우리가 살아가야 할 길은 이러이러하므로, 잘 살기로 하면 이렇게 밖에 살 수 없지 않겠는가.' 하는 것입니다.

그리고 중·후반부에서는 진리에 근거해 살아야 할 길을 밝히고, 이대로 살면 어떠한 결과에 이르게 될 것인가에 대한 내용으로 전개됩니다. 때문에 일원상 서원문에는 교리 전체의 뜻이 집약되어 있다고 볼 수 있습니다.

그래서 소태산 대종사께서는 "우리의 모든 서책이 없어져도 일원상 서원문 하나만 남아있으면 다시 회상을 펼 수 있다."고 했습니다. 그 말을 바꿔 말하면, 소태산 대종사의 구세 제중하신 경륜과 원리와 방법이 일원상 서원문에 모두 녹아있다는 것입니다.

일원상 서원문을 아침 기도나 법회 등 대부분의 의식에서 늘 읽다 보니 자칫하면 일종의 주문처럼 뜻 없이 그냥 읽는 것이라고 오해할 수 있습니다. 하지만 일원상 서원문은 주문이 아닙니다. 진리가 깊이 있는 내용이기 때문에 주문 같은 위력이 있을 수는 있지만, 소태산 대종사께서 일원상 서원문을 우리에게 준 뜻은 단순히 주문처럼 외우는 것에 한정되지 않습니다. 서원문에 밝혀져 있는 진리의 내용에 입각해 진리의 위력을 얻고 진리와 함께 하는 삶을 살아가도록 염원하고 있습니다.

서원은 맹세할 서(誓) 자에 원할 원(願) 자를 써서, 원함을 간절히 맹세한다는 뜻입니다. 특히 원(願)은 종자(씨앗)와 같은 것입니다. 우리가 원하는 낙원을 얻기로 하면, 낙원을 얻을 수 있는 씨앗이 있어야 합니다. 그 가장 크고 튼실한 씨앗을 소태산 대종사께서는 일원상 서원문으로 밝혀주었습니다.

일원상 서원문은 처음부터 끝까지 한 문장으로 되어있습니다. 첫 부분(일원은 언어도단의 입정처이요~무량세계를 전개하였나니)까지는 진리에 대한 설명 부분이고, 뒷부분(우리 어리석은 중생은~합하도록까지 서원함)은 '이렇게 살겠다.'는 간절한 맹세를 올리는 내용입니다.

일원상의 진리와 일원상 서원문

일원상 서원문의 첫 부분에서 소태산 대종사께서는 '일원은 언어도단의 입정처이요 유무초월의 생사문인바'라고 했습니다. 이는 '일원'이라는 진리 자리를 언어도단의 입정처와 유무초월의 생사문 두 가지로 밝힌 것입니다. 먼저, 언어도단의 입정처 자리에 대해 살펴보겠습니다.

일원상의 진리 장에서는 일원을 우주만유의 본원, 제불제성의 심인, 일체중생의 본성이라고 하여 그 관계성을 먼저 밝히고, 본원이자 심인이고 본성인 그 내용을 돈공·광명·조화라는 세 부분으로 밝혔습니다. 그런데 일원상 서원문에서는 진리를 세 부분이 아니라 '언어도단의 입정처와 유무초월의 생사문'이라는 두 면으로 밝혔습니다. 그렇게 양면으로 일원상 진리의 덩치를 뭉쳐서 밝힌 후에, 그러한 진리가 천지·부모·동포·법률의 본원이고 제불·조사·범부·중생의 성품이라고 했습니다. 여기서 천지·부모·동포·법률의 본원이라는 말은, 우주만유의 본원이라는 말과 같은 뜻입니다. '제불·조사·범부·중생의 성품'에는 심인이라는 말이 따로 들어있진 않습니다. 하지만 제불조사라는 말 안에 이미 '심인'이라는 말이 들어있는 것이므로, 결국 제불제성의 심인과 일체중생의 본성이라는 것을 뭉쳐서 '제불·조사·범부·중생의 성품'이라고 한 것입니다.

이 내용들만 보면 일원상의 진리 장에 다 나왔던 내용처럼 보입니다. 그런데 일원상 서원문에서는 그 뒤에 '능이성 유상'과 '능이성 무상'이라는 말이 붙습니다. 변하고 변하지 않는 진리를 통해 무량세계를 전개하고 있다는 것입니다.

앞에서 살펴봤던 일원상의 진리 장에 '진공묘유의 조화는 무시광겁에 은현자재하는 것이 일원의 진리'라는 구절이 있습니다. 무시광겁에 은현자재, 즉 나타났다가 숨었다 하는 내용을 서원문에서는 '능이성 유상'과 '능이성 무상'이라고 표현한 것으로 생각됩니다. 나타났다 사라졌다 하는 그 모습이 사실은 변·불변이기 때문입니다. 우주만유는 무시광겁을 통해 상주불멸하여 생로병사로, 성주괴공으로, 진급·강급으로, 은생어해·해생어은으로, 육도사생으로 변화합니다. 그야말로 무량한 세계입니다.

일원상의 진리 장에 나오는 '무시광겁에 은현자재하는'이라는 구절을 서원문에서는 조금 더 자세하게 설명하고 있습니다. 일원상의 진리에서는 원리를 주로 드러냈다면, 서원문은 '진리가 이러이러하니 우리가 어떻게 살아야 할 것인가.' 하고 나의 삶의 길을 밝히는 것이 주체입니다. 때문에 진리가 나에게 어떻게 작용되고 있는가 하는 측면을 자세하게 밝힌 것이 바로 서원문입니다. 진리의 큰 틀에서는 일원상의 진리 장과 내용이 같지만, 서원문에 순차가 조금 더 잘 밝혀져 있다고 이해하면 좋습니다.

언어도단의 입정처

소태산 대종사께서는 서원문에서 가장 근원적인 일원의 덩치를 '언어도단의 입정처'와 '유무초월의 생사문'이라고 표현했습니다. 우리는 성리를 대·소·유·무로 설명하지만, 사실 언어라는 것은 우리의 생각을 나타내는 하나의 표현에 불과합니다. 있다고 하는 것도 없다고 하는 것도, 짧다/길다, 검다/희다 등 모든 것을 나타내는 표현은 우리의 생각이고, 그 생각을 표현하는 한 방법이 언어입니다. '언어가 도단'했다는 말은 모든 생각이 끊어졌다는 뜻입니다. 모든 생각이 끊어졌다는 것은 모든 분별이 쉬었다는 의미입니다.

언어도단의 입정처는 모든 생각이 끊어지고 고요하여 정(定)에 든 자리입니다. 일원은, 즉 진리의 당처는 '모든 분별과 생각과 모든 것이 다 끊어진 자리'라는 것을 소태산 대종사께서는 '언어도단의 입정처'라고 표현했습니다.

유무초월의 생사문

또 언어도단의 입정처인 그것은 유무를 초월해있습니다. 유무를 초월했다는 것은, 유라고도 할 수 없고 무라고도 할 수 없다는 뜻입니다. 유무초월은 곧 언어도단의 입정처인 진리 당체를 지칭합니다. 언어도단의 입정처란 분별 이전, 다시 말하면 분별이 없는 것을 나타내는 말이고, 유무초월이란 '유다/무다.' 하는 일종의 존재적 의미가 없다는 것입니다. 언어도단은 사고(생각)의 의미이고, 유무초월은 현실적으로 무엇인가가 있냐/없냐 하는 존재적인 의미입니다. 진리 당체는 존재적으로 볼 때 있다고 하자니 무엇을 형상으로 잡을 수 없고, 없다고 하자니 분명 뭔가가 있어서 모든 우주 변화의 근원으로 작용합니다. 그러니 소태산 대종사께서는 그 당처를 '유무초월'이라고 밖에 표현할 수 없었습니다.

'진리가 있다.'고 하면 보통 사람들은 있다는 그 생각에 붙잡혀서 무엇이 영원히 있는 것처럼 생각하고, 반대로 '진리가 없다.'고 하면 우리가 보통 생각하는 없다는 개념에 사로잡혀서 정말 아무것도 없는 허무로 생각합니다. 하지만 진리는 그렇지 않습니다. 있다고 생각하자니 아무리 찾아봐도 그 진리의 흔적을 찾을 수 없고, 없다고 생각하자니 묘한 조화로 모든 것이 거기에서 나옵니다.

그 진리의 당체를 소태산 대종사께서는 '유무초월'이라고 하면서 동시에 '생사문'이라고 했습니다. 문(門)은 통로를 말합니다. 문을 통해 들어오면 안이고 나가면 바깥이 됩니다. 마찬가지로 이 문을 건너가면 생(生)이고 이 문을 또 건너가면 사(死)입니다. 하지만 그 문이라는 것 자체는 안도 밖도 아닙니다. 소태산 대종사께서 여기에 '문'이라는 표현을 사용한 것은 유무초월의 의미와, 그것이 문이라는 출입구를 통해서 생사한다는 의미가 담겨있습니다.

일원상의 진리 장에 있는 '진공묘유의 조화는 우주만유를 통하여 무시광겁에 은현자재한다.'라는 말에서 은(隱)은 무(無)의 의미이고, 현(現)은 유(有)의 의미로, 은현자재는 곧 생사관을 표현합니다. 유도 아니고 무도 아닌 그것이 있어서 일체 만유를 있게도 없게도 만들기 때문입니다.

그러면 있게도 하고 없게도 하는 거기에 무슨 힘이 들어있는 것일까요? 바로 언어도단하고 유무초월한 일원의 진리가 있어서 만유의 모습을 나타나게도 하고 숨게도 합니다. 그러한 이치가 '언어도단의 입정처이요 유무초월의 생사문'이라고 표현된 것입니다.

그 뒤에 바로 이어지는 구절은 '천지·부모·동포·법률의 본원이요 제불·조사·범부·중생의 성품으로'입니다. '천지·부모·동포·법률의 본원'은 언어도단의 입정처이고 유무초월의 생사문인 그것이 천지에도, 부모에도, 동포에도, 법률에도 다 들어있다는 뜻입니다. 또 '제불·조사·범부·중생의 성품'은 마음의 본바탕, 곧 모든 부처님이나 그 도를 이어서 전하는 조사나 범부나 중생이나, 그 마음의 본래 바탕은 언어도단하고 유무를 초월해있다는 뜻입니다. 이게 참 좋은 말입니다. 우리가 '성리를 표준한다.'고 말하는 것은 '각자의 본래 성품의 원리를 표준한다.'는 말과 다르지 않습니다. 각자의 본래 성품의 모습이 바로 언어도단하고 유무초월한 모습 그 자체입니다. 그것이 우리 본래 마음자리입니다.

성리의 최고 표준

보통 우리는 내가 하고 있는 생각이나 우리 눈에 보이는 사물만 가지고 '있다/없다.'를 판단하며 살아갑니다. 말하자면, 바다의 깊은 곳까지도 바다인데 그것은 생각하지 않고 표면에 찰랑거리는 물결이나 파도만 바라보며 바다라고 합니다. 파도가 생겼다 사라졌다 하는 것을 보며 '저것이 있다/없다.'를 판단하는 것입니다. 그렇게만 하면 괜찮은데, 그것에 끌려서 있으면 좋고 없으면 싫어합니다. 일반적인 우리들의 삶은 유무초월한 자리나 언어도단한 자리가 아닌, 언어가 있고 유무가 분명한 자리만을 바라보고 살아갑니다. 물론 이러한 것이 진리가 아닌 것은 아닙니다. 유상과 무상의 모습이 모두 진리이기 때문입니다. 그러나 그 유상/무상 가운데 무상, 즉 전체인 것으로 알고 살아가는 '변화하는 원리'는 사실 전체가 아닙니다. 그렇게 나타난 모습의 밑바탕에는 언어의 길이 끊어지고, 생각이 모두 쉬고, 유도 아니고 무도 아닌 그 어떤 진체(진짜 모습, 본체)가 존재합니다. 그것을 진리, 또는 불성, 마음, 하나님 등 여러 가지로 표현합니다. 그 무엇이 있어서 이러한 작용을 하고 있다는 것을 소태산 대종사께서는 '유무초월의 생사문인 바'라는 구절을 통해 우리에게 알려주고 있습니다. 우리는 눈에 보이는 뭔가가 있어야 좋아하고 그 속에서 엎치락뒤치락 욕심을 부리며 살아갑니다. 하지만 그것이 삶의 전부가 아니라는 것입니다.

소태산 대종사께서는 우리 각자의 참 모습, 우주의 참 모습, 내 마음의 본래 고향 등의 그 자리를 일원상 서원문의 가장 첫 구절에서 딱 드러내 주었습니다. '언어도단의 입정처, 유무초월의 생사문' 자리가 극락이고 여의보주입니다. 그러니 언어도단의 입정처이고 유무초월의 생사문인 우리 각자의 마음을 잘 쓸 수 있다면 우리는 평소 삶에서 마주치는 온갖 고락에서 벗어날 수 있습니다.

대산 종사께서 "좋은 비닐 옷에는 뭐가 조금 묻었어도 털어버리면 먼지가 바로 떨어진다."는 재미있는 표현을 한 적이 있습니다. 우리 〈성가〉에도 '연잎에 비 내리니 구슬만 궁글더라.'라는 가사가 있습니다. 물방울이 연잎에 떨어지면 잎에 묻지 않고 그대로 또르르 떨어집니다. 내 본성을 잘 발현하며 사는 사람에게는 다가오는 모든 경계가 마치 연잎에 물방울 같습니다. 있는 것 같지만 사실은 있는 것이 아니고, 묻었지만 아무것도 남지 않고 떨어져 버립니다. 마음이란 그래서 참 신기합니다. 그러한 자유의 힘을 얻은 상태를 우리는 극락이라고 합니다. 그 마음으로 사는 사람들의 모든 마음은 자비와 공심으로 발현되기에 대중에게 유익 주는 마음이 됩니다.

'언어도단의 입정처, 유무초월의 생사문'이 우리 마음을 단련하는 성리의 최고 표준입니다. 평소 분별사량에 너무 끌려 살 때는 언어도단의 입정처 자리를 생각하면 좋습니다. '나의 본래 고향은 언어도단의 입정처'라는 것을 자꾸 상기하면서 성리로 분별을 쉬게 만들어야 합니다. 또 현실 생활에서 친소라든지 증애 또는 밉고·싫고·좋고·나쁘고 하는 등의 감정에 자주 끌려갈 때는 유무초월의 생사문 자리를 생각해야 합니다. 유무를 초월할 수 있는 생사문 자리를 자꾸 생각함으로써 마음이 다른 경계에 물들지 않게 해야 합니다. 이 두 가지 방법이 평소 성리를 단련하고 성리에 바탕하여 마음을 단련하는 요체입니다.

천지·부모·동포·법률의 본원이요

'일원은 언어도단의 입정처인 자리와 유무초월의 생사문'인 자리가 곧 천지·부모·동포·법률의 본원입니다. 사은(四恩)은 원불교 중요 교리 중 하나로, 네 가지 큰 은혜를 말합니다. 일원상의 진리에서는 '일원'을 우주만유의 본원이라고 표현했는데, 일원상 서원문에서는 천지·부모·동포·법률의 본원이라고 했습니다. '일원'이라는 같은 단어인데, 일원상 서원문에서는 왜 사은을 넣어 표현했을까요?

일원상의 진리 장에서는 일원의 원리와 우주의 관계를 객관적으로 밝혔다면, 일원상 서원문에서는 '나'를 주체로 합니다. 내가 서원을 세우는 것이기 때문입니다. 그러니까 현재 나를 있게 하는 것에 어떤 힘이 있어 나를 존재케 하는 것인가를 생각해야 합니다. 천지·부모·동포·법률을 밝힌 것은, 바로 천지·부모·동포·법률의 네 가지 은혜 덕분에 내가 있을 수 있다는 깊은 뜻이 담겨있습니다.

그러면 나를 존재하게 하는 천지·부모·동포·법률은 무엇으로 인해 존재할까요? 그것이 바로 일원의 진리입니다. 언어가 도단하고 유무를 초월한 그 일원의 진리가 있어서 천지와, 부모와, 동포와, 법률을 있게 합니다. 나를 있게 한 결과를 현상적으로 보면 천지·부모·동포·법률이지만, 더 궁극적으로 보면 나를 존재하게 하는 것은 일원의 진리입니다.

'우주만유의 본원'과 '천지·부모·동포·법률의 본원'은 사실 같은 말입니다. 그런데 우주만유의 본원이라는 표현은 나와 쉽게 연결되지 않습니다. 그래서 소태산 대종사께서는 '나'와 바로 직결되도록 일원상 서원문에서 '천지·부모·동포·법률의 본원'이라는 표현을 사용했습니다. '나'라는 것에 진리의 힘이 들어있는데 그 진리가 천지의 힘으로, 부모의 힘으로, 동포와 법률의 힘을 빌려 존재함을 더 가까이 느낄 수 있도록 알려준 것입니다.

제불·조사·범부·중생의 성품으로

모든 부처님과, 진리를 깨달아서 부처님의 법을 이은 스승님들은 물론이고, 도를 알지 못하는 사람과, 사람의 범주를 넘어 모든 생명들에게는, 알고 의식하고 생각하는 것이 있습니다. 그 바탕에 언어도단의 입정처, 유무초월의 생사문의 진리가 들어있습니다.

'본원'이라고 할 때는 우주가 순환되는 원리적 입장에서 생명 순환의 의미가 주체입니다. 그러나 '성품'이라고 할 때는 현실에서 이렇게 저렇게 내 몸과 마음을 직접 움직이게 하는 것을 이야기합니다. 그 뭔가가 있어서 범부도 만들고 부처도 만들고, 잘 살게도 못 살게도 만듭니다.

제불조사는 진급과 은혜의 세계로만 나아가도록 그 뭔가가 사용되는 반면, 범부중생은 어떤 때는 은혜를 만들고 또 어떤 때는 해독을 짓습니다. 이렇게 보면 부처와 범부는 전혀 다릅니다. 하지만 다른 그것이 본래는 같으므로 '제불·조사·범부·중생의 성품'이라고 한 것입니다. 부처님도 본래는 그렇고, 범부나 중생도 '본래는 그렇다.'는 것입니다. 그러면 본래 그러한 형상은 어떻게 생겼을까요? 그것이 바로 '언어도단하고 유무초월한 자리'입니다.

일원상 서원문 2

하루살이는 1년을 모른다

능이성 유상하고 능이성 무상하여

능이성 유상은 능할 능(能) 자, 써 이(以) 자, 이룰 성(成) 자, 있을 유(有) 자, 항상 상(常) 자를 써서 '능히 유상'을 이룬다는 뜻입니다. 능이성 무상은 있을 유자 자리에 없을 무(無) 자를 써서 '능히 무상'을 이룬다는 뜻입니다.

여기서 '능히'는 무위이화 자동적으로 생겨나는 것, 누가 시켜서 하는 게 아니라 스스로 저절로 그렇게 되는 것을 의미합니다. '유상'은 항상 함이 있다는 의미입니다. 어제도, 오늘도, 내일도 늘 똑같이 그러한 것입니다. 그러니까 능이성 유상이라는 말은 능히 항상 함이 있는 세계를 이룬다는 뜻이고, 능이성 무상은 능히 항상 함이 없는 세계를 이룬다는 뜻입니다. '항상 함이 없다.'는 것은 '늘 변화한다.'는 의미와도 같습니다.

일원상 서원문 앞부분에는 일원의 진리가 가진 원래 모습을 밝히고, 그러한 진리가 천지·부모·동포·법률의 본원이 되고, 또 제불·조사·범부·중생의 성품이 된다고 했습니다. 이는 우주가 이루어진 그 자체를 표현한 것입니다. 그것을 시간적인 개념으로 보면 무상과 유상 두 측면으로 이루어집니다. 유상의 측면에서 시간을 이해한다면 늘 있기에 '불변'하는 것이고, 무상의 측면에서 시간을 이해한다면 늘 있는 것이 아니기에 '변화'합니다.

그런데 우리가 눈으로 볼 때는 변화만 주로 보입니다. 변화도 큰 변화는 잘 보지 못하고, 눈앞의 작은 변화만 주로 봅니다. 하루살이가 수십 년 사는 사람의 생은 잘 보지 못하듯, 사람 역시 천년만년 억년에 걸쳐 변하는 우주의 변화를 잘 알지 못합니다.

 # 유상으로 보면 상주불멸로 여여자연하여 무량세계를 전개하였고

'능이성 유상하고 능이성 무상하여'라는 구절은, 우주의 시간적인 변천이나 변동을 보는 안목을 새롭게 합니다. 변화하는 것으로도 무량세계가 전개되지만 동시에 변하지 않는 것으로도 무량세계가 전개된다는 말입니다. 소태산 대종사께서는 '변은 이렇고 불변은 이렇다.'라고 단정 지어 설명하지 않고 '유상으로 보면~, 무상으로 보면~.'이라고 했습니다. 이게 참 재미있는 표현입니다. 다시 말하면, 유상과 무상을 정확히 구분하여 유상의 세계와 무상의 세계가 따로 있다고 하지 않았습니다. 이 우주는 천지·부모·동포·법률의 본원이자 제불·조사·범부·중생의 성품인 진리가 들어서 시작도 끝도 없이 공간적으로나 시간적으로 한량없는 세계(무량세계)가 전개되고 있다는 것이 이 구절의 주지입니다.

나와 더불어 천지·부모·동포·법률은 모두 무량세계 속에서 살아가고 있고, 언어도단하고 심행처가 멸한 무량세계를 전개하고 있습니다. 그런데 그 무량세계를 전개하고 있는 모습에는 두 가지 측면이 있습니다. 그것을 불변하는 면으로 보면 여여자연합니다. 여여자연은 같을 여(如) 자에 자연스럽다고 할 때의 자연(自然)이라는 글자를 사용합니다. 어제도 그렇고, 오늘도 그렇고, 내일도 그렇고, 늘 그 상태로 머물러있습니다. 여여자연은 특별한 변화가 없습니다. 상주불멸은 항상 그대로 머물러있어서 영원히 멸하지 않는다는 말입니다. 유상으로, 즉 변하지 않는 면으로 보면 상주불멸로 여여자연해서 무량세계를 전개하고 있습니다. 하지만 똑같은 것을 무상으로 보면, 다시 말해 변화하는 측면으로 보면 우주와 만물은 한 순간도 쉼 없이 변화하는 모습으로써 무량세계를 전개합니다.

무상으로 보면 우주의 성주괴공과 만물의 생로병사와 사생의 심신작용을 따라 육도로 변화를 시켜

진리를 이해하는 데 있어 변과 불변은 손의 양면과 같습니다. 서로 떨어져 있는 것이 아니고, 이쪽 면으로 보면 이렇고 저쪽 면으로 보면 저렇습니다. 그것을 한문으로는 같을 동(同) 자, 길 도(道) 자를 써서 동도라고 합니다.

　진리적 설명에 이것을 대비시켜보겠습니다. 앞에서 천지·부모·동포·법률의 본원과 제불·조사·범부·중생의 성품이라고 한 부분을 유상/무상과 대비시켜 보면, 본원이나 성품은 유상의 세계입니다. 언어도단의 입정처이요 유무초월의 생사문인 그것이 곧 천지·부모·동포·법률의 본원이고 제불·조사·범부·중생의 성품이기 때문입니다. 본원이고 성품인, 즉 유와 무를 초월한 근본적인 그것은 상주불멸로 여여자연하여 무량세계를 전개하고 있습니다. 본원과 천지·부모·동포·법률의 사은은 서로 다른 존재가 아니고, 천지·부모·동포·법률로 나타나게 하는 그 바탕에 본원이 작용하고 있습니다. 본원이 있어서 천지·부모·동포·법률로 나타납니다. 사은은 사실 한 순간도 쉼이 없는 변화의 세계입니다.

　또 제불·조사·범부·중생의 성품이라는 말에서 '성품'은 언어도단의 입정처이고 유무초월의 생사문인 그것을 말합니다. 그러나 제불·조사·범부·중생의 성품자리에서는 마음을 어떻게 쓰느냐에 따라 중생도 되었다가 부처도 되는 변화가 일어납니다. 마음의 세계는 곧 나타난 세계입니다. 일념미생전(一念未生前), 한 생각이 나타나기 전은 모두 같은 성품자리입니다. 그러나 일념기생후(一念旣生後), 한 생각이 나타난 후에는 '부처다/중생이다.'라는 분류가 이루어집니다. 마음을 쓰지 않고 가만히 있어서는 그 사람이 부처인지 아닌지를 알 수 없습니다. 마음을 써봐야, 그 사람이 마음 쓰는 것을 보아야 '아, 이 분은 참 도인이다.' 혹은 '아, 이 분은 아직 도를 모르는 중생이구나.' 하는 것이 나타납니다. 제불·조사·범부·중생은 나타난 자리, 곧 무상의 자리입니다. 한 순간도 쉼 없이 변화무쌍한 자리를 살아가고 있기 때문입니다.

그러면 성품과 나타난 마음은 서로 떨어져 있는 존재일까요? 아닙니다. 성품이 동하면 마음으로 나타나고, 마음이 정하면 성품으로 돌아갑니다. 동정의 차이만 있을 뿐입니다. 우주가 형형색색으로 나타난 모습도 본원의 기운이 있어 가능한 것이지, 어디에 따로 존재하던 것이 아닙니다. 그러므로 하나의 세계를 놓고 유상으로 보면 이렇고, 무상으로 보면 저런 것이 됩니다.

하지만 보통의 우리들은 '유상으로 보면'의 세계를 쉽게 찾지 못합니다. 무상 역시, 눈에 보이는 무상은 쉽게 알지만 사(死)가 다시 생(生)으로 돌아오는 진리의 근본적인 생로병사는 쉽게 알지 못합니다. 그렇더라도 우리는 현실에서 늘 유상의 면과 무상의 면을 함께 보기 위한 노력을 해야 합니다.

유상·무상을 사람의 예로 설명해보겠습니다. 나이가 들어가며 점점 늙어가는 내가 있습니다. 하지만 나이의 늙고 젊음을 초월하여 상주불멸로 여여자연한 나도 있습니다. 부처님은 상주불멸로 여여자연한 나를 찾은 분입니다. 그런 분들에게는 현실의 나를 훨씬 뛰어넘을 수 있는 여유가 있습니다. 여유가 있기 때문에 현실적인 것을 응대하고 수용할 수 있습니다.

유상으로 보면 천지·부모·동포·법률 그리고 제불·조사·범부·중생이 다 상주불멸로 여여자연하게 전개되고 있습니다. 동시에 무상으로 보면 그 본원과 성품이 들어서 변화할 때 길이길이 돌고 돕니다. '우주의 진리는 생멸이 없이 길이길이 돌고 돈다.'는 것은 바로 이러한 이치 때문입니다.

생멸이 없다는 것은 생과 멸이 일직선이 아니라는 것입니다. 일직선은 그 시작(生)과 끝(滅)이 분명하게 존재합니다. 그러므로 생멸이 없음을 표현해낼 수 있는 것은 결국 시작도 끝도 없는 원(○)밖에 없습니다. 우주도 과학적으로는 언제 생겼고 어떻게 발전해왔다고 밝히지만, 진리적으로는 언제 따로 생긴 바가 없습니다. 특정 시기를 기점으로 생기거나 멸한 바가 있다고 하면 그것은 원(○)으로 상징될 수 없습니다. 시간이라는 것은 무한대로 열려있으므로 결국 우주도 성주괴공의 과정을 거쳐 다시 성으로 돌아가고, 네 단계를 계속 반복하며 변화하고 있습니다.

이 변화하는 시간은 워낙 장구하므로, 그 세월을 우리가 인식하는 시간 단위로는 표현할 수 없습니다. 이를 불교에서는 '겁(劫)'이라고 합니다. 1겁은 백년에 한 번씩 천상에 있는 선녀가 땅에 내려와 히말라야 산자락에 있는 바위를 옷자락으로 한 번 스치고 지나가는데, 그것이 무수히 반복되면서 산이 닳아 없어지는 시간을 표현한 것입니다. 그만큼 상상할 수 없을 정도의 긴 세월이라는 것입니다. 그 겁의 세월은 우주의 성주괴공에도 적용되어서 성겁, 주겁, 괴겁, 공겁이라고 합니다. 그리고 그렇게 성주괴공의 겁이 한 번 도는 것을 소겁이라고 합니다. 봄·여름·가을·겨울이 지나서 다시 봄이 되는 것처럼, 우주도 성주괴공의 단계를 지나서 다시 성겁으로 돌아갑니다. 24소겁이 합쳐지면 1중겁이 되고, 80중겁이 합쳐졌을 때를 1대겁이라고 합니다. 〈대종경〉에 '일대겁 만에'라는 표현이 나오는데, 그 일대겁이라는 것이 얼마나 장구한 세월을 말하는 것인지 그 느낌을 함께 알 필요가 있습니다.

만물의 생로병사는 우주의 성주괴공 원리와 같습니다. 이는 소태산 대종사께서 말한 '음양상승의 도'와 연결할 수 있습니다. 우주가 길이길이 돌고 돈다는 것은 결국 음과 양의 두 기운이 서로 밀며 돌아가는 것을 말합니다. 정산 종사께서는 '우주라는 큰 원상이 돌아감에 작은 원상들이 그 기운을 따라서 돌고 돈다.'고 했습니다. 만물도 결국 생로병사의 순환을 따라 영원히 돌고 있습니다. 우주의 성주괴공이라든지 만물의 생로병사는 우리가 어찌할 수 있는 것이 아닙니다. 우주가 돌아감으로 인해 아침과 저녁이 반복되는 것을 우리의 인력으로 어떻게 하지 못합니다. 우리가 어찌할 수 없다는 것을 받아들이고 순응하며 해탈해야 합니다.

또 우주와 만물의 순환 속에서 의식을 가지고 움직일 수 있는 일체 생령은 자기의 몸과 마음을 어떻게 쓰느냐에 따라 좋게 변할 수도 있고, 나쁘게 변할 수도 있습니다. 그래서 '사생의 심신작용을 따라'라고 표현했습니다. 내가 짓는 바에 따라 변화가 달라지므로 그 권리 역시 각자에게 있습니다. 우주의 성주괴공과 만물의 생로병사에는 순응할 수밖에 없지만, 심신작용을 따라 이루어지는 인과의 세계는 짓는 주체가 '나'이므로 내가 그 작용을 어떻게 하느냐에 따라 좋게도 나쁘게도 만들 수 있습니다.

그렇게 하면서 일체생령은 여섯 가지 세계(六道)로 변화를 합니다. 우리가 살아가는 우주에는 한량없는 무량세계가 전개되고 있습니다. 그러한 세계를 부처님께서는 천상, 인간, 수라, 축생, 아귀, 지옥 등 크게 여섯 가지 세계로 분류했습니다.

육도를 간단히 설명하면 천상은 모든 즐거움이 갖추어진 세계, 인간은 인간 세계, 수라는 몸을 받지 않고 정처 없이 떠돌아다니는 귀신 세계, 축생은 가축과 미물곤충의 세계, 아귀는 탐욕으로 인해 항상 배고픔으로 고통받는 세계, 지옥은 육도 중 가장 고통이 심한 세계입니다.

그렇다면 이 육도는 어디에서 비롯해 전개되는 것일까요? 결국 내 마음이 어떤 세계에 많이 드나드는지에 따라 육도 세계가 전개됩니다. 그래서 불교에서는 심상육도(心上六道)라고 하여 마음에서 전개되는 육도의 세계를 아주 중요하게 이야기합니다. 일상에서 평소 가봤던 길로는 더 쉽게 향할 수 있듯, 명(命)을 마치는 순간에도 평소 생활에서 자신이 닦아놓은 마음의 길을 따라가기가 쉽습니다.

유유상종이라는 말이 있습니다. 같은 것끼리 모이게 된다는 말입니다. 술을 좋아하는 분들은 술집으로, 맑은 것을 좋아하는 분들은 맑은 장소로 자꾸 모입니다. 마음도 마찬가지입니다. 내가 좋아하는 것을 자꾸 따라갑니다. 진리는 내가 좋아하는 곳으로 데려다줍니다. '호리불차(毫釐不差)'라고 하지요. 공적영지한 진리의 광명을 따라서 털끝 하나, 먼지 하나라도 어김없이 자기가 심신 간 지은 바를 따라갑니다. 불교에서는 이를 업(業)이라고 합니다. 하나를 닦으면 그 하나만큼, 하나를 쌓으면 쌓은 하나만큼 그대로 그 자리를 따라갑니다. 그래서 '진공묘유의 조화'라고 합니다. 처음에는 씨앗으로 담겨있다가 시절 인연을 따라 차근차근 나타나면서 무량세계를 전개하게 됩니다.

앞에서 일원상의 진리를 설명할 때 거울의 본래 면과 그 거울에 비친 상에 대한 이야기를 했습니다. '유상으로 보면'은 거울의 본래 면 같은 것이고, '무상으로 보면'은 삶이 거울에 비치며 나타나는 모습을 말합니다. 유상에 무상이 비쳤다고 해서 거울(유상) 자체가 무상이 되진 않습니다. 그저 비추고만 있을 뿐입니다. 이는 우주의 자연적인 변화이기도 합니다. 이처럼 크게 돌고 도는 가운데, 사생(四生, 생명체가 태어나는 과정의 네 가지 분류)은 조금 더 자유롭습니다. 자신의 심신작용을 따라 오르기도 하고 내리기도 할 수 있기 때문입니다.

 # 혹은 진급으로 혹은 강급으로 혹은 은생어해로 혹은 해생어은

으로 이와 같이 무량세계를 전개하였나니

　진급과 강급은 심신작용에 따라 이뤄집니다. 쉽게 말하면 진급은 위로 올라가는 것이고, 강급은 아래로 내려가는 것을 말합니다. 간단히 생각해봐도 가벼우면 위로 올라가기가 쉽고 무거우면 아래로 가라앉기가 쉽습니다. 심신작용이 무거우면 탁정(濁井)[1]과 같습니다. 욕심이나 착심이 많으면 위로 뜨려야 뜰 수 없습니다. 무거우니까 자꾸 아래로 처지고 진급하기가 어려워집니다. 하지만 수양을 많이 해서 안으로 공적영지한 우리의 본성을 많이 함양시키면, 욕심이 걷어지고 깨끗한 심성이 드러나면서 맑은 기운이 위로 솟습니다. 그래야 진급의 세계로 갈 수 있습니다. 육도 가운데 욕심이 적어지면 위로 올라가고, 욕심이 많아지면 아래로 내려갑니다. 돈이나 명예가 좋은 것이지만 그것에 자꾸 욕심을 뭉치면 강급의 세계로 떨어지고 맙니다.

　또 우리는 홀로 살지 않고 자력과 타력이 함께 어우러진 가운데 살아갑니다. 타력을 입을 때 해로움에서 은혜로움이 나오기도 하고, 은혜로움에서 해로움이 나오기도 합니다. 그것이 은생어해 해생어은(恩生於害 害生於恩)[2]입니다. 해에서 은이 나온다는 것은(은생어해), 저쪽을 이롭게 해주고 내가 해로움을 가짐으로서 은혜가 되는 것을 이야기합니다. 당장은 내가 해로움을 가져온 것 같지만 진리적으로는 그것이 은혜의 결과를 가져옵니다. 반대로 은에서 해가 나온다는 것은(해생어은), 상대에게 해를 주고 내가 은을 가져왔음에도 그 은혜에서 해로움이 나온다는 것입니다. 그렇기 때문에 소태산 대종사께서는 '자타 간에 서로 어울릴 때에는 자리이타(自利利他)로 하라.'고 했습니다. 최대한 저쪽도 이롭게 하고 나도 이로울 수 있도록 하되, 그 길이 정 여의치 않으면 해를 내가 가지는 것이 은혜를 만드는 길입니다.

자리이타, 사실 나와 상대를 똑같이 이롭게 하는 일은 쉽지 않습니다. 사람들은 보통 '나'를 더 좋게 하려는 욕심이 있습니다. 그래서 똑같이 이롭게 하더라도 실지로는 나에게 더 이익되는 길을 택합니다. 그러기에 내가 조금 손해본다고 생각해야 진리적으로 공평해집니다.

그렇다고 남을 돕겠다며 내가 먹을 쌀 한 톨 남기지 않는 것 역시 도에 맞는 행동이 아닙니다. 내가 힘이 있어야 남을 도울 수 있습니다. 소태산 대종사께서 자리이타를 밝힌 뜻은, 이타정신과 이타주의로 나아가야 늘 은생어해의 삶을 살아갈 수 있기 때문입니다.

1) 탁정: 물이 맑지 않은 우물.
2) 은생어해 해생어은: 어떠한 역경·난경에서도 인과의 진리를 믿고 선업을 쌓아 복락을 장만하는 것이 은생어해, 이와 반대로 순경에 도취하거나 탐닉하여 악업을 짓고 죄과를 불러오는 것이 해생어은이다. 은생어해의 생활을 하는 사람은 항상 은혜를 발견하여 진급하게 되고, 해생어은의 생활을 하는 사람은 항상 해독과 원망을 발견하여 강급하게 된다. 은생어해는 감사생활을 하게 되고, 해생어은은 원망생활을 하게 된다.

일원상 서원문 3
진리와 합일하다

지금까지는 일원상 서원문에 담긴 '일원상의 진리'의 속성과 나와의 관계성을 살펴보았습니다. 이제는 그러한 진리에 바탕하여 '우리가 어떻게 살아야 할 것인가.'에 대한 내용입니다. 일원상 서원문에는 우리가 어떻게 살아야 하는지, 마음공부를 어떻게 해야 할 것인지가 담겨있습니다.

우리 어리석은 중생은 이 법신불 일원상을 체받아서

소태산 대종사께서는 우리를 어리석은 중생이라고 했습니다. 석가모니 부처님은 우리가 사는 세상을 '고해(苦海, 고통의 바다)'라고 했고, 기독교에서는 '원죄'를 이야기합니다. 소태산 대종사께서 일원상 서원문에 '어리석다.'라는 표현을 사용한 것 역시 이러한 시선과 통합니다. 하지만 여기서 이야기하는 '어리석다.'는, 평소 우리가 지혜롭다는 말의 반대 의미로 사용하는 어리석음과는 다릅니다. 큰 진리를 깨달은 입장에서 그 진리를 모르고 사는 이들을 보면, 철부지 어린이처럼 보일 것입니다. 그런 의미에서 어리석다는 표현을 쓴 것이 아닐까 생각합니다.

'진리를 모르고 살면 어리석다.'는 말에는 누구도 반론을 제기할 수 없습니다. 우리는 어리석지 않기 위해서라도, 법신불 일원상을 잘 체받아야 합니다. 체받는다는 의미에 대해 살펴보겠습니다.

'체받는다.'는 것은 일원의 진리를 그대로 마음에 모시고 표준해서 그 모습대로 살아가는 것을 의미합니다. 체받기 위해서는 일원상의 진리를 깨달아야 합니다. 그런데 이 구절에서 소태산 대종사께서는 '우리 어리석은 중생'에게 '법신불 일원상을 체받아야 한다.'고 합니다. 이는 자력으로 깨치지 못한 중생에게 희망을 주는 말입니다. 일원의 진리는 이러이러한 것이라고 알려주는 내용을 그대로 믿고 마음에 표준을 삼으면 된다는 당부와 안내가 체받으라는 말에 들어있습니다. 사실 깨닫기만 하면 바로 체받음이 되지만, 깨달음은 바로 이루기가 쉽지 않습니다. 그럴 땐 일단, 선지자가 일러준 대로 받아들여서 믿는 것만으로도 체받음이 됩니다.

심신을 원만하게 수호하는 공부

심신을 원만하게 수호하라는 말은, 각자의 본래 마음을 잘 지키라는 것입니다. 앞 구절에서 '일원은 언어도단의 입정처이요 유무초월의 생사문이며, 이것이 제불·조사·범부·중생의 성품'이라고 했습니다. 이것을 다시 말하면 '각자의 본래 마음은 그러한 진리성을 가지고 있다.'는 뜻입니다. 그런데 그 진리성은 왜 있는 그대로 발현되지 않을까요? 불교에서는 두 가지 요인이 있다고 봅니다. 하나는 밖에서 오는 경계로 인해 내 마음이 요란해지기 때문이고, 두 번째는 내 마음 안에서 일어나는 망념이 내 마음을 요란하게 만들기 때문이라는 것입니다.

여기서 쓰인 '수호'라는 단어는 외수내호(外守內護)의 의미를 갖습니다. 바깥으로 우리의 눈·귀·코·입·몸·마음 등의 육근은 늘 경계에 닿아있습니다. 그러다 보니 경계는 늘 우리의 육근을 타고 들어와 내 안을 어지럽게 하려고 호시탐탐 기회를 엿보고 있습니다. 나를 공격하려는 경계가 바깥으로부터 안으로 들어오지 못하도록 잘 지켜야 하는 것이기에 '지킬 수(守)' 자를 씁니다.

그럼 외부로부터만 잘 지키면 되는 것일까요? 한 나라가 국방을 하는 이유는 국민들을 평화롭게 만들기 위해서입니다. 마찬가지입니다. 밖에서 오는 경계의 일체 난리가 침입하지 못하도록 막는 이유는 안으로 깨끗한 마음을 잘 보호하고 기르기 위해서입니다. 그래서 '보호할 호(護)' 자를 씁니다.

밖의 경계가 내 마음을 요란하게 하지 않도록 잘 막고, 동시에 안에서 본성을 어지럽게 하는 마음을 잘 가라앉혀 맑히는 것이 '심신을 원만하게 수호하는 공부'입니다. 본래의 마음을 그대로 잘 지키는 공부를 안과 밖으로 함께 해야 합니다.

사리를 원만하게 아는 공부

사리를 원만하게 아는 공부는 삼학 중 사리연구에 해당합니다.

과거에는 진리를 천지의 순환, 우주 자연의 본래 모습 등과 같은 '이치'를 주로하여 밝혔습니다. 그런데 소태산 대종사께서는 '일(事)'과 '이치(理)'를 함께 말함으로써, 인간 생활에서 일어나는 다단한 일들까지도 우리가 알아야 한다고 했습니다.

사(事)와 리(理)를 함께 연구하게 한 것은, 원불교적으로 보면 영육을 쌍전하게 하는 의미가 담겨있습니다. 영적인 구원뿐 아니라 우리의 육신을 보전하게 하는 의식주 생활까지 두 가지가 함께해야 완전한 생활이 되기 때문에 영과 육을 아울러 살펴야 한다는 것입니다.

현실을 떠나서는 원리적인 세계가 존재할 수 없습니다. 이치를 바탕으로 나타나는 것이 현실세계이기 때문입니다. 현실[事]에서 어떤 것이 옳고 어떤 것이 그르며, 또 어떻게 하면 참으로 이롭고 어떻게 하면 해로운 것인지, 또는 지금 당장 이익을 얻는 것이 참으로 이로운 것인지 아니면 당장은 해롭지만 영원한 이익을 얻을 수 있을지 등과 관련한 판단을 이치[理]의 증거로 삼을 수 있어야 합니다.

사리를 원만하게 아는 공부 방법에 대해 소태산 대종사께서는 '이치를 원만하게 아는 공부를 하려면 대소유무를 알아야 한다.'는 말을 공식처럼 밝혀주었습니다.

먼저 대소의 원리를 알아보겠습니다. 대(大)는 본체를 말합니다. 전체를 생각하면 쉽습니다. 사람으로 비유하면 사람 몸 전체가 대입니다. 그런데 대에는 그것을 이루는 각자의 부분이 있습니다. 그것이 소(小)입니다. 몸 하나를 놓고 보면 손, 발, 귀, 코, 입 등이 다 각각 다른 작용을 하고 있지만 다른 작용을 한다고 하여 관계가 없는 것이 아닙니다. 떨어져 있지 않고 하나로 연해 있으면서 각각의 작용을 합니다.

보통 우리는 소의 차별성에 집착하여 '눈은 귀와 다르고, 귀는 손과 다르고, 손과 발은 다르다.'는 식으로 그것들을 각각 다른 존재처럼 생각합니다. 그러나 그것은 진리적 대(大)의 이치를 놓친 것입니다. 대소는 떨어져 존재하지 않습니다. 그것들을 구분하는 하나의 표현일 뿐입니다.

어떠한 사물이든 반드시 대소의 원리가 함께 있습니다. 국가에도 분명히 대소의 원리가 있습니다. 손과 발이 둘이 아니듯, 사람 한 명 한 명이 모여 국민 전체가 됩니다. 또 강원도, 전라도, 경상도 등으로 지역을 나누는 명칭은 분명 각각 다르지만 이것이 서로 떨어져 있지 않음으로 하나의 나라를 이룹니다. 내 손이 내 발을 때리고 내 발이 내 귀를 때리는 것은 결국 내 몸을 멍들게 하는 일입니다. 소태산 대종사께서는 진리를 깨달은 후 사람 몸 하나 뿐만 아니라 우주만유 전체가 대소의 원리로 되어 있는 걸 알게 되었고, 그것을 우리에게도 알게 했습니다.

다음으로 유무입니다. 유무란 있고 없음을 나타내는 말입니다. 우주만유의 모든 것은 가만히 정지되어 있지 않습니다. 반드시 나타났다가 숨고, 숨었다가 나타나는 것을 반복하며 끊임없이 순환무궁합니다. 해가 오늘은 졌다가 내일은 다시 뜨는 것처럼, 나타났다 숨었다 하는 것이 우주의 원리입니다.

대소유무의 이치를 아는 것은 진리를 깨닫는 공식입니다. 이러한 대소유무의 원리가 있어 현실에 작용을 합니다. 그러므로 현실 작용의 판단기준이 곧 대소유무입니다. 현실 속에서 어떤 일이 대소유무의 원리에 맞으면 옳은 일이고, 그 옳은 일은 다시 이로운 일이 됩니다. 자타 간에 이로워지는 것은 진리에 맞는 일이기도 합니다. 만약 어떤 나라에서 국가가 가진 대(大, 전체)의 이치만을 위주하고 국민들 각각의 소(小, 각자)의 특성은 무시한다면 그 나라는 잘 될 수 없습니다. 반대로 개인주의에 너무 집착하여 대를 놓치면 소의 이치는 드러냈을지 몰라도 원만한 결과를 가져오지 못합니다.

대소유무의 원리에 바탕하여 전체를 생각하면서도 개인의 특성을 살려가고, 또 개인의 특성을 생각함과 동시에 그것이 전체와 둘이 아닌 면을 드러낼 수 있어야 합니다. 그렇게 대를 드러낼 자리에는 대를 본위로 하여 소가 합해주고, 소를 살려줄 자리에서는 대가 큰 바탕으로 합력해야 합니다.

유무도 마찬가지입니다. 어떤 일로 인해 경계가 닥치면 그대로 끝나지 않고 반드시 거기에 대한 결과가 돌아옵니다. 그렇게 끊임없이 나타났다 사라졌다를 반복하며 순환할 뿐, 어느 때 딱 사라져버리지 않습니다. 이러한 유무의 원리를 잘 알면 나에게 해로운 것일지라도 잘 소화시켜서 큰 유익으로 가져올 수 있습니다. 소태산 대종사께서는 자리이타로, 중도로, 넘치지 않게 했습니다.

어떤 일을 당해서 사물을 판단할 때, 우리는 반드시 대소유무의 이치와 시비이해를 원만하게 분석해야 합니다. 하지만 보통의 우리들은 진리에 대한 완전한 깨달음이 없기 때문에, 성현들의 말씀이 기록된 경전을 공부하고 스승님을 모시며 사리를 원만하게 아는 공부를 해야 합니다. 경전에는 성자들이 대소유무의 이치에 바탕해 진정한 시비이해를 건설하며 살아간 모습이 그대로 담겨있습니다. 스승님들은 그러한 선례를 보여주는 분들입니다. 살아가야 하는 원칙을 그대로 이어받아 살아가는 분들입니다. 경전 공부와 스승님들의 말씀을 통해 대소유무와 시비이해를 연마하면 현실 생활에서 마주하게 되는 일들에 대한 연구도 훨씬 수월해집니다.

그래서 소태산 대종사께서는 "견성을 하면 목수가 잣대와 먹줄을 얻은 것 같다."고 했습니다. 견성을 하면 어떤 일이든지 표준이 탁탁 섭니다. 원리를 깨달으면 일을 당했을 때 '이렇게 해서는 안 될 일이다. 저렇게 해서는 안 될 일이다.' 하는 옳은 표준이 분명하게 나옵니다.

심신을 원만하게 사용하는 공부

수호하고 아는 것은 각자각자가 해야 할 수양 공부와 연구 공부이지만, 결국은 심신을 어떻게 사용하는가에 따라 그 공부의 결과가 나타납니다. 심신(心身), 즉 몸과 마음을 잘 사용하기 위해 잘 알아야 하고, 잘 알기 위해 그 마음을 잘 수호하라고 한 것입니다.

마음공부를 심전 농사(心田, 마음밭 농사)라고도 합니다. 수호하는 공부는 밭을 잘 다듬고 고르는 역할입니다. 밭을 잘 다듬고 골라서 수호하고, 다음으로 농사법을 잘 연구한 후에, 그것을 어떻게 실지에 사용하고 노력하느냐에 따라 농사의 결과가 달라집니다. 설사 잘 수호하였고 잘 아는 것까지는 어떻게 했다 하더라도, 이것을 사용할 때 알면서도 잘못 사용하거나 게으른 습관을 따라가면 결국 아무 소용없는 일이 되고 맙니다. 소태산 대종사께서는 삼학공부가 모두 평등하고 중요하지만 결론을 짓는 취사 공부를 강조했습니다.

'원만하게 사용'하는 것은 다른 것이 아닙니다. 원만하게 지키고 원만하게 알았으면 안 그대로 잘 실행을 하여 자타 간에 유익되게, 즉 나도 이롭고 상대도 이롭게 해야 합니다. 그 실행의 방법을 소태산 대종사께서는 안과 밖의 두 가지 방법으로 제시했습니다.

하나는, 내수계율(內守戒律)입니다. 안으로 계율을 잘 지키는 것입니다. 계율에 담긴 조목들은 나의 심신을 잘못 사용하게 하는 대표적인 것들입니다. 나를 옳은 길로 가지 못하게 하는 최고의 마장입니다. 원불교에는 보통급, 특신급, 법마상전급에 각각 10개의 계문, 총 30계문이 있습니다. 사실 우리 생활에 마장이 되는 것은 30개만이 아니고 수천수만 가지에 이릅니다. 그러나 그중 잘못 사용할 경우 해독이 큰 것, 또는 가장 근원적으로 지켜야 할 것을 열 개씩 정리하여 그것부터 지키게 했습니다. 그렇게 단계적으로 기질을 변화시킵니다. 그동안 잘못 사용되어서 죄업을 짓던 기질을 선업을 짓는 기질로 순화시키는 것이 바로 계율입니다.

계문을 대조하면 자신의 취사정도를 알게 됩니다. 하지만 그 일은 쉽게 되지 않습니다. 그래서 소태산 대종사께서는 그때그때 마음을 놓치지 않고 주의하며 살아가도록 '주의·조행 공부'를 함께 밝혔습니다.

두 번째는 외행정의(外行正義)입니다. 안으로 계율을 잘 지켜서 잘못된 습성을 고침과 동시에, 그것에 바탕하여 밖으로 몸과 마음을 쓸 때 올바른 일을 하도록 자꾸 노력해야 합니다. 이 올바른 일이 우리 교리에서 말하는 사은·사요입니다. 감사생활, 자력생활, 잘 배우고 잘 가르치는 것, 공익과 대중의 이익을 먼저 생각하는 것 등이 모두 '심신을 원만하게 사용하는 공부'입니다.

지성으로 하여 진급이 되고 은혜는 입을지언정 강급이 되고 해독은 입지 아니하기로써 일원의 위력을 얻도록까지 서원하고 일원의 체성에 합하도록까지 서원함.

이 마지막 구절에는 소태산 대종사의 간절한 염원이 담겼습니다. 진리를 깨달은 소태산 대종사의 눈에 '누군가는 저렇게 마음을 써서 복을 받고, 누군가는 이렇게 마음을 써서 해를 입는' 사람들의 모습이 환히 보였을 것입니다. 그런데 정작 그 사람은 자신이 지은 그대로 받는 줄을 모르고 부모, 선령, 자녀, 국가 등등을 원망하면서 살아갑니다. 깨달은 안목으로 볼 때 자기의 몸과 마음을 잘 쓰려는 생각을 하지 않는 것처럼 안타까운 일은 없습니다. 그 모습이 참 답답하기도, 딱하기도 했을 것입니다. 그래서 '그 공부는 다른 데 있지 않다. 이것만 하면 된다.' 하는 뜻으로 수호하고, 알고, 사용하는 공부를 밝혔습니다.

소태산 대종사께서는 "마음이 있는 사람이라면 누구라도 이 법으로 부처 만들 자신이 있다."고 했습니다. 마음이 있는 사람이라면 누구든지 '하면 되는' 공부입니다. 이 공부는 지성으로, 지극한 정성으로 해야 합니다. 이소성대(以小成大), 즉 세상의 모든 이치는 작은 것에서 시작해 큰 것을 이뤄냅니다. 큰 산도 작은 먼지들이 합해진 결과이고, 대해장강(大海長江)도 작은 물방울들이 합쳐진 결과입니다. 불보살 성현들께서 큰 마음을 이루고 큰 힘을 얻은 것 역시 한 번에 이뤄진 것이 아닙니다. 오랫동안 지성으로 이 공부를 했기 때문입니다.

과거에는 좁고 어려운 공부길을 걸어야 했다면, 소태산 대종사께서는 넓고 큰 고속도로 같은 길을 밝혔습니다. 학식이 있고 없는 것에 관계없고, 또 남녀노소를 가릴 것 없이, 이 공부를 이정표로 삼고 지성으로 노력하여 강급되지 말라는 염원을 일원상 서원문에 담았습니다.

자녀들이 잘 못살기를 바라는 부모는 없습니다. 소태산 대종사께서도 우리 중생들을 바라볼 때 그런 염원이 있었을 것입니다. 그래서 누구나 이 공부를 꾸준히 해나가며 일원의 위력, 진리의 위력, 사은 전체의 은혜와 위력을 얻어 쓸 수 있게 했습니다. 일원의 체성에 합한다는 것은 진리와 합일한다는 의미입니다. 결국 원만구족하고 지공무사한, 또는 언어도단하고 유무초월한 그것이 내 마음에 그대로 합일하여 일상생활에서 그대로 발현되게 하는 것이 중요합니다. 그러기 위해 서원을 맹세하고 다짐하는 일을 놓지 말고 꾸준히 공부를 해가라는 당부와 염원이 이 구절에 깊이 담겨있습니다.

견성과 실천

깨달음이 중요한 것이라지만, 소태산 대종사께서 밝힌 법에는 깨달음에 대한 맹목적 강조가 없습니다. 과거 도가에서는 견성을 많이 강조했지만 소태산 대종사께서는 "앞으로 6~7세만 되면 견성은 다 한다."면서 깨달음을 아주 쉽게 말했습니다.

그 이유를 생각해보았습니다. 견성한 내용을 과거처럼 방편설로 해놓으면 우리가 그 방편의 진위를 일일이 분석해서 알아가야 할 텐데, 소태산 대종사께서는 진리를 어렵게 풀지 않고 있는 사실 그대로 다 밝혀주었습니다. 우리는 그대로 믿고 알고 실천하기만 하면 됩니다. 그래서 특별히 견성을 강조하지 않았다고 생각합니다.

사실은 일원상의 진리 장에 담긴 내용이 모두 견성법이고, 이 일원상 서원문에 있는 내용이 모두 견성법이고, 사은·사요 또는 처처불상 사사불공의 교리가 모두 견성하는 방법입니다. 이 교리 전체가 깨달음의 내용을 그대로 사실화하여 나타낸 것입니다. 그러므로 우리는 교리를 공부할 때 아는 것에 그치지 말고, 실천을 위주로 하여 혜와 복을 장만해가야 합니다.

서원함

일원상 서원문을 암송하고 받들 때, 먼저 서원문 내용에 대한 이해가 있어야 합니다. 그렇게 이해된 마음으로 하나하나 읽어나가야 거기에 담긴 소태산 대종사의 대염원과 대각한 혜안과 경륜을 오롯이 받들 수 있습니다.

소태산 대종사의 마음이 내 마음이 되고, 내 마음이 소태산 대종사의 마음이 되도록 일심으로 봉독하면서 가장 마지막 단어인 '서원함.'에 마음이 뭉칠 수 있도록 해야 합니다. '서원하나이다.' 혹은 '서원합니다.'라고 하지 않고 '서원함.'이라고 한 것에 묘미가 있습니다. '함'이라고 할 때, 뭔가 기운이 어리면서 함축되는 묘한 느낌이 듭니다. 우리의 기운과 마음을 서원문의 내용에 그대로 뭉쳐야 합니다.

일원상 법어
큰 집 살림을 하다

　일원상 법어의 '일원상'은 진리의 상징인 둥그런 원(○)을 말하고, '법어'는 보통 불가에서 큰 스님들이 진리를 깨닫고 전한 말씀을 뜻합니다. 따라서 일원상 법어는 소태산 대종사께서 '일원의 진리를 깨닫고 하신 말씀'이라고 간단히 해석할 수 있습니다.

　소태산 대종사께서는 일원상 장에서 일원상의 진리와 일원상의 신앙 그리고 일원상의 수행과 일원상 서원문을 통해, 진리의 내역과 그것을 믿고 닦아나가는 방법, 또 우리가 어떠한 마음으로 서원을 세워서 꾸준히 나아갈 것인가를 밝혔습니다. 그런 후에 일원상 법어를 배치했습니다. 이는 어떠한 경지에 이르러야 진리를 깨달았다고 볼 것인가에 대한 표준을 잡아준 것이라고 여겨집니다.

　일원상 법어 앞부분에서는 우리가 진리를 깨달으면 알게 되는 것에 대한 설명이 나열됩니다. '이러이러한 내용들에 대한 자각이 생기면 그게 바로 진리를 깨달은 것'이라는 것입니다. 일원상 법어 뒷부분에서는 그러한 진리를 깨달은 사람이 사는 모습에 대한 설명이 이어집니다. 진리를 깨달았다고 하여 신통묘술을 부리거나 구름을 타고 다니는 모습이 아니라, 눈과 귀와 코 등 육근을 사용할 때 원만구족하고 지공무사하게 사용하면 그것이 진리를 제대로 깨달은 사람의 모습임을 설명합니다. 즉, 일원상 법어는 확실하게 진리를 깨달은 사람의 심경과 행(行)을 밝히고 있습니다.

이 원상의 진리를 각하면 시방 삼계가 다 오가의 소유인 줄을 알며

일원상의 진리 장에서 일원은 우주만유의 본원이라고 했습니다. 일원의 진리가 우주만유의 본원이라는 것을 알면, 시방삼계가 다 나의 것인 줄을 알게 됩니다.

현실 세계에서는 내 이름으로 등록된 집이나 토지, 또는 나와 인연을 맺고 있는 가족, 내가 아는 지식 등을 내 것으로 알고 살아갑니다. 하지만 그렇게 가진 내 것 외에 남의 이름으로 등록되어 있는 것과 남의 가족, 남의 지식은 내 것으로 삼을 수 없습니다. 내가 마음대로 쓸 수 없는 것은 결국 남의 것입니다. 그래서 보통의 우리들은 내 것과 남의 것을 구별합니다.

그런데 일원의 진리를 깨달으면 내 이름으로 되어있는 것만이 내 것이 아니라 우주 안에 있는 모든 것을 내 것 삼을 수 있습니다. 오가는 나 오(吾) 자, 집 가(家) 자를 써서 내 집의 소유라는 말입니다. 일원상의 진리를 깨달으면 시방삼계가 모두 나의 소유인 줄을 알게 됩니다.

우리는 매일매일 입으로는 진리를 설하고 믿는다고 하면서도 마음속에서는 내 것과 남의 것을 분명히 구분 짓습니다. 그래서 내 것은 소중하게 여기지만 남의 것은 별 것 아니라며 방치합니다. 만약 이런 마음이 조금이라도 있는 사람은 아직 일원의 진리를 정확하게 깨닫지 못한 사람입니다.

그렇다면, 참다운 나의 소유란 무엇일까요. 대산 종사께서 제자들과 익산총부 근처 배산에 갔을 때 던져주었던 화두입니다. "시방삼계가 다 오가의 소유라고 하니 저기 논에 가서 벼 한 줌을 베어와 봐라." 모든 것이 나의 소유이니 아무 논에나 들어가 벼를 베어와도 될까요? 상식적으로 생각해보아도 대가를 지불하지 않고 물건을 그냥 가져올 순 없습니다.

그런데 일원상의 진리를 깨달으면 시방삼계가 다 오가의 소유인 줄을 알게 된다고 했습니다. 이를 단순하게 생각하면 내 것과 남의 것을 가릴 줄 아는 평범한 사람들보다 진리를 깨달은 사람이 더 도둑이 아닌가 하는 의문이 듭니다. 이때 '오가의 소유'라는 뜻을 정확히 알아야 진리를 깨달은 사람입니다. 진리를 깨닫지 못한 사람은 내 것/남의 것을 구분하고 삽니다. 그래서 남에게 조금 주려면 아깝고, 남의 것을 빼앗아 나에게 가져오기를 좋아합니다. 전체가 나의 것인 줄 모르기 때문에 나타나는 행동입니다.

오가의 소유라는 말은 내 집에 물건을 가득 채우는 것을 말하는 것이 아닙니다. 큰 집 살림을 한다는 것입니다. 진리를 깨닫는 것은 결국 큰 살림을 하려는 것입니다. 본가 살림을 해야 합니다. 단순히 몸을 의탁하는 집의 의미가 아닙니다. 그것은 일시적으로 내가 소유한 작은 일부분에 불과합니다.

그러면 무엇이 나의 본래 집일까요? 시방삼계가 다 오가의 소유인 것을 알면 큰 살림이 나옵니다. 영원한 내 집, 참다운 내 집, 큰 집 살림을 하게 되는 것입니다. 부처님에게서 자비와 주인정신이 나오는 것은 이러한 진리를 알기 때문입니다. 그럼 우리는 어떨까요? 내 집을 소유 삼았는지, 내 직장을 소유 삼았는지, 내가 몸담은 지역을 소유 삼았는지, 나라를 소유 삼았는지, 인류를 소유 삼았는지, 또는 시방삼계 일체생령 육도사생까지 나의 소유로 삼고 사는지를 대조해볼 필요가 있습니다. 그러면 내가 철들어가는 단계, 진리를 깨달아가는 단계가 점검됩니다.

우주 만물이 이름은 각각 다르나 둘이 아닌 줄을 알며, 또는 제불·조사와 범부·중생의 성품인 줄을 알며

우주만물은 이름이 각각 다릅니다. 동물도 식물도 모양과 생김새를 따라 모두 이름이 다르게 불리고 성질도 차이가 납니다. 만물이 서로 다른 것은 우리의 눈과 오감에 비치는 모습일 뿐입니다. 그런데 진리를 깨달으면 그렇게 다른 것들이 사실은 다르지 않으며 둘이 아님을 알게 됩니다.

가령, 나무의 원리를 분석해보겠습니다. 나무는 뿌리, 줄기, 가지, 잎 등으로 이뤄집니다. 이들은 모두 다른 모습을 갖고 있고 다른 이름으로 불립니다. 하지만 각각 다른 그것은 결국 하나입니다. 한 기운으로 통하여 서로 의지하기 때문입니다. 뿌리가 없으면 줄기가 있을 수 없고, 잎에서 영양을 받아들이지 않으면 뿌리가 있을 수 없습니다. 서로가 하나로 소통되면서 의지합니다. 이처럼 어떤 현상으로 나타난 하나는 눈으로 직접 볼 수 있으므로 하나인 것을 알기가 쉽습니다.

우주 만물도 진리를 깨달은 눈으로 보면 나무와 같습니다. 소태산 대종사께서는 이것을 쉽게 사은(四恩)으로 말해주었습니다. '네가 태양 없이 살 수 있느냐?' 그 말은 태양과 내가 연결되어 있다는 이야기이고, 나 아닌 다른 사람도 태양과 연결되어 있음을 알게 하는 말입니다. 태양이 나무의 뿌리라면 우리 각각은 나뭇잎이고, 우리가 모여 사는 이 나라는 줄기입니다. 거기에서 뻗어 나온 가지는 각 지역입니다. 이러한 이치는 눈에 보이지 않습니다. 하지만 우리 눈에 보이지 않을 뿐, 진리를 깨달은 사람에게는 보입니다. 깨닫고 나면, 사람만이 아니라 동물이나 광물과도 서로 연결되어 의지하고 살아감을 알게 됩니다. 이렇게 우주만물이 이름은 각각 다르지만 사실은 둘이 아닙니다.

소태산 대종사께서는 진리를 깨달은 후 '만유가 한 체성'이라고 했습니다. 만유는 우주만물과 같은 표현이고, 한 체성은 한 몸이라는 뜻입니다. 전체는 한 기운으로 연결되어 있고 한 기운으로 움직입니다.

제불조사의 성품도 역시 마찬가지입니다. 모든 마음작용의 근본 바탕은 진리와 같습니다. 나에게도 다른 사람에게도 수많은 마음 작용이 있습니다. 선한 마음과 악한 마음을 비롯해 수천수만 가지의 마음 작용을 하는 근본 바탕, 즉 성품은 일원의 진리와 같습니다. 남의 것을 훔치는 마음의 근본도 진리이고, 누군가를 미워하는 마음의 근본도 부처님과 같은 마음입니다. 진리를 깨달은 사람은 그렇다는 것을 압니다. 원래 악한 사람과 원래 선한 사람이 따로 있지 않습니다. 다만 본래 성품에서 발현된 마음을 어느 쪽으로 많이 써왔느냐에 따라 현재 선하거나 악한 모습으로 달리 할 뿐, 근본 바탕은 늘 그대로입니다.

소태산 대종사께서는 그 성품을 둥그런 일원상(○)으로 표현했습니다. 둥그렇게 표현한 그것이 우리의 본래 마음의 모습이고, 이것이 일원상의 진리 장에서 이야기한 '텅 빈 자리'입니다. 그 본래 자리는 모든 생각이 끊어진 자리이고, 모든 것이 쉬어버린 그 자리는 소소영령[1]합니다. 소소영령하게 있는 그것이 늘 유무를 순환하면서 나타났다 숨었다를 끊임없이 반복하는 작용을 합니다.

이름이 모두 다른 우주만물이 곧 제불조사와 범부중생의 성품인 줄을 안다는 것은, 내 마음 바탕이 그렇다는 것을 안다는 것입니다. '참 나(眞我)'는 부처님입니다. 진리를 깨달은 사람은 자기 마음도 다른 사람의 마음도 모두 부처라는 것을 압니다. 부모님을 '가정의 부처님'이라고 하는 것은, 자녀가 아무리 속을 썩여도 부모의 마음이 여러 개로 나뉘지 않기 때문입니다. 자녀를 한결같은 사랑으로 보는 눈을 가졌기 때문입니다.

또는 생·로·병·사의 이치가 춘·하·추·동과 같이 되는 줄을 알며

사람이 세상에 태어나면 반드시 늙고, 늙으면 병들고, 병들면 죽게 되어있습니다. 생로병사의 이치는 누구도 거역할 수 없습니다. 일단 이 육신을 받았으면 생로병사의 굴레를 따라갈 수밖에 없습니다. 모든 사람은 생로병사가 있다는 것을 압니다. 그러나 생(生)하기 전에는 무엇이 있었고 사(死)한 후에는 어디로 가는지는 잘 알지 못합니다.

하지만 진리, 즉 우주의 원리를 깨달은 성자의 눈으로 보면 생로병사가 단순히 생으로 시작해 사에서 끝나지 않습니다. 무엇이 갑자기 시작되고 없어짐으로써 끝나는 것이 아니고, 춘하추동과 같습니다. 사계절이 있어서 봄이 오면 따뜻해지면서 여름-가을-겨울까지 일 년을 돌고, 거기에서 다시 새 봄이 시작됩니다. 생로병사도 마찬가지입니다. 생로병사는 한 바퀴를 돈 것에서 끝나지 않고 반드시 다시 생(生)합니다.

소태산 대종사께서는 "너희에게 한 가지 큰 물건이 있다."며

"그 한 물건은 만세멸도 상독로(萬世滅度 常獨露)한다."고 했습니다. 만 번의 세상이 다 멸하더라도 그 하나는 없어지지 않고 홀로 드러납니다. 이것이 본래 나이고, 이것이 있어 그 모습을 나투었다 숨었다 하며 한량없는 생을 이어갑니다. 마치 우주가 끊임없이 돌고 돌면서 춘하추동을 반복하는 것과 같습니다. 오늘만 있고 내일이 없다고 생각하면 내가 가진 모든 재산을 탕진하며 살겠지만, 내일이 있기 때문에 집을 마련하고 저축을 합니다. 내생(來生)이 있다는 것을 확실히 알아야 함부로 살지 않습니다. 지금의 삶이 이생에서 끝나는 것이 아니라는 것을 알면 이생에 지은 죄업은 이생에 얼른 풀어버리려는 노력을 하게 됩니다.

인과 보응의 이치가 음양상승과 같이 되는 줄을 알며

돌고 도는 이치를 일원상 서원문에서는 무상의 세계로 이야기했습니다. 우리가 살아가는 이 세계는 유상의 세계와 무상의 세계가 있습니다. 유상의 세계는 변화가 없는 불변의 세계를 말합니다. 어느 때 갑자기 나오는 것이 아니고, 그렇다고 어느 순간 없어지지도 않는 그 하나가 영원불멸하여 여여(如如)히 있는 그것이 바로 유상[불변]의 세계입니다. 그런데 여여불변한 그것이 아무런 작용도 없이 가만히 있지 않고 천변만화[2]로 모습을 나타내면서 작용합니다. 그러면서 인과 보응의 세계를 만듭니다. 그것이 무상[변]의 세계입니다.

생로병사는 자연의 변화입니다. 인과는 생로병사의 이치를 따라 돌고 돌면서 각자가 지은 바에 따라 받는 결과를 달라지게 합니다. 어떤 사람은 잘 태어나 잘 늙고 잘 사는데, 어떤 사람은 그러지 못합니다. 이렇게 천태만상으로 벌여지는 모든 원인은 자작자수(自作自受), 즉 자기가 지은 데에 있습니다. 나의 심신이 지은 바에 따라 받는 것이 바로 인과보응의 세계입니다.

　소태산 대종사께서는 인과보응 외에 한 가지를 더 밝혀주었습니다. 바로 음양상승의 이치입니다. 인과는 우리가 심신작용을 함으로써 받는 원인과 결과라면, 음양상승은 우주의 원리입니다. 봄·여름·가을·겨울 혹은 밤낮의 변화는 모두 우주의 원리입니다. 그러면 내가 선악 간에 받는 것과 음양상승의 이치는 어떤 관계가 있을까요? 그것을 소태산 대종사께서는 '인과보응 되는 것은 우주의 음양상승의 진리를 따라 소소영령하게 나타난다.'고 했습니다.

　소태산 대종사께서 인과보응이 음양상승과 같이 되는 것을 실증으로 설명한 이야기가 있습니다. "대각전 옆에 감나무가 있는데, 별 하나 달빛 하나 없는 밤중에 아무도 몰래 누군가 감나무에 거름을 주고 왔다고 하자. 아무도 몰래 그 일을 했건마는 천지에는 음양상승하는 이치가 있어서 감나무 뿌리가 거름을 빨아들이고, 가을이 되면 탐스러운 열매를 맺는다. 거름을 주지 않은 옆 나무와는 열매의 상태가 분명 다를 것이다. 천지자연의 진리는 그 결과를 어김없이 가져다준다."

　밤과 낮을 교차하며 춘하추동으로 운행하는 우주의 한 치도 틀림이 없는 이치가 음양상승입니다. 천지자연이 우리의 몸과 마음으로 인과보응 되는 것이 결국 우주의 음양상승 되는 이치를 따라 이루어집니다.

원만 구족한 것이며 지공 무사한 것인 줄을 알리로다.

일원의 진리를 깨닫고 보면 전체가 나의 소유인 줄을 알게 되고, 우주 안의 모든 것이 서로 하나인 줄을 알게 되고, 생사가 일 년 사계절처럼 돌고 도는 것임을 알게 됩니다. 또 인과가 음양상승과 같이 인(因)이 과(果)가 되고 과(果)가 인(因)이 되어 끊임없이 순환하는 것을 알게 됩니다.

또 일원의 진리를 깨치면 모든 것이 원만구족한 것이며 지공무사한 것인 줄을 알게 됩니다.

앞에서 나열한 네 가지의 알게 되는 것들이 우주 자연의 원리적인 설명이었다면, '원만구족하고 지공무사한 것'은 원리가 아닌 우주의 운행과 모든 사람의 바탕이 '어떻게(How) 작용하고 있는가?'에 대한 설명입니다.

원만구족(圓滿具足)이라는 말은 진리 당체가 작용하기 전에 갖추어 있는 모습의 표현입니다. 그 진리가 작용할 때 나타나는 것을 지공무사(至公無私)라고 합니다. 만약 원만구족한 진리가 그대로 가만히 있으면 다른 표현이 필요하지 않겠지만, 작용을 하면서 공변되거나 사사롭게 나타납니다. 그것을 설명하기 위해 지공무사라는 표현이 필요합니다. 하지만 지공무사는 원만구족한 그것이 나타나는 모습을 표현한 것일 뿐, 원만구족과 전혀 다른 것의 나타남이 아닙니다.

그렇다면 우주와 천지의 작용이 나타나는 것을 원만구족이라고 할 수 있을까 하는 생각이 듭니다. 하지만 그럴 수 없습니다. 원만구족이라는 말은 주로 진리의 본래 모습을 표현하고, 지공무사는 진리의 작용을 표현하는 것이기 때문입니다.

'원만'은 모나지 않은 모습을 말합니다. 모나지 않았다는 것은 둥글다는 것이고, 둥근 것은 어느 방향에서 보아도 모습이 똑같습니다. 원만이란 어떤 대상·사람·경계를 당하든지 다 똑같다는 말입니다. 원만이라는 개념에는 평등의 뜻이 들어있고, 전체를 다 감싸 안는다는 뜻이 들어있고, 어디에도 똑같이 응한다는 의미가 들어있습니다. 사실 진리 당체는 원만하다/편협하다를 나눌 수 없습니다. 그럼에도 소태산 대종사께서 진리를 '원만'이라고 따로 표현한 것은, 진리의 텅 빈 실체가 심법으로 작용할 때 원만하기 때문입니다. 전체의 그것은 텅 비었기 때문에 모든 것을 총섭하고, 모두에게 똑같이 작용합니다. 상하·좌우·남녀·귀천에 따라 다르게 작용하지 않고 똑같이 응합니다.

전체에 똑같이 응하는 마음이라야 원만한 마음입니다. 예를 들어 한 나라 대통령의 마음이 어떤 국민은 위하고 어떤 국민은 위하지 않는 마음으로 나타난다면 이것은 원만한 마음이 아닙니다. 지도자로서 아래에 있는 사람이나 위에 있는 사람이나 차별 없이 똑같이 대하는 것이 원만한 것입니다.

그런 원만한 마음 바탕이어야 전체를 모두 갖출 수 있습니다[구족]. 이미 어떤 한 편에 치우친 마음에는 다른 편의 마음이 들어올 수 없습니다. 전체를 다 받아들일 수 있는 원만한 마음이 바탕되어야 그 안에 모두를 다 받아들일 수 있습니다. 그래야 진리적으로 광명과 조화의 능력이 하나도 빠짐없이 그대로 갖추어지고, 비추지 못하는 일이 없습니다. 그러한 진리성을 소태산 대종사께서는 원만구족이라고 표현한 것입니다. 우주의 진리도 그렇고, 우리 마음의 본성도 조각나있지 않기 때문에 전체를 다 갖추고 있습니다.

지공무사는 지극히 공변되어서 사사로운 것이 없는 상태를 말합니다. 원만구족한 마음이 발동되면 그 마음 전체가 평등하게 나타납니다. 한쪽에 치우쳐 편들지 않습니다. 공평무사하여 모든 생령을 두루 길러냅니다. 이것이 지공무사입니다.

또 지공무사는 전체를 위하는 마음입니다. 이 표준을 가지면 공(空)이나 무(無)라는 화두보다 훨씬 쉽게 표준 삼을 수 있습니다. 공이나 무는 자칫 없는 것에 매여 현실감각을 떨어뜨리지만, 전체를 위하는 지공무사를 표준하면 모두를 살려내는 마음을 쉽게 가지고 실행할 수 있습니다.

소태산 대종사께서 진리의 둥근 상징을 원(圓)이라 하지 않고 한 일(一) 자를 함께 써서 일원(一圓)이라고 한 것은 대단한 의미입니다. 일(一)은 없는 것[0]은 아니되, 둘이나 셋을 말하는 것도 아닙니다.

한 일(一)자는 '절대 하나'를 의미합니다. 절대 하나는 또 전체를 총섭합니다.

 # 이 원상은 눈·귀·코·입·몸·마음을 사용할 때 쓰는 것이니 원만 구족한 것이며 지공 무사한 것이로다.

일원상 법어의 첫 구절 '이 원상의 진리를 각하면 시방 삼계가 오가의 소유인 줄을 알며'부터 '원만 구족한 것이며 지공 무사한 것이로다.'까지는 견성에 대한 내용입니다. 우리가 견성을 한다거나 진리를 깨닫는다고 말하는 것은 이러한 원리를 알자는 것입니다.

그러나 이것을 알고 나면 거기에서 끝나지 않습니다. 잘 깨닫고 아는 것도 가치가 있지만, 더 큰 가치는 안 것을 그대로 따라서 실행하는 것입니다. 소태산 대종사께서 일원상 법어 뒷부분에 여섯 개의 일원상을 그리고 눈·귀·코·입·몸·마음을 붙인 것은, 깨달은 앞의 내용들을 일상생활 가운데에서 실행해야 함을 강조한 것입니다.

따라서 우리는 일상생활 속에서 눈·귀·코·입·몸·마음을 사용할 때에 원만구족하고 지공무사함을 표준삼아야 합니다.

눈

눈의 기능은 뭔가를 보는 것입니다. 눈은 크고 작은 것과 높고 낮은 것 등 다양한 모습을 봅니다. 모든 일상의 것을 볼 때 원만구족하고 지공무사해야 합니다. 앞에서 이야기한 네 가지의 진리성을 가지고 보아야 합니다. 어떤 사람의 장점을 보았든 단점을 보았든, 본 그것에 매이지 않는 것이 원만구족 지공무사입니다. 원만구족은 전체를 다 볼 수 있는 것입니다. 전체를 보려면 어느 한쪽에 치우쳐 있지 않아야 합니다.

〈금강경〉에 '약견제상비상 즉견여래(若見諸相非相 卽見如來)'라는 구절이 있습니다. 형상으로 나타나는 모든 것들이 사실은 영원불멸하거나 참다운 모습이 아님을 안다면 그것이 진리를 제대로 본 것이라는 뜻입니다. 원만구족하고 지공무사한 눈은 현실에 나타난 여러 모습을 어느 한쪽에 치우침 없이 두루 볼 수 있는 눈, 전체를 빠짐없이 보는 눈입니다. 그러나 이건 단순한 차원의 봄[見]이고, 진리적으로는 형상 있는 것을 보면서 형상 없는 것까지 볼 수 있는 눈을 가져야 합니다. 그것을 심안(心眼)이라고 합니다. 마음눈을 얻지 못하면 원만구족 지공무사한 눈이 아닙니다. 현재에만 얽매여 살면 과거와 미래를 볼 수 없기 때문입니다.

귀

귀는 소리를 듣습니다. 보통 나에게 좋은 말은 귀에 잘 들어오지만, 듣기 싫은 말은 잘 들어오지 않습니다. 어떤 말은 잘 통과되고 어떤 말은 잘 통과되지 못하는 것은, 마음에 차별이 있기 때문입니다. 좋은 소리와 싫은 소리를 모두 들을 수 있는 귀가 원만구족하고 지공무사한 귀입니다.

성리적(性理的)으로 살펴보면 형상 있는 소리뿐만 아니라 '소리 없는 소리'도 존재합니다. 해가 나에게 들려주는 소리, 바다가 나에게 가르쳐주는 소리, 국민이 전하고자 하는 소리를 모두 들을 수 있어야 참으로 원만구족하고 지공무사한 귀를 가진 사람입니다.

코

코도 잘 써야 합니다. 코는 냄새를 맡습니다. 자기가 좋아하는 것은 아무것이나 좋아하면서 싫어하는 것은 무조건 피하기만 하면 안 됩니다.

어느 선지자가 전주를 지나가면서 '전주 쪽에 썩은 냄새가 난다.'고 했다는 일화 때문에 전주에 사는 분들이 속상해 했다는 이야기를 들은 적이 있습니다. 하지만 이때의 전주는 실제 지명으로서의 전주가 아닙니다. 도덕이 땅에 떨어져서 욕심이 치성함으로 인해 인간 세상이 썩고 있다는 표현을 비유적으로 한 것입니다. 진리를 깨달은 분은 세상이 썩어가는 냄새를 맡습니다. 보통 사람들은 돈 냄새, 재물 냄새 등을 좇아 삽니다. 원만구족하고 지공무사한 코를 사용하지 못하기 때문에 그렇습니다.

입

눈이나 몸을 통해서도 의사전달이 되지만, 우리가 전달하는 의사소통의 대부분은 입을 통해 이루어집니다. 계문에도 말과 관련된 조항이 특히 많습니다. 나의 입을 통해 말이 퍼져나갈 때 어느 한쪽만 이롭게 하거나, 해로움이나 상처를 주거나, 거짓말을 하면 안 됩니다. 모두를 살려내는 말이어야 원만구족하고 지공무사한 입을 사용한 것입니다.

몸

눈·귀·코·입은 모두 몸에 붙어있습니다. 몸처럼 소중한 것이 없습니다. 몸이 없는 사람을 귀신이라고 합니다. 몸이 있어서 우리가 사람 노릇을 할 수 있습니다.

몸은 천지·부모·동포·법률이라는 사은의 은혜 속에서 자라 오늘날 활동의 바탕이 됩니다. 몸은 세상일을 하는 근본이 되기 때문에 가격을 매길 수가 없습니다. 그러기에 함부로 사용해서는 안 됩니다. 몸을 잘 사용하여 세상에 유익되도록 해야 원만구족하고 지공무사한 것입니다. 몸으로 남에게 해를 입히는 것은 사은에 보은하는 삶이 아닙니다.

마음

앞에서 나열한 눈·귀·코·입·몸을 움직이게 하는 주인공은 마음입니다. 우리에게는 마음이라는 것이 있어서 각각의 기관을 통제합니다. 소태산 대종사께서 눈·귀·코·입·몸 등 각각의 기관을 쓰는 방법에 대해 세밀히 나열한 후 마지막에 마음을 배치한 것은 각 기관의 근본 바탕이 되는 마음사용법의 중요성을 강조하기 위해서입니다. 마음을 잘 닦아야 다양하고 복잡한 상황에 처해서도 그 바탕을 떠나지 않고 잘 쓸 수 있습니다.

원만구족하고 지공무사한 마음을 사용할 때 '심대광심(深大廣心)'이라는 말을 새기면 표준이 됩니다. 마음은 깊을수록, 넓을수록, 클수록 좋습니다. 깊고 넓고 커질수록 원만의 폭이 커지고, 원만이 커지는 만큼 구족도 함께 커집니다. 그래야 전체를 위하고 지공무사한 심행이 나옵니다. 전체를 총섭하는 마음을 가져야 합니다. 뭔가가 내 마음에 들어오지 않는 것은 원만구족한 것이 아닙니다.

---

1) 소소영령(昭昭靈靈): 소소(昭昭)는 사리가 밝고 뚜렷한 모양을 말한다. 마음이 깨어 있어 밝고 신령스러운 것을 묘사하는 용어.

2) 천변만화(千變萬化): 천만 가지로 변화(變化)한다는 뜻으로, 장면(場面)·사태(事態)·모양(模樣) 등이 한량없이 변화해 감을 이르는 말.

게송
유에도 무에도 걸림 없이

소태산 대종사의 게송은 원기 26년(1941년, 소태산 대종사 열반 2년 전) 1월에 발표되었습니다.

대체로 게송은 진리를 깨달은 조사[1]들이 생(生)의 마지막 순간에 제자에게 은밀히 전했습니다. 소태산 대종사께서도 제자들에게 교리를 가르친 후 마지막에 게송을 발표했습니다. 하지만 다른 점이 있습니다. 과거에는 게송을 전할 때 대중에게 알리지 않고 한 제자에게만 비밀리에 전했습니다. 하지만 소태산 대종사께서는 미리, 그리고 모든 대중에게 공개적으로 게송을 전했습니다. 법을 이어받고 못받는 것은, 게송을 주고 주지 않음에 있지 않습니다. 각자가 공부하여 게송의 참 뜻을 깨닫고 못 깨달음에 있다는 의미입니다.

유와 무의 의미

여기에서 유는 변하는 자리, 무는 불변하는 자리를 말합니다. 여기에서 유무는 물질적인 유무의 개념이 아닙니다. 있을 유(有) 자를 쓴 유의 경우 형상이 있든지 없든지 간에, 어떤 무엇이 세상에 있어지는 것을 통칭합니다. 물질적으로 있는 것은 물론이고, 정신적으로 있는 것도 유(있는 것)로 봅니다. 있는 것은 무엇이든 영원히 존재할 수 없습니다. 생겼다면 언젠가는 사라지는 것이 이치입니다. 그래서 유는 변화하는 자리로 봅니다.

없을 무(無) 자를 쓴 무는 아무것도 없는 것을 말합니다. 하지만 정말 아무것도 없다는 뜻은 아닙니다. 아무것도 없는 그 자체가 변화하지 않는 자리를 무라고 합니다.

유는 무로 무는 유로

'유는 무로 무는 유로'는 '변화하는 그것은 불변하는 것으로, 불변하는 그것은 변하는 것으로'라고 해석할 수 있습니다. 하지만 변화하는 것이 불변하는 자리로 가고, 불변하는 자리가 변하는 자리로 간다는 의미는 아닙니다. 서로 자리를 교체한다는 의미가 아니라, '유는 무로 무는 유로'는 그대로 우리 현실을 이야기합니다.

세상에 모든 있는 것[有]은 다 변화합니다. 그런데 그것이 변화해 갈 때 A에서 B로 전혀 다르게 변화하지 않습니다. A라는 모습 안에서 기존에 있던 것이 없어지고, 없어진 데에서 다시 있는 것이 나타납니다. 그것이 변화입니다. 있는 것으로 나타났던 것은 모두 어디로 돌아갈까요? 바로 그 모습을 감추는 데로 돌아갑니다. 나뭇잎이나 꽃만 보더라도 한번 피어난 상태 그대로 머물지 않습니다. 자라고 피고 시들고 결국 떨어집니다. 그것이 '유는 무로' 변화하는 이치입니다. 하지만 모두 떨어져 없어진 그 자리에 다시 꽃이 피고 잎이 돋아납니다.

내 마음에도 본래 없던 마음이 생깁니다. 이렇게 다시 생기는 이것은 어디에서 비롯되는 것일까요? 기존에 무엇이 있다가 나오는 것이 아닙니다. 사실 모든 있는 것[有]은 없는 데[無]에서 비롯합니다. 새로운 꽃도 새로운 잎도, 이전의 꽃과 잎이 다 떨어져 아무것도 없는 자리에서 나옵니다. 이것이 바로 '무는 유로'의 이치입니다. '유는 무로 무는 유로'는 끊임없이 변화하는 우리 세상을 그대로 설명하고 있습니다.

돌고 돌아 지극하면

'유는 무로 무는 유로' 되는 현상을 사람의 일생에 비춰보겠습니다. 내가 태어나기 이전은 무(無)이고, 태어나서 내가 살아가는 동안은 유(有)입니다. 하지만 유의 삶을 살다가 죽으면 다시 무로 돌아갑니다. 이때 정작 나 자신은 유가 무로, 그 무가 다시 유로 되는 것을 알지 못합니다. 진리를 깨달은 분이 그렇다고 하는 것을 믿을 뿐입니다. 한 사람의 일생을 놓고 '유는 무로 무는 유로'를 보면 이렇습니다.

그런데 사람이 살아가는 일생은 하나의 유(有) 안에서도 유년기, 소년기, 청년기, 장년기로 구분됩니다. 예를 들어 유년기를 막 태어난 순간부터 10살까지라고 정의한다면 유년기도 10살까지는 유했다가 10살이 지나면 유년기로서는 무하고, 그 무에서 소년기라는 유가 다시 시작됩니다. 유년기라고 하는 것도 처음 모습 그대로 있다가 무하는 것이 아니라, 일 년 일 년이 쌓여 만들어집니다. 우리의 일생은 '유는 무로'이지만, 태어난 모습 그대로 머물다가 없어지지 않고 그 사이 끊임없는 변화를 거칩니다.

한 해는 열두 달이 쌓여야 하고, 열두 달은 한 달, 한 달은 하루, 하루는 시간, 시간은 분, 분은 초가 쌓여 만들어집니다. 1초도 더 세밀한 시간단위가 쌓여 만듭니다. 우리가 의식할 수 없는 순간을 불교 용어로 '찰나'라고 합니다. 진리적으로 보면 그 찰나도 긴 시간입니다.

돌고 돌아 지극하다[2]는 것은 바로 이러한 것을 말합니다. 우리가 인식할 수 있는 변화는 어느 날 갑자기 생겨난 것이 아닙니다. 인식할 수 없는 작용들의 끊임없는 이뤄짐 속에서 인식할 수 있는 모습으로 서서히 나타난 것입니다. '유는 무로 무는 유로'의 작용에는 굵직한 변화 작용만 들어있지 않습니다. 그 안에는 우리가 알아차리기 어려운 매우 세밀하고 끊임없는 변화의 작용이 들어있습니다.

유와 무가 구공이나

지극한 자리에 들어가고 보면 '무엇이 있다.'고 하는 순간 이미 있는 것이 아니고, 또 '없다.'고 하는 순간 없는 것이 아닙니다. 내 눈앞의 종이 한 장도 있는 자리에서 보면 늘 변화하고 있습니다. 오랜 시간이 지나면 종이의 빛이 바래는데 이것이 어느 순간 갑자기 퇴색하는 것이 아닙니다. 우리가 눈으로 인식을 못할 뿐 지금 이 순간에도 끊임없이 변화하고 있기 때문에 그 연속 선상에서 서서히 외형이 달라집니다.

그러한 진리의 작용에서 보면 우리가 있다[有]고 생각하는 순간 이미 그 유(有)는 잡을 수 없는 것이 됩니다. 또 없다[無]고 생각하는 순간 이미 그 무(無)도 영원하지 않습니다. 유와 무가 구공이라는 말은 '유라고도 무라고도 할 수 없다.'는 뜻입니다.

유도 아니고 무도 아닌 그것에는 찰나에도 쉼 없이 '능히 있어지고 능히 없어지는' 작용이 들어있습니다. 그래서 한 달 동안의 유로 나타나기도 하고, 일 년 백 년 동안, 혹은 우주로 보면 수십억 년 수백억 년이라는 우리가 상상할 수 없는 큰 흐름의 유로 나타나기도 합니다. 그러한 우주의 변화 원리를 알고 보면, 작용하고 있는 변화가 지극히 쌓여서 나타난 것이 현재의 모습입니다. 일순간 변화하는 원리라는 것은 따로 있지 않습니다.

유와 무라는 표현도 어떤 개념을 잡기 위해 쓴 말에 불과합니다. 무엇을 일러 있다고 하고 무엇을 일러 없다고 할 수 있을까요? 우리 눈이 최대 1초 단위를 인식한다면, 1초 단위로 변화하는 것은 볼 수 있습니다. 하지만 1초를 만 배로 확대해서 보면, 한 순간도 가만히 있지 않을 것이며 그 안에서 수없이 많은 변화가 이뤄지고 있습니다. 우리가 그 변화를 눈으로 보지 못할 뿐입니다.

소태산 대종사께서는 진리를 깨달은 후 '세상의 모든 이치에는 그러한 진리 작용이 갊아 나타난다.'는 것을 알았습니다. 하지만 보통의 우리는 진리성을 잘 모릅니다. 그래서 뭔가가 눈앞에 있을 때는 늘 있다는 생각에 사로잡혀서 그것을 '있는 것'으로만 봅니다. 반대로 눈앞에 없는 것은 '없는 것'으로만 보는 고착된 삶을 살아갑니다. 이미 없어져 버린 것을 있다고 하면서 허상을 잡고, 이미 있는 것을 없다고 하면서 진실과 멀어집니다. 없는 것을 있다고 착각하여 붙잡고, 있는 것을 없다고 고집하며 살면 허망한 생활이 됩니다.

구공(俱空) 역시 구족(具足)이라.

'구공이다, 구족이다.'라고 했지만 사실 그 진경을 말할 때는 '구공이다, 구족이다.'를 나눌 것이 없습니다. 구공이라는 표현을 쓴 이유는 사람들이 어떤 한 가지 측면에 붙잡혀서 진리에 맞지 않는 생각을 하는 것을 부수기 위해서입니다. 하지만 구공에 붙잡히는 것도 진리에 맞지 않으므로 구족이라고 합니다.

그러니 실은 구공도 구족도 아니고, 동시에 구공도 맞고 구족도 맞습니다. 유도 아니고 무도 아니지만 동시에 유라고 해도 맞고 무라고 해도 맞는 것과 같은 이치입니다.

우리가 진리의 당체를 인식할 때는 말을 떠나서 그 진경을 실지로 체득해야 합니다. 그럴 땐 정작 '구공이다, 구족이다.'를 논할 필요가 없습니다. 만약 이 자리를 '있다는데 왜 없고, 없다는데 왜 있냐.'는 개념으로 접근하면 천만 년이 가도 진리를 알 수 없습니다. 있다/없다는 우리가 사고하는 하나의 개념일 뿐입니다. 그 개념을 넘어서서 실제 경지를 찾고 체득해보려는 노력이 있어야 진리를 찾을 수 있습니다.

나의 참 마음자리는 진리와 같은 모습입니다. 그러므로 우리는 그 자리를 느끼고 체득할 수 있습니다. 진리에 대해 알려고 하거든 사념(思念)으로 알려하지 말고 관조[3]로 깨달아 얻어야 합니다. 진리에 대해 처음 공부를 할 때는 해석도 해보고, 다른 사람의 말도 들어보고, 여러 생각을 해보는 과정이 필요합니다. 하지만 그것은 참된 진리를 알기 위한 예비 작업일 뿐입니다. 진정한 진리 공부는 관조를 통해 절대자리를 두드려가며 나의 마음이 그 경지에 가까워지게 하는 것입니다.

게송을 생활에서 활용하는 방법

게송과 일원상의 진리 장은 연결이 됩니다. 게송은 소태산 대종사께서 깨달은 진리의 가장 핵심 표현입니다. 게송의 뜻을 가지고 생활하면 내가 사물을 볼 때 유에만 집착하고 있는 것은 아닌지, 혹은 무에만 집착하고 있는 것이 아닌지 살필 수 있습니다. 무엇을 있다고만 생각하는 것도, 없다고만 생각하는 것도 진리적 사고는 아닙니다. 있는 것은 없는 것으로 가고, 없는 것에서 다시 있는 것이 나오는 게 진리입니다.

　사물을 볼 때 진리적 사고를 단련해나갈 필요가 있습니다. 사물을 보며 유와 무에 대한 사고를 단련하면, 유무에 고착된 사고에서 조금씩 벗어나게 됩니다. 유/무의 고착을 떠난 것이 구공이지만, 고착을 떠난 그 자리에서 능히 유/무가 생기는 것이 구족입니다.

　삼학공부를 할 때 마음을 쓰는 것은 유(有)의 나타남입니다. 그런데 그때의 있어짐[有]은 없는 자리, 즉 무(無)에서 있어져야 합니다. 무에서 생기지 않는 유는 참다운 유가 되지 못합니다. 또 무엇이 한번 나타났으면 그것은 이미 지나간 것에 불과합니다. 화낸 나도 그 순간 이미 없어져 버립니다. 그런데 나의 사고가 화낸 나에게 그대로 이입되어 거기에서 계속 머무르면 그것은 나타난 현실과는 맞지 않습니다. 이미 그 순간 없어진 것을 나는 있다고 생각하면서 다음에 나를 화나게 한 사람을 만났을 때 또 그 마음으로 대합니다. 그러면 악연이 됩니다. 유무의 입장에서 보면 방금 내가 화낸 사람도 이미 과거의 그 사람이 아닙니다.

　'게송을 통해 마음공부를 하자.'는 것은 일단 한번 나타난 마음을 다시 무의 자리로 돌리자는 것입니다. 깨끗이 없앤 그 자리에서 있는 자리로 새롭게 출발할 때 '유는 무로 무는 유로'의 진리를 제대로 실행하는 것이 됩니다. 마음을 쓸 때는 없는 자리에서 그 마음을 내고, 한번 쓴 마음은 다시 없는 자리로 돌아가기를 잘 해야 합니다. 그러면 그 자리는 있다고도 없다고도 할 수 없는 유무구공(有無俱空)[4]이 됩니다. 그런 사람의 마음에는 유와 무가 모두 비워져 있습니다. 다시 말하면, 유에도 걸림이 없고 무에도 걸림이 없어집니다. 유와 무가 함께 텅 빈 그 마음을 쓰기 때문에 어떤 경계를 당해도 자유롭습니다. 그게 바로 능유능무(能有能無)입니다. 능히 있어지고 능히 없어지는 진리의 마음을 그대로 쓰는 것이 구족입니다.

　게송으로 마음공부하는 표준을 삼으면 시시때때로 마음을 쓸 때나 어떤 대상을 바라볼 때 원만구족하고 지공무사한 심법과 시각을 갖출 수 있습니다.

1) 조사(祖師): 한 종파를 처음 세우고, 그 종지(宗旨)를 열어서 주장한 스님에 대한 존칭. 개산조사 (開山祖師)의 준말.
2) 지극하다: 더할 수 없이 극진하다는 뜻.
3) 관조(觀照): 사량 분별심이나 논리적 사고에 의하지 않고, 반야의 지혜로써 사리를 바르게 비추어 보아 밝고 확실하게 깨닫는 것.
4) 유무구공: 있는 것과 없는 것이 모두 텅 빈 것.

인생의 요도 ① 사은(四恩)

나를 살게 하는 힘

'나'에 붙잡히다 보니 내 욕심과 내 것을 챙기면서
다른 사람에게 해를 입히고 위압합니다.
'나'라는 한 마음이 없고 보면 '나 아닌 것이 없음'을 알게 됩니다.
그렇게 결국 하나로 통하는 생활을 하게 됩니다.

사은
없어서는 살 수 없는 은혜

개괄

　〈정전〉 제2 교의편 사은(四恩) 장에는 천지은·부모은·동포은·법률은, 즉 네 가지 은혜에 대한 내역이 밝혀져 있습니다.

　우리는 몸을 받아 사는 것이 자신의 힘으로 된 것이라고 생각합니다. 하지만 알고 보면 네 가지 은혜가 없이 내가 존재할 수 없습니다. 소태산 대종사께서는 내 존재의 근본적인 은혜 혹은 근본적인 바탕을 알려주기 위해 사은을 밝혔습니다. 네 가지라고 하지만, 사실 사은은 우주 안의 모든 것을 말합니다. 우주만유를 강령 잡으면 네 가지 은혜로 압축되고, 네 가지 은혜를 펼치면 우주만유 전체가 됩니다. 내가 이 세상에 있게 된 것은 사은의 은혜 덕분이고, 살아가는 것도 사은의 은혜 덕분입니다. 사은의 은혜를 달리 말하면, 나를 살게 하는 힘이라고 할 수 있습니다.

모든 우주만유는 나 하나를 위해 존재합니다. 즉 우주만유 전체가 내 존재의 근원이 됩니다. 그런데 우주만유라고 하면 우리들이 얼른 표준 잡기가 쉽지 않습니다. 그래서 소태산 대종사께서는 이를 천지·부모·동포·법률 네 가지 은혜로 추려서 체를 잡게 했습니다. 사은 장에서는 이것을 설명하고 있습니다. 이 네 가지 은혜 안에 우주 전체가 들어있습니다. 사은은 곧 신앙의 강령입니다.

일원상과 사은의 관계

우주만유 전체를 알기 쉽게 네 가지로 분류한 것이 사은입니다. 하지만 사은에서 천지의 진리가 따로 있다거나 부모의 진리, 동포의 진리, 법률의 진리가 독립되어 있는 것은 아닙니다. 천지·부모·동포·법률은 결국 하나인 진리가 천지를 통해, 부모를 통해, 동포를 통해, 법률을 통해 나타나는 모습입니다. 그리고 이러한 사은 전체를 총괄하는 진리를 우리는 법신불 일원상의 진리라고 합니다.

사은을 뭉쳐서 하나로 말한다면 일원의 진리라 할 수 있고, 일원의 진리를 크게 네 분류로 나눈 것이 사은이며, 사은을 다시 세세곡절 나누어 펼친 것이 우주만유 전체입니다. 거꾸로 우주만유 전체를 네 가지로 추리면 사은이고, 사은을 하나로 뭉쳐서 말하면 법신불 일원상의 진리입니다. 어떤 면을 중심으로 두느냐에 따라 표현이 다를 뿐, 사실은 일원상의 진리가 되었든 사은이 되었든 우주만유가 되었든, 사은과 법신불 일원상과 우주만유 전체는 같습니다. 진리라고 할 때는 전체를 총섭하는 말이 되고, 천지·부모·동포·법률이라고 할 때에는 진리 가운데에서 천지은에 해당하는 것 혹은 부모은에 해당하는 것들이 조금 큰 갈래로 나뉘는 것이고, 또 천지은이라는 카테고리 안에서도 하늘의 은혜나 땅의 은혜 등으로 소분류 됩니다.

나라는 존재는 이러한 진리의 위력과 은혜, 즉 타력의 힘을 입으면서 세상을 살아갑니다. 타력의 힘 그 자체가 위력과 은혜입니다. 소태산 대종사께서는 진리의 위력과 은혜가 나에게 오는 과정을 사은이라는 개념을 통해 알게 했습니다.

원불교의 신앙의 대상은 법신불 일원상입니다. 그러면 우리는 과연 법신불 일원상을 어떻게 신앙해야 할까요. 일원상 앞에 떡을 바치거나 돈을 바치고 절을 해야 일원상을 잘 신앙하는 길일까요?

우리의 신앙은 천지·부모·동포·법률의 네 가지 은혜를 알아 그 은혜에 잘 보답하는 것입니다. 천지·부모·동포·법률 사은을 각각 부처님으로 믿고 잘 받드는 것이 법신불 일원상의 진리를 잘 신앙하는 방법입니다. 그 각각을 어떻게 부처님으로 믿고 받들 것인가에 대한 내역이 바로 사은 장에 설명되어 있습니다.

실질적인 진리는 멀리 있지 않습니다. 우주 전체가 그대로 진리의 작용이고 진리의 모습입니다. 따라서 진리의 작용과 내가 어떻게 관련되어 있으며, 이를 쉽게 표준 잡고 살도록 진리를 밝힌 것이 천지·부모·동포·법률의 네 가지 모습입니다. 이 네 가지 중 천지와 부모는 부모항렬입니다. 나는 물론이고 이 세상 우주 만물을 있게 하는 근본적인 은혜이기 때문입니다. 하지만 천지와 부모의 은혜만으로 세상을 살아갈 수는 없습니다. 좌우로 한량없는 은혜의 협조를 받아야 삽니다. 그것이 바로 동포와 법률의 은혜입니다. 천지·부모·동포·법률 네 가지 모습은 우주 안에 있는 상하좌우 모든 관계를 다 총섭합니다.

'진리'라고만 하면 일반 사람으로서는 그 내용을 알아듣기 어렵습니다. 하지만 진리는 결국 현실의 나타남을 통해서 나에게 보입니다. '사은'을 밝힌 이유가 거기에 있습니다. 실질적으로 눈에 보이고 손에 잡히는 존재로 진리를 설명함으로써 보다 쉽게 진리적 생활을 하게 한 것입니다. 신앙의 대상이 네 가지 은혜 속에 그대로 녹아있습니다. 사은을 알고 그 은혜를 갚아나가면, 진리 생활을 잘 하는 것입니다.

사은을 설명하는 구조

사은 장의 제1절 천지은부터 제4절 법률은까지 그 내용 구성은 피은의 강령, 피은의 조목, 보은의 강령, 보은의 조목, 배은, 보은의 결과, 배은의 결과로 똑같이 이루어집니다. 우리는 이 순서도 눈여겨 보아야 합니다.

과거에는, 알 수 없는 그 무엇일지라도 무조건 믿는 것이 신앙의 주된 형태였습니다. 하지만 소태산 대종사께서는 앞으로의 시대에는 진리적 신앙이어야 한다고 했습니다. 알고 믿어야지 모르고 믿으면 미신 혹은 맹신이 될 수 있습니다. 모르고 잘못 믿으면 인간 생활에 도움이 되지 않고 오히려 해독을 미칩니다. 따라서 진리적 원리를 확실히 알고 믿어야 합니다. 그 누구도 진리적 신앙을 부인하지 못하고 확실히 알 수 있도록 하는 내용이 사은 장에 소상히 밝혀져 있습니다.

사은 장에서는 왜 네 가지 은혜인지, 네 가지 은혜를 왜 갚아야 하는지, 안 갚고도 잘 살 수 있는 것인지, 갚으면 결과가 어떻게 되고 갚지 않으면 어떻게 되는지 등에 대한 내용을 손에 쥐여주듯이 아주 쉬운 표현으로 설명하고 있습니다.

여기에서는 천지·부모·동포·법률을 모두 진리로 부처님으로 믿고, 거기에서 내가 은혜 입은 내역을 알아 잘 갚아나가면, 그것이 바로 일원상 진리를 신앙하는 것임을 알려줍니다. 피은, 보은, 배은이라는 내용 속에는 '진리신앙의 길'이 그대로 밝혀져 있습니다. 크게 도를 이룬 사람들만 그 은혜를 갚을 수 있고 수행이 미숙한 사람은 갚을 수 없다고 하지 않습니다. 처음엔 그 내용을 잘 모르던 사람도 은혜를 알아가며 하나씩 갚아나가게 했습니다. 점진적으로 둘을 알고 셋을 알고, 구경에는 사은 전체의 은혜를 모두 알아 갚는 사람이 되면 그분이 곧 성자이자 부처님입니다. 진리를 알아가는 길은 성자가 되는 길이기도 합니다.

원불교에서는 각자의 성품을 깨달아 아는 것을 '견성(見性)'이라고 합니다. 우주만유 전체와 나와의 촌수는 몇 촌일까요? 그 촌수가 18촌이면 먼 사이일 것이고, 4촌이면 가까운 사이일 것입니다. 천지와 나의 촌수가 무촌이라면 어떨까요? 그건 천지와 내가 하나임을 아는 것이고, 진리를 분명히 안 것입니다. 그것이 바로 견성입니다. 천지와의 관계뿐만 아니라 부모, 동포, 법률과의 관계에서도 마찬가지입니다.

피은의 강령, 피은의 조목, 보은의 강령, 보은의 조목, 배은, 보은의 결과, 배은의 결과로 정리된 사은 장에는 소태산 대종사의 매우 간절한 뜻이 담겼습니다. '은혜를 갚으면 너희들이 이렇게 살 수 있을 텐데.', '은혜를 안 갚으면 너희들이 이렇게 될 텐데.' 하는 그 절실하고 절박한 마음을 알아차려야 합니다. 누구도 부인할 수 없는 내용을 우리 손에 직접 꼭 쥐여준 의미를 상기한다면, 사은의 은혜를 알아 갚아나가는 보은의 실행이 무엇보다 중요하다는 것을 알게 됩니다.

천지은 1
하늘과 땅은 생명의 바탕

 # 천지 피은의 강령

피은은 입을 피(被) 자를 써서 은혜를 입었다는 뜻입니다. 강령이라는 말은 어떤 일의 기본이 되는 큰 줄거리라는 뜻입니다. '천지 피은의 강령'은 천지로부터 입은 은혜에 대한 큰 틀을 이야기한 것입니다.

천지 피은의 강령의 첫 구절을 한마디로 압축하면 '천지가 없어도 이 존재를 보전해서 살 수 있을 것인가?'라는 질문으로 정리할 수 있습니다. 과연 우리는 하늘과 땅이 없어도 존재를 보전하며 살 수 있을까요? 아무리 배움이 부족하고 어리석은 사람이라도 하늘과 땅이 없는 상태에서는 내가 존재할 수 없음을 압니다. 없어서는 살 수 없으므로 당연히 큰 은혜입니다. 보통 생각할 때 천지, 즉 하늘과 땅은 당연히 있는 것이고, 당연하기 때문에 따로 은혜라고 인식하지 못합니다.

　요즘 우리 사회는 물 문제, 공기 문제 등이 많이 대두됩니다. 당연히 깨끗한 물, 당연히 깨끗한 공기라는 것이 없어진 세상입니다. 마실 좋은 공기가 없고 쓸 물이 부족하고 곡식이 자랄 안전한 땅이 없다면 사람이 어떻게 살 수 있을까요. 이것을 생각해보면 천지의 은혜가 한량없이 크다는 것을 알 수 있습니다. 소태산 대종사께서는 이 내용을 천지 피은의 강령 첫 구절에서 드러냈습니다.

　다음으로 천지에는 도(道)와 덕(德)이 있다고 했습니다. 앞에서는 천지가 없을 때 우리가 살 수 있을 것인지를 생각해보게 했습니다. 전 인류와 모든 생령에게 하늘과 땅은 생명의 바탕이자 근원입니다. 그러면 바탕이 되는 하늘과 땅은 어떤 원리에 따라 은혜가 되었을까요? 하늘은 하늘의 노릇을 하고 땅은 땅의 노릇을 함으로써 만유가 다 거기에 의지하여 살게 합니다. 그렇게 할 수 있는 이유는 하늘과 땅에 도가 있기 때문입니다. 하늘과 땅이 질서에 어긋남 없이 자동적으로 운행하는 것은 천지의 도이고, 이 도가 실행되어 나타나는 것이 천지의 덕입니다.

　소태산 대종사께서 밟은 땅도 우리가 밟는 땅과 같은 땅이고, 소태산 대종사께서 머리 위에 두고 살았던 하늘도 우리가 바라보는 하늘과 같은 하늘입니다. 다만 다른 점은, 소태산 대종사께서는 깨달음을 통해 그 실체를 분명히 알았다는 것입니다. 없어서는 살 수 없으므로 은혜라는 것과, 천지가 어떻게 우리에게 은혜를 줬는지, 천지는 왜 천지가 되었는지를 확실히 알면, 그것이 곧 진리를 깨우친 것과 다르지 않습니다.

천지의 그러한 모습을 소태산 대종사께서는 여덟 가지로 드러냈습니다. 천지가 천지 노릇을 하고 있는 내용, 천지가 부처님인 이유를 천지 팔도로 정리하여 우리에게 알려주었습니다. 천지는 이 여덟 가지 도를 실천함으로써 긴 세월에 걸쳐 전 인류와 일체 생령에게 은혜가 되고 있습니다.

천지 팔도

먼저, 천지는 지극히 밝습니다. 우리는 보통 천지를 무정물로 여깁니다. 그러나 이것은 진리를 깨달은 안목과 깨닫지 못한 안목에서 오는 차이입니다. 진리를 깨달은 사람은 텅 빈 허공에 온갖 묘용이 가득 차 있음을 알지만, 깨닫지 못한 사람은 허공을 그저 빈 공간이라고 생각합니다. 예로부터 천지신명(天地神明)이라는 말이 있습니다. 하늘과 땅이 신비롭게 밝다는 뜻입니다. 그 밝음은 내외를 넘어서서 지극히 밝습니다.

또 천지는 지극히 정성스럽습니다. 주어진 역할을 하다 말다 하지 않습니다. 그러기에 천지가 될 수 있었습니다. 만약 천지가 정성스럽지 못하다면 많은 것이 흐트러집니다. 오늘은 해를 늦게 뜨게 하고 내일은 아예 뜨지 않게 한다면 만물이 어떻게 거기에 의지하여 살 수 있겠습니까.

천지는 지극히 공정합니다. 친하고 친하지 않은 것에 좌우되지 않습니다. 사사로움 없이 공정하고, 그대로 인과의 밭이 됩니다. 지은 그대로 응할 뿐이지, 천지가 마음대로 더 주거나 덜 주지 않습니다.

천지는 순리 자연합니다. 이치에 따라 자연스럽게 움직입니다. 봄이 와야 할 땐 봄이 오고, 가을이 와야 할 땐 가을이 옵니다. 그 순서에 조금도 어긋남이 없습니다. 봄이 왔다가 갑자기 겨울이 오게 하지 않습니다. 차서(次序)[1]를 어기지 않습니다.

천지는 광대무량합니다. 천지는 좁은 틀에 갇히거나 그 크기를 한정짓지 않고 지극히 크고 넓습니다.

천지는 영원불멸합니다. 소태산 대종사께서는 진리적 안목으로 천지가 영원불멸하다고 보았습니다. 물론 과학에서는 천지가 수백억만 년 전에 생겼다고 하겠지만, 우리가 지금 살아가고 있는 지구라는 것도 큰 범위에서 생각하면 우주 안의 아주 자그마한 점에 불과합니다.

천지는 길흉(吉凶)이 없습니다. 길흉이 없다는 것은 좋고 흉한 것이 따로 없다는 말입니다. 태풍이 불면 보통은 흉한 것이라고 생각하지만, 태풍이 있어서 좋은 작용이 생겨나기도 합니다. 또 따뜻한 봄을 우리는 무조건 좋은 것으로 여기지만, 봄은 무더운 여름과 추운 겨울을 따라오게 합니다. 길과 흉은 동전의 양면처럼 함께 존재하며 돌 뿐, '무엇은 길하고, 무엇은 흉하다.'를 정해놓지 않습니다.

마지막으로 천지는 응용무념(應用無念)합니다. 천지의 여덟 가지 도가 모두 천지의 소중한 성격이지만, 이 중 가장 대표적인 천지의 성격은 응용무념입니다. 지극히 밝다, 지극히 정성스럽다, 지극히 공정하다의 '지극'은 결국 '무념'과 통합니다. 천지는 이 모든 도를 실천하고 긴 세월에 걸쳐 한량없는 일을 하면서도 '할까/말까' 하는 생각 없이 그 일을 합니다. 또, 일을 하고 난 후에도 '내가 이러이러한 일을 했다.'는 생각을 하지 않습니다. 이것이 응용에 무념한 모습입니다. 응용무념하기 때문에 지극히 밝을 수 있고, 지극히 공정할 수 있습니다. 앞의 일곱 가지 천지의 도가 제대로 나타날 수 있는 것은, 천지가 응용무념하기 때문입니다. 이것을 소태산 대종사께서 우리에게 밝혀주었습니다. 그래서 대도(大道)입니다. 천지의 큰 도가 실현되는 가운데 한량없는 생명들이 거기에 의지해 살 수 있는 덕이 나타납니다. 우리의 생명과 형체를 지속·보전하며 살 수 있는 이유가 천지 피은의 강령에 담겼습니다.

천지 피은의 조목

소태산 대종사께서는 천지에서 입은 은혜를 다섯 가지로 설명합니다.

사실 천지 피은의 조목들은 너무나 당연한 것이고, 더는 어떤 설명을 필요로 하지 않는 내용으로 이루어져 있습니다. 천지 피은의 강령에서 '천지가 없어도 이 존재를 보전하여 살 수 있을 것인가 생각해보면 천치요 하우자라도 천지가 없어서는 살지 못할 것을 다 인증할 것'이라고 했듯, 이 천지 피은의 조목 다섯 가지 또한 누구나 인정할 수밖에 없는 내용입니다. 공기가 없어도 우리가 살 수 있는가, 땅이 없어도 살 수 있는가, 또 해와 달, 바람이나 구름, 비, 이슬 등의 존재가 없어도 우리가 살 수 있는가에 대한 질문이기 때문입니다.

보통의 우리들은 이 모든 것이 당연히 나에게 주어진 것이라고 알지, 은혜라고 생각하지 못합니다. '사람이 태어나는 순간부터 당연히 주어진 것이 무슨 은혜냐!'라고 여기기 때문에 이러한 존재들로부터 주어지는 것은 내가 당연히 받아야 하는 것이라 여기고, 그 외에 무엇이 추가로 더 주어져야만 은혜로 생각하며 갚아야겠다고 합니다. 보통의 사람들에게는 이러한 사고가 잠재해 있습니다.

하지만 소태산 대종사께서는 진리를 깨달은 후 '우리가 현실적으로 받는 모든 은혜의 근본 가운데 가장 크고 원천적인 은혜는 천지가 주는 은혜'임을 알았습니다. 그리고 '천지가 없다면 나라는 이 존재가 살 수 없는데, 그런 큰 은혜를 입고 있으면서도 우리는 그것이 은혜인 줄을 모른다.'며 우리에게 천지의 은혜라는 내용으로 가르쳐주었습니다.

1. 하늘의 공기가 있으므로 우리가 호흡을 통하고 살게 됨이요.

과거 불가에서는 '사람의 생사는 어느 기간이 따로 정해져 있지 않고 일 호흡 사이에 있다.'고 했습니다. 숨을 한 번 들이쉬고 내

쉬는 그때에 생사가 있다는 것입니다. 호흡을 통해 공기를 마심으로써 나의 생명이 연장되기 때문에 공기 그대로가 곧 나의 생명입니다. 천지 피은의 조목은 우리가 인식하지 못하고 살아가는 은혜의 내역을 설명해주고 있다는 생각이 듭니다.

2. 땅의 바탕이 있으므로 우리가 형체를 의지하고 살게 됨이요.

우리는 땅이 당연히 안정적이고 움직이지 않고 고정되어 있다고 생각합니다. 하지만 늘 그렇지 않습니다. 지진 같은 재앙이 일어나 땅이 약간만 흔들려도 안정적인 생활을 유지할 수 없습니다. 땅이 단단히 잘 받쳐주고 있기 때문에 우리의 몸을 잘 유지하며 살 수 있습니다.

3. 일월의 밝음이 있으므로 우리가 삼라만상을 분별하여 알게 됨이요.

흔히 모든 희망이 끊어지고 한 치 앞의 희망도 보이지 않는 것을 암흑세계라고 합니다. 일월의 밝음이 없다면, 그것 역시 암흑세계와 다르지 않습니다. 만약 이 세상이 암흑세계라면 그 안에서 살아가는 많은 생명들이 존재하기가 어려울 것입니다. 해와 달이 조금 어두워지기만 해도 우리가 누리며 살아가는 문명은 금방 흔들릴 것입니다.

4. 풍·운·우·로(風雲雨露)의 혜택이 있으므로 만물이 장양(長養)되어 그 산물로써 우리가 살게 됨이요.

언젠가 산 아래로 펼쳐진 들판을 가만히 바라보다가 얻은 감상이 있습니다. 드넓은 밭과 들에서 수많은 곡식이 자라는데, 결국 그것들은 모두 사람의 입속으로 들어갑니다. 나무에 열린 과일들, 땅에서 자란 식물들 역시 사람의 입속으로 들어갑니다. 만약 그 많은 먹거리가 없으면 사람은 무엇을 먹고 살아야 할까요? 하늘은 위에서 덮어주고 땅은 아래에서 받쳐주는 그 안에 조화로움이 있어서 사람이 먹을 것을 키워내고 만들어냅니다.

대개는 사람이 농사를 짓거나 기르지만, 꼭 길러서만 나는 것은 아니고 저절로 생기기도 합니다. 엄마가 아이에게 젖을 내주듯이, 천지도 사람이 먹고 살아갈 것을 내줍니다. 천지는 그만큼 자비로운 품을 가지고 있습니다. 그런데 그 안에서 살아가는 우리는 뭔가가 조금만 마음에 안 들면 쉽게 원망합니다. 이에 정산 종사께서는 "사은의 은혜를 모르고 사는 것이 마치 한 끼 밥에 체했다고 밥을 원망하는 것과 같다."라는 내용으로 작은 것에 원망하며 사는 사람들에게 경계의 법문을 내렸습니다.

공기와 땅, 일월과 풍운우로(바람, 구름, 비, 이슬, 서리, 눈 등의 모든 자연현상)가 조화로운 상태를 유지하고 있기 때문에 우리가 거기에 의지하여 살아갈 수 있습니다.

5. 천지는 생멸이 없으므로 만물이 그 도를 따라 무한한 수(壽)를 얻게 됨이니라

　천지 피은의 조목 1조부터 4조까지는 우리가 눈으로 확인하거나 몸으로 느낄 수 있는 은혜의 내역이었지만, 5조는 조금 어렵습니다. 이 부분은 진리를 확실히 깨달은 사람이 아니면 알기 힘든 말이기도 합니다.

　천지가 생멸이 없다는 말은, 어느 때부터 생기거나 어느 때에 없어지지 않는 무한한 수(壽, 목숨)를 가지고 있다는 것입니다. 진리의 불생불멸한 면을 천지에 접목한 설명이기도 합니다. 천지가 무한하므로 천지에 의지하여 살아가는 만물도 무한한 목숨을 얻습니다. 만물은 천지와 떨어져 있지 않기 때문입니다. 현상적으로 볼 때 천지는 하늘과 땅으로만 존재하고 만물은 각각의 객체로서 서로 떨어진 존재 같지만, 진리적으로 볼 때 만물은 천지의 소분자로서 천지와 하나의 포태에 싸여있습니다. 한몸입니다. 그래서 생멸이 없는 천지의 도를 따라 만물도 무한한 수를 얻습니다.

　물론 실제로는 개체적인 생멸이 분명 존재합니다. 그런데 여기에서의 '무한한 수(목숨)'는 단순히 만물 중 어떤 하나가 있어졌다 없어졌다 하는 것을 말하지 않습니다. 현실적으로는 비록 나타났다 사라졌다 하더라도 근본적으로는 없던 것이 생겨나거나 있던 것이 완전히 없어져버리는 것이 아니고, 다만 그 형태를 달리 할 뿐입니다. 소태산 대종사께서 "지푸라기 하나가 천백억 가지로 변화가 된다."고 한 말이 있습니다. 지푸라기가 썩으면 거름이 되었다가 배추를 키우고, 그 배추를 사람이 먹습니다. 그런 과정으로 보면 지푸라기가 사람도 될 수 있습니다. 지푸라기 하나도 영원히 죽지 않고 천백억 가지로 그 몸을 나타냅니다. '무한한 수'라는 표현에는 이런 의미가 있습니다. 형상을 나타내고 있는 천지가 무한하기 때문에, 천지의 한 소분자로 존재하는 만물도 다만 그 모습만 달리할 뿐 변화를 통해 무한한 수를 천지와 더불어 얻습니다.

결국 사은의 도움

천지의 은혜는 참 한량없는데, 정작 우리는 그것을 마음에 얼마나 절실하게 느끼고 있을까요? 그것을 제대로 느꼈다면 소소한 원망이 생길 수 없습니다. 불의 힘이 강하면 모든 것을 녹여내는 것과 같은 이치입니다. 아는 것은 그래서 중요합니다. 늘 있는 상태를 당연한 것으로 받아들이지 않고 그 안에서 은혜로움을 발견하여 마음으로 절실히 느낄 수 있어야 합니다.

소태산 대종사께서는 스스로 구도하고 스스로 도를 깨달았습니다. 그런데 진리를 깨달은 후 "자력으로 구하는 가운데 사은의 도움이 컸다."고 표현했습니다. 그것을 곰곰이 생각해보았습니다. 진리를 모를 때는 내 옆에 있는 사람, 또는 누군가 나에게 하는 행동, 늘 내 옆에 있는 하늘의 공기와 같은 주위 여건들이 나와 별 관계가 없다고 생각합니다. 오직 내가 지금 하고 있는 것만을 나와 관계가 있는 일로 생각하고 여타의 것은 나와 관계가 없다고 여깁니다.

하지만 진리를 깨닫고 나면 내 힘으로 하는 이 일이 결국 천지 안의 모든 것과 연관되고 상호 교류하면서 이루어지는 것임을 알게 됩니다. 현실적으로 볼 때 '저게 무슨 도움이냐.'고 치부해버릴 것도, 알고 보면 나에게 도움이 되었을 수 있습니다. 소태산 대종사께서 "자력으로 구하는 가운데 사은의 도움이 컸다."고 한 것은 '홀로 나의 힘만으로 애써서 도를 이룬 줄 알았지만, 도 이루는 것이 가능했던 것은 내 힘과 더불어 사은 전체가 함께 해주었기 때문이다.'라는 것의 또 다른 표현입니다.

천지 피은의 조목을 통해 우리는 '나 혼자의 힘만으로 잘 사는 줄 알았지만 실은 없어서는 살지 못할 관계 속에 살고 있음'을 알게 됩니다. 이는 비가 때에 맞게 내리지 않았을 때 그 존재가 더욱 소중히 와닿는 것과 같습니다.

---

1) 차서: 둘 이상의 것을 각각 선후로 구분하여 하나씩 벌여 나가는 순서

천지은 2
만물의 주인은 누구인가

천지 보은의 강령

천지 보은의 강령에서는 '사람이 천지의 은혜를 갚기로 하면 먼저 마땅히 그 도를 체받아서 실행할 것'이라고 했습니다.

천지의 도는 앞서 천지 피은의 강령에서 여덟 가지로 언급된 바 있습니다. 천지 팔도(지극히 밝은 것, 지극히 정성한 것, 지극히 공정한 것, 순리자연한 것, 광대무량한 것, 영원불멸한 것, 길흉이 없는 것, 응용에 무념한 것)가 바로 천지의 도입니다. 이 여덟 가지 도를 표준 삼아 그와 같은 마음을 가지고 살 때 참으로 체받음이 됩니다.

천지 보은의 조목

1. 천지의 지극히 밝은 도를 체받아서 천만 사리를 연구하여 걸

림 없이 알 것이요.

천지의 지극히 밝은 도에 대한 예가 〈대종경〉 변의품 1장에 잘 설명되어있습니다. 아마 소태산 대종사 당대에도 천지의 밝음이라는 주제는 많은 토론거리였던 것으로 보입니다.

천지가 왜 밝은지, 어떻게 밝은지, 그 밝음이라는 것은 무엇인지에 대해 여러 사람들이 서로 변론하는 것을 듣던 소태산 대종사께서 제자들에게 묻습니다. "너희들이 천지의 밝음이라는 것을 믿느냐?" 제자들은 믿는다고 대답합니다. 소태산 대종사께서는 그러면 천지가 왜 밝은지 증거를 들어서 설명해보라고 합니다. 제자들은 "법문을 받들면서 믿음을 가져서 밝다고 믿는 것이지 천지의 밝음을 증거로 변론하기는 어렵다."고 대답합니다.

이에 소태산 대종사께서는 천지의 밝은 그 자리를 '현묘한 지경'이라고 표현합니다. 검을 현(玄) 자에 묘할 묘(妙) 자를 쓰는 현묘는, 보통의 사고로는 가히 짐작하기 어렵고 상식적으로 알기 어려운 것을 표현하는 말입니다. 현묘하기 때문에 우리가 그 밝음의 경지를 '아 이렇게 밝구나.' 하고 바로 알기가 어렵습니다. 소태산 대종사께서는 그 밝은 것을 작은 증거를 가지고 설명하며, 그 작은 증거의 일부분을 가지고 현묘한 지경까지도 가히 미루어 짐작해보고 통하여 보라고 했습니다.

〈대종경〉 변의품 1장에서 소태산 대종사께서 설명한 증거는 이렇습니다.

땅 하나를 우리는 무정한 것이라고 생각하지만 그 무정함은 진짜 무정한 것이 아닙니다. 콩을 심으면 콩을 내주고, 팥을 심으면 팥을 내주고, 가꾸는 공을 많이 들이면 많이 거두게 하고, 공을 적게 들이면 적게 들인 그만큼만 거두게 합니다. 심은 씨앗의 종류에 따라 그 곡물이 나게 하고, 정성의 크기만큼 수확량을 다르게 하는 등 조금도 어김없이 그대로 드러나게 합니다. 이는 땅이 모든 것을 환히 비추어 알기 때문입니다. 땅이 아무것도 모른다면 어떻게 그런 감응을 할 수 있겠습니까. 곡물을 땅이 아닌 허공에 심어서 기를 수는 없습니다. 결국 씨앗을 심는 것도, 그것을 생장시키는 것도, 땅의 감응을 받아야 가능한 일입니다.

하늘도 마찬가지입니다. 공기나 풍운우로의 작용을 비롯해 우주 안에 존재하는 모든 것은 천지의 간섭을 받습니다. 천지의 간섭은 지극히 밝아서 심는(인, 因) 그대로 받게(과, 果) 합니다. 이때의 천지의 밝음은 보통의 우리가 마음에 분별을 갖고 내는 밝음과는 다릅니다. 천지의 밝음은 무념(無念), 즉 생각이 없는 가운데 행하는 식(識, 대상을 다르게 아는 마음의 작용)입니다. '내가 밝다'는 상이 없이 나타나는 밝음입니다. 그렇게 지극히 밝기 때문에 공정하고 원만합니다. 무엇을 대함에 있어서 가리고 있는 것이 없습니다. 잘했다고 하여 못한 일을 감춰주지 않고, 못했다고 하여 잘한 것을 감춰주지 않습니다. 그대로 공정하여 사사(私邪, 이기적이고 의롭지 않음)가 없는 식입니다.

천지의 이러한 밝음을 아는 사람은 감히 양심을 속이지 못합니다. 지극히 밝은 천지의 식을 체받은 사람은 천지처럼 깨끗하고 맑은 밝음을 얻어 자연히 천지와 같은 위력을 나타낼 수 있습니다. 이것이 바로 〈대종경〉 변의품 1장의 요지입니다.

천지의 지극히 밝은 도는 우주의 원리입니다. 정산 종사께서는 우주 만유의 구성요소를 영·기·질(靈氣質) 세 방면으로 말했습니다. 우주라는 전체도, 인간이라는 개체도, 모두 영·기·질로 이뤄졌습니다. 우주 전체의 영·기·질은 대령·대기·대질이고, 개체의 영·기·질은 개령·개기·개질입니다. 동물·식물 할 것이 없이 산천초목을 비롯한 만물이 모두 영·기·질로 이루어져 있습니다. 다만 주체가 되어 움직이는 것이 무엇이냐에 따라 영과 기와 질이라는 표현이 다를 뿐입니다.

예를 들어 사람의 몸을 대(大)로 본다면, 사람의 몸도 대령·대기·대질로 이루어져 있습니다. 그것이 하나로 생멸 변화해나가는 것은 개령·개기·개질이라고 볼 수 있습니다. 또 내 몸은 우주 가운데 살면서 우주와 한 기운으로 통해 있습니다. 천지의 밝음은 대령입니다. 우주 전체가 운행되어 나가는 이면에 지극히 밝은 원리가 있습니다. 그것을 우리는 천지의 지극히 밝은 도라고 합니다.

'천지의 지극히 밝은 도를 체받아서 천만 사리를 연구하여 걸림 없이 아는 것'이 천지에 보은하는 조목이라고 했습니다. 전제하면, 지극히 밝은 도는 우리 안에서 이미 작용하고 있습니다. 우주로 보면 우주의 본원이 법신불 일원상이고, 우리로 보면 우리의 본성이 법신불 일원상입니다. 대령과 개령의 입장으로 봐도 통하고 있습니다. 밝음의 요소 내지 밝음의 요인은 보통 우리가 이야기하는 자성광명[1]입니다. 내 마음에 본래 갖추어진 밝은 빛이 바로 광명입니다. 천지는 '나'라는 또는 '내가 천지'라는 상이 없습니다. 가린 것이 없기 때문에 그대로 나타나서 천지 만유를 운행하는 바탕이 됩니다.

하지만 우리는 우리 안에 그 밝음이 들었음에도 불구하고 '나'라는 상이나 욕심 등 여러 가지에 묶이고 가려서 밝음을 밝은 그대로 쓰지 못합니다. 공부를 통해 천지와 똑같은 밝음을 회복하여 사용하면 그것이 천지의 밝은 도를 체받음이 됩니다.

내 마음속 지혜 광명을 발현하려면 어떻게 해야 할까요? 그 방법이 소태산 대종사께서 우리에게 가르쳐준 사리연구 공부입니다. 우리는 사리연구 공부를 통해 우리의 지혜 광명을 밝힐 수 있습니다. 관건은 '내가 과연 이 마음을 공부하면 정말 밝아지는 것인지, 어느 정도까지 밝아질 수 있는지, 또 정말 지극히 밝은 경지까지 갈 수 있는 것인지.'에 대한 확신을 가지고 연마하는 것입니다.

대산 종사께서 삼학(三學)을 설명하며 예화를 하나 들었습니다. 소태산 대종사 성탑을 조성할 때, 투박하고 커다란 돌을 갈고 있던 석공이 말하기를 "이 돌이 지금은 이렇게 투박하지만 만 번만 갈면 반질반질해져서 유리거울보다 더 밝은 거울이 된다."고 했다는 것입니다. 보잘 것 없고 투박한 돌도 만 번을 갈면 밝은 거울이 되는

데 하물며 우리가 가진 마음은 어떻겠습니까. 마음에는 밝은 영지(靈知)[2]가 있습니다. 우리가 말하고 알아듣는 것은 모두 영지의 작용이 있어서입니다. 그 마음을 자꾸 갈고 닦으면 빛이 날 수밖에 없습니다. 수양력을 얻고 싶다면 내가 참지 못할 경계를 당하여 십만 번만 그 마음을 멈추면 힘이 쌓입니다. 만약 사리를 밝게 아는 마음의 광명을 얻고자 하면 일생에 십만 번을 연구하면 됩니다.

소태산 대종사께서는 '그 일 그 일에서 알음알이를 얻으라.'고 했습니다. 일을 당하거나 일을 할 때 생각 없이 마음 나는 대로 하지 말고 그 순간 마음을 딱 모아보라는 것입니다. 이미 한번 했던 일이라도 다시 연구하여 더 좋은 방법이 없는지를 생각해가며 일을 하면 분명 전보다 더 나은 결과를 얻습니다. 어떤 일과 사물의 이치를 궁구해보고 그 결과도 생각해보는 연마 공부를 일생에 십만 번만 하면, 밝아지지 않을 수 없습니다.

산을 오를 때 종종 줄기나 가지가 반질반질해진 나무를 보게 됩니다. 나무 한 그루에서도 어디는 반질반질하고 어디는 거친 흔적이 있습니다. 주로 사람들의 손이 자주 닿은 곳이 반질반질합니다. 산을 오르내리는 사람들이 나무의 줄기가 매끈해지라고 문지른 것은 아닙니다. 올라갈 때 힘이 들어 한번 잡고, 내려올 때 힘이 들어 한번 잡은 손길이 여러 번 쌓여서 나무 줄기에 윤이 나는 것입니다.

마음도 그렇습니다. 한 번 닦고 두 번 닦다 보면 반드시 광명이 솟습니다. 그러므로 천만 사리를 연구하여 걸림 없이 알기 위한 목표를 잘 세워야 합니다. 내 자성의 광명을 완전히 회복하여, 천지처럼 상 없이 원만하고 공정해서 사사가 없는 그런 밝음을 얻도록까지 공부해야 합니다. 밝음을 얻는 구체적인 방법은 삼학(三學) 장에서 살펴보겠습니다.

한 제자가 소태산 대종사께 질문을 했습니다. "천지로부터 그와 같이 한량없는 은혜를 우리가 입고 사는데, 뼈가 부서지도록 갚아도 그 은혜를 갚기는 쉽지 않을 것 같습니다. 그런데 도만 실천해도 보은이 됩니까?" 그러자 소태산 대종사께서 제자에게 다시 묻습니다. "스승이 제자를 가르칠 때 그 제자가 스승에게 음식을 가져다 주는 것도 보은이다. 그럼 그 스승의 가르침을 그대로 받들어 실행하는 것은 스승에 대한 보은인가 아닌가?"

자녀가 자신을 키워준 부모의 은혜를 생각하여 잘 모시는 것은 부모 보은의 당연한 측면입니다. 하지만 그보다 더 큰 보은은 부모가 원하고 가르치는 것을 그대로 잘 받들어 실천해나가는 것입니다. 마찬가지입니다. 우리가 천지에서 입은 은혜가 한량없이 크지만, 그렇다고 천지를 늘 모시고 살거나 천지에게 찾아가 인사를 할 수는 없습니다. 나의 몸은 비록 천지에 비해 작지만, 천지가 베푼 도를 그대로 나의 삶에서 실행하면 천지와 더불어 둘 아닌 것이 됩니다. 외형적 크기는 다를지라도 실제 내용에 있어서는 같아지는 것입니다. 천지가 하고자 하는 일을 내가 같이 하면 천지를 돕는 것이 되고, 천지와 내가 하나가 됩니다.

만약 천지에게 마음이 있다면, 자신과 하나 된 그 모습을 얼마나 예뻐하겠습니까. 마음이 하나가 되어 시키지 않아도 천지가 하는 그대로 살아가면, 천지의 입장에서도 매우 기쁠 것입니다. 그러면 자연히 '있는 힘껏 밀어줄 테니 내 일을 잘 해보아라.' 하며 천지가 가진 위력을 그 사람에게 보낼 것입니다. 천지 팔도를 잘 실행하는 것은 곧 천지의 은혜에 보답하는 길이 됩니다.

2. 천지의 지극히 정성한 도를 체받아서 만사를 작용할 때에 간단없이 시종이 여일하게 그 목적을 달할 것이요.

정성의 정(精)은 정밀하다, 티 하나 없이 깨끗하고 맑다는 의미입니다. 성(誠)은 처음부터 끝까지 한결같은 마음으로 일관하는 것을 뜻합니다. 천지의 지극히 정성한 도는, 천지가 행하는 일이 어제나 오늘이나 내일이나 혹은 천년만년을 두고도 늘 한결같이 일관되게 운행하고 있는 모습의 표현입니다. 천지가 정성스럽지 않다면 천지 안의 모든 질서가 깨지고 맙니다.

'무성(無誠)이면 무물(無物)'이라는 말이 있습니다. '정성이 아니면 이 천지 안에 있는 어떤 한 물건도 존재하지 않는다.'는 뜻입니다. 정산 종사께서도 천지의 핵심을 이야기할 때 정성 성(誠) 자를 언급했습니다. 모든 만유를 생성화육(生成化育)[3]시키는 천지의 작용을 소태산 대종사께서는 '정성한 도'라고 표현했습니다.

이 지극히 정성한 도를 체받아 만사를 작용해야 합니다. 그러면 만사를 작용할 때는 어느 때를 말하는 것일까요? 만사는 일만 만(萬) 자, 일 사(事) 자를 씁니다. 일만 가지 일이라는 말은 일의 개수를 이야기하는 것이라기보다, '모든 일'이라는 의미를 갖습니다. 즉 지극히 정성한 도를 체받아 만사를 작용하라는 것은, 작은 일에서 큰 일에 이르기까지 모든 일에 정성을 들이라는 것입니다.

그런데 정성의 바탕에는 티 하나 없이 깨끗하고 맑은 순일함이 있어야 합니다. 어떤 일을 꾸준히 한다 해도 욕심을 가지고 했다면 그것을 정성이라고 보기는 어렵습니다. 정성은 마음에 욕심이 없이 늘 한결같은 마음입니다. 지극히 온 마음을 다하여 작은 일에도 그 마음, 큰 일에도 그 마음을 쓰는 것이 정성입니다.

소태산 대종사께서 '그 일 그 일에 일심을 들이라.'고 한 것은 일을 당하여 다른 생각 없이 오롯하게 마음을 쏟는다는 의미이지만, 이때의 '일심'이라는 말에는 처음 시작했던 마음(전심, 前心)이나 마지막에 끝날 때의 마음(후심, 後心)이 한결같아야 한다는 의미도 있습니다. 정성이 들어있지 않으면 일심이 될 수 없으므로 일심 그 자체가 사실은 정성입니다. 이는 간단(멈추거나 끊어짐, 間斷)없이 시종(시작과 끝, 始終)이 여일하게 해야만 원하는 목적을 달성할 수 있다는 가르침이기도 합니다.

그래서 그 도를 체받아 만사를 작용할 때에 간단없이 시종이 여일하게 그 목적을 달하라고 했습니다. 식물 하나가 땅에 심어져 자라고 꽃이 피고 열매를 맺는 모든 작용에는 천지의 정성이 들어갑니다.

일관된 정성이 없다면 그런 일이 결코 이뤄질 수 없습니다. 인간사회도 마찬가지입니다. 우리가 여러 가지 일을 해나갈 때 원만히 잘 이루려면 일 하나하나에 식물을 키워내는 천지와 같은 정성이 들어가야 합니다.

그러나 그 일 그 일에 정성을 가지고 접응하는 것은 일을 이루기 위한 목적에만 해당하지 않습니다. 사실 정성의 마음으로 살아가면 일이 이루어지는 것은 물론이고 그 사람의 마음의 힘(심력, 心力)이 뭉쳐집니다. 일의 크기와는 관계없이 자기가 맡은 작은 일에서부터 큰 일까지 항상 한결같은 마음으로 해나가는 것이 중요합니다. 청소를 할 때도, 사람을 만나거나 일을 할 때도, 자녀를 교육시킬 때도, 한 나라를 운영해나갈 때도 '정성'이 핵심입니다. 천지는 작은 비를 내릴 때나 큰 비를 내릴 때나 항상 같은 마음으로 작용합니다. 작은 비라고 하여 함부로 흩뿌리지 않고, 큰 비라고 하여 특별히 정성스럽게 내리지 않습니다. 작은 비를 내릴 때도 그 마음, 큰 비를 내릴 때도 그 마음입니다. '정성한 그것'이 작은 데나 큰 데나 천지의 작용으로 두루 미치듯, 우리가 이러한 정성을 체받기로 하면 작은 일에도 나의 전심(全心, 모든 마음)을 다하고, 큰 일에도 그렇게 하고, 어려운 일이나 쉬운 일에도 늘 한결같은 마음으로 해나가야 합니다. 그것이 정성심입니다.

그러한 정성심으로 일을 하면 밖으로도 일이 잘 이루어질 뿐만 아니라 안으로는 심력이 어리면서 성자의 인품을 이룰 수 있는 훌륭한 인격을 갖추게 됩니다. 게다가, 정성을 들이면 1과 1을 더했을 때 2의 결과만 가져오지 않고, 5 혹은 100이나 1000의 결과를 가져오기도 합니다.

이러한 예는 교화현장 속 이야기를 통해서도 확인됩니다. 어느 교무님이 교당에 발령을 받았는데, 교도가 별로 없고 교당 형편도 아주 어려운 상황이었습니다. 아무래도 그 자리에서는 교화하기가 어렵겠다는 판단을 하고 교당을 옮겨서 다시 지어야겠다는 원을 세웠지만, 현실적으로 이루어질 수 없는 원이라고 하는 사람이 많았습니다. 5년이 걸릴지 10년이 걸릴지 20년이 걸릴지 모르는 상황임에도 교무님은 그저 정성스럽게 그 일을 진행했습니다. 무엇이든 아끼기 위해 폐지를 모아 불을 피워 밥을 해먹고, 땔감을 아끼기 위해 난방도 제대로 하지 않고 추위를 참으며 살아가고 있었습니다. 그러던 중 의지처가 없는 할머니 한 분이 눈에 띄어서 밥을 나누어 먹으며 2년여의 세월을 보냈습니다. 그런데 어느 날, 할머니가 봉투를 건넸습니다. 2년 동안 교당을 왔다 갔다 하며 교무님이 헌신하는 정성에 감동했다면서 땅을 희사한 것입니다. 그렇게 교당이 세워진 역사도 있습니다.

원불교의 여러 교당과 기관들의 역사를 보면 정성의 힘이 쌓여 큰 위력으로 나타난 경우가 많습니다. 안으로 정성을 들이대면 심력이 뭉치고, 밖으로 정성을 들이대면 눈에 보이지 않는 사은의 위력을 분명히 얻습니다. 간단없이 시종이 여일하게 그 목적을 달하라는 말은 굉장히 큰 법문입니다.

또 '너희가 진정으로 원하면 이루어진다.'고 한 법문도 있습니다. 세상의 모든 일은 그 일이 될 때까지 하면 무조건 되는 이치가 있습니다. 어떤 일이 아직 안 되었다면 그건 '할 만큼' 하지 않았기 때문입니다. 정성은 그런 것입니다. 진리적으로 보아도, 정성을 들여서 되지 않을 일은 없습니다. 다만 시일이 걸릴 뿐입니다. 성공을 보기 전에 내가 그 일을 그쳐버리기에 되지 않습니다. 일은 종류와 형태에 따라 한 달 걸릴 일, 일 년 걸릴 일, 그보다 더 긴 시간을 필요로 하는 일이 있습니다. 우리가 진리를 믿는 입장에서 일의 성공을 생각한다면 정성을 꾸준히 들이는 것이 매우 중요합니다.

'참으로 성공한 일생이란 어떤 것일까?'를 생각해본 적이 있습니다. 훌륭한 업적을 쌓은 사람의 일생 혹은 큰 도력을 얻고 세상에 유익을 준 일생도 물론 성공한 일생이라고 할 수 있습니다. 하지만 처음에 서원을 세운 그 마음으로 한결같이 살다가 인생 마감 시기에 '일생을 참 정성스럽게 살아왔다.'고 자부할 수 있다면 그분이야말로 최고의 삶을 산 분이 아닐까 합니다.

그렇다면 우리는 천지의 지극히 정성한 도를 체받기 위해 어떻게 해야 할까요? 천지의 진리는 곧 정성이고, 정성스럽게 산 사람이 곧 성자입니다. 하지만 실제 생활에서 정성을 흩트리지 않고 살기란 거의 불가능합니다. 정성은 멈추는 것이 아닙니다. 그렇다고 하여 한 번이라도 멈추는 것은 정성이 아니라고 단정한다면 정성을 실행할 사람은 60억 인류 가운데 열 손가락에 꼽을 정도밖에 없을 것입니다. 그럼에도 우리는 그 정성한 도를 체받아 살아가야 합니다. 불가능한 것을 가능케 하는 데 있어서, 대산 종사의 '정성'에 대한 법문이 큰 힘이 됩니다. "정성은 다른 것이 아니다. 쉬었다 이으면 그것이 성(誠)이다. 천년을 지속했어도 천년 후 쉬면 성이 아니고, 백년을 쉬었어도 백년 후 다시 이으면 성이다."

얼마나 좋은 표준입니까. 살다 보면 마음이 쉴 때도 있고, 잘못할 수도 있고, 때론 곁길로 새기도 합니다. 하지만 그럴 때 마음을 챙겨 이전의 그 마음에 이어 다시 시작하고 또 다시 시작하면서 그 마음을 이어나가면 그것이 곧 정성스러운 마음이 됩니다.

정성한 도를 체받는 것은, 끊임없이 마음을 챙겨서 잇고 또 챙겨서 잇는 것을 반복하는 것입니다. 그러면 마음이 끊어지는 간격이 점점 짧아지면서 나중에는 거의 끊어지지 않고 꾸준히 이어나갈 수 있습니다. 그렇게 하면 정성의 도를 제대로 실천할 수 있게 됩니다.

3. 천지의 지극히 공정한 도를 체받아서 만사를 작용할 때에 원·근·친·소와 희·로·애·락에 끌리지 아니하고 오직 중도를 잡을 것이요.

공정(公正)의 공은 공변될 공(公) 자인데, 이것은 개인(私)과 반대되는 개념입니다. 전체를 하나로 보는 마음을 공이라고 합니다. 한 가정에 자녀가 여럿인 경우, 형제끼리는 서로 상대심을 내거나 너와 나를 나누어볼 수 있습니다. 그러나 부모는 큰 아이나 작은 아이나 전부 똑같은 내 자녀로 바라봅니다. 자녀가 여럿이지만, 그 여럿인 전체가 자녀로서 하나가 되는 그것이 공의 입장입니다. 천지가 공정하다는 것은 이와 같습니다. 하나의 땅 위, 하나의 하늘 아래 있는 모든 만물이 비록 그 색과 모양은 다를지라도 천지는 모두 똑같은 자녀로 대합니다. 만물이 모두 천지라는 품 안의 자녀입니다. 전체를 한 품 안에 안은 그것이 '천지의 공'입니다.

공정의 정은 바를 정(正) 자입니다. 앞에서 이야기한 것처럼 전체를 하나로 감싸 안은 그 속에는 첫째, 둘째, 셋째 등의 차서가 있습니다. 나이도 다르고, 제 각각 위치에 따라 해야 할 도리가 있습니다. 그 각각에 맞게 응하는 것이 바로 정입니다.

공(公)이 전체를 하나로 아는 평등의 마음이라고 한다면, 정(正)은 그 안에 있는 모든 것에는 각각 자기의 특징과 역할, 기능이 있어서 그것이 하는 그대로 응해주는 것을 말합니다. 따라서 공정이란, 전체에게 그대로 응해주는 마음입니다.

잘하는 사람과 잘못하는 사람이 있을 때, 잘하는 사람의 편은 더 들어주면서 못하는 사람의 편은 들어주지 않으면 공정이 아닙니다. 잘한 사람과 잘못한 사람을 대하는 입장에서는 차별을 두지 않고 똑같이 대하되, A는 잘했기 때문에 잘한 결과를 내게 하고, B는 못했기 때문에 못한 결과를 내게 합니다. 공정하면 각자가 지은 내용에 따라 그대로 응할 뿐입니다. 잘했던 사람이 못하는 경우에도 못했던 사람이 잘한 경우에도 마찬가지입니다. 잘했던 사람이라고 하여

'너는 어쩌다 못한 일을 했으니 한번 용서할게.'라며 넘어가주지 않고, 못했던 사람이라고 하여 '너는 어쩌다가 잘한 것이겠지.' 하며 무시하지 않습니다. 잘했던 사람이 못하는 경우에도 못한 결과를 그대로 나타나게 하고, 못했던 사람이 잘하는 경우에도 잘한 결과를 나타나게 합니다. 그렇게 차별 없는 마음으로 거기에 맞게 그대로 응하는 것이 천지의 공정한 도입니다.

공정을 행할 때, 천지는 '지극히' 합니다. 천지가 공정하고 또 공정할 수밖에 없는 그것을 표현하기 위해 소태산 대종사께서는 '지극히'라는 단어를 사용했습니다. 공으로도 한량없는 공, 정으로도 틀림없는 정, 천지보다 더 공정할 수 없는 그것을 '지극히 공정하다.'라고 한 것입니다.

그리고 '천지의 지극히 공정한 도를 체받아서 만사를 작용할 때에 원근친소와 희로애락에 끌리지 말라.'고 했습니다. 우리들은 살아가면서 자잘한 일에 붙잡히거나, 작은 일로 서로 편을 가를 때가 많습니다. 뭔가에 국집되는 것은 큰 공이 아닙니다. 마음이 좁아지려고 할 때에는 천지의 큰 공 자리를 보아서 내 마음을 넓혀가야 합니다. 원근친소(遠近親疎), 즉 멀고 가깝고 친하고 친하지 않음에 마음이 묶이는 것은 전체를 하나로 보는 마음이 아닙니다. 또 희로애락(喜怒哀樂), 즉 기쁜 일, 성낼 일, 슬픈 일, 즐거운 일 등에 끌리고 보면 마음이 중심을 잃어 정확한 판단을 하지 못하고 그에 맞는 마음작용이 되지 않습니다. 원근친소나 희로애락이 없는 그 마음이라야 진정한 공의 마음이 이루어지고, 전체를 같이 볼 수 있는 마음이 이루어집니다. 만약 그러지 못하여 가깝거나 먼 것에 붙잡히면 전체를 보지 못하는 마음이 됩니다. 원근친소와 희로애락에 매이지 않은 마음이어야 능히 먼 곳은 먼 곳에 맞게, 가까운 곳은 가까운 곳에 맞게, 즐거운 일에는 즐거운 일에 맞게 마음을 쓸 줄 알게 됩니다.

하지만 원근친소와 희로애락은 우리의 삶에 존재할 수밖에 없는 감정입니다. 그렇다면 원근친소와 희로애락에 끌리지 않기 위해서는 어떻게 해야 할까요? 이에 대한 법문이 〈대종경〉에 있습니다. 한 제자가 "도인도 애착이 있습니까?" 하고 묻자 소태산 대종사께서는 "애착이 있으면 도인이 아니다."라고 대답합니다. 애착은 싫어하거나 좋아하는 것에 끌려서 마음이 뭉쳐있는 것입니다.

제자가 다시 묻습니다. "정산도 자녀를 사랑하는데 그럼 그것은 애착이 아닙니까?" 소태산 대종사께서 대답합니다. "그대는 아무 정이 없는 저 바윗덩어리를 도인이라고 하겠다." 여기에 이어지는 대목이 중요합니다. "정산은 자녀를 사랑하나, 그 사랑하는 마음이 공사(公事, 공중의 일)에 방해되지는 않는다." 세계 사업을 해나가는 사람으로서 자녀를 사랑하는 마음에 걸려 해야 할 일을 그르치지는 않는다는 것입니다. 원근친소와 희로애락에 끌리지 않고 공정한 마음으로 한다는 것은 그런 것입니다. 이게 바로 성자의 심법입니다. 우리가 이 공정한 마음을 단련하려면 많은 노력이 필요합니다.

그 방법을 대산 종사께서는 중심(中心), 중도(中道), 중화(中和)

로 이야기했습니다. 먼저 마음 가운데 중심을 잘 잡아야 합니다. 동그라미를 그려놓고 보면, 원의 중심부터 원의 가장자리에 이르는 거리가 같습니다. 우리의 마음도 마찬가지입니다. 어디에 기울거나 끌려가거나 치우치지 않고 마음 본바탕의 핵심이 되는 그 자리에 바로 서야 합니다. 〈중용〉에 '희로애락지미발 위지중(熹怒哀樂之未發 謂之中)'이라는 말이 있습니다. 희로애락의 감정이 나오기 이전의 마음이 바로 중(中)이라는 것입니다. 소태산 대종사께서는 "끌리고 안 끌리는 대중을 잡으라."고 했습니다. 마음이 끌리면 중심을 벗어난 것이고, 끌림이 없는 그 자리를 잘 챙기면 중심을 잘 잡은 것입니다.

그렇게 중심을 잘 잡은 다음에는 중도를 잡아야 합니다. 중도도 여러 표현으로 설명되지만, 대산 종사께서는 "중도의 표준은 자리이타"라고 했습니다. 나도 이롭고 남도 이로운 길을 잘 잡는 것이 중도라는 것입니다. 우리가 무엇과 관계를 맺을 때, 나만 이롭게 한다든지 또는 나는 놓아버리고 상대방만 좋게 하는 것은 중도가 아닙니다. 무엇이 남도 나도 이롭게 하는 것인지, 그 길을 잘 잡아야 합니다. 중도를 잡아 실천하면 나도 살고 남도 살립니다. 서로 한량없는 상생의 관계가 되기 때문입니다. 상대방은 이로운데 나에게는 해로우면 당장 한두 번은 하더라도 다음에는 피하려고 합니다. 반대로, 상대에게는 해롭고 나에게만 이로우면 상대가 '저 사람은 상대하면 안 되겠다.' 하며 나를 피합니다. 서로의 관계가 자리이타로 맺어지면 전체가 함께 잘 사는 길이 열립니다. 자리이타의 도를 실천하면 서로 상생상화[4]하며 살기 때문에 결과적으로 더 좋은 관계로 발전할 수밖에 없습니다. 그것이 중화입니다.

공정한 도를 행하는 것은 지도자의 생명입니다. 천지가 공정을 잃으면 만물의 주인 노릇을 하지 못하게 되듯, 단체가 크든 작든 지도자가 공정을 잃으면 지도자로서의 생명을 잃습니다. 그러므로 취사에 있어 공정은 대단히 중요합니다.

4. 천지의 순리 자연한 도를 체받아서 만사를 작용할 때에 합리와 불합리를 분석하여 합리는 취하고 불합리는 버릴 것이요.

우리가 일반적으로 자연이라고 할 때의 '자연'은, 억지로 또는 무리하지 않고 '있는 그대로 나타나는 모습'을 표현하는 말입니다. 즉 순리자연이라는 말은 천지가 만물을 길러나갈 때 특별히 무리하지 않는다는 뜻입니다. 천지는 봄 여름 가을 겨울 네 가지 모습으로 순환합니다. 그리고 그 도를 따라 봄엔 씨를 뿌리고 여름엔 자라고 가을엔 거두고 겨울엔 갈무리하는 절차를 밟습니다. 사계절은 흉년이 들었다고 하여 빨리 돌아간다든지, 풍년이 들었다고 하여 천천히 돌아가지 않습니다. 사계절은 항상 정해진 이치대로 질서정연하게 돌아갑니다. 이것은 천지의 대표적인 원리입니다. 이처럼 천지가 하는 일에는 무리나 억지가 없습니다. 만약 혹 무리가 따른다면, 그렇게 될만한 곡절과 이유가 반드시 존재합니다.

천지의 사시순환이 순서를 어기지 않고 질서정연하게 움직이는 것처럼 세상의 일도 그렇습니다. 흔히 '물 흐르듯이 자연스럽다.'는 말을 사용합니다. 물은 경사가 급한 곳을 당하면 빠르게 흐르고 평평한 곳을 당하면 느리게 흐릅니다. 급히 흘러가야 할 때 천천히 흐른다거나 천천히 흘러야 할 곳에서 급히 흐르지 않습니다. 그때그때의 환경에 맞춰 흘러가는 것, 그것이 바로 순리(順理)입니다. 순리자연은 그런 모습을 말합니다.

이러한 순리자연한 도를 체받아서 합리와 불합리를 분석하라고 했습니다. 합리는 합할 합(合) 자, 이치 이(理) 자를 써서 이치에 합당하다, 이치에 맞음을 뜻합니다. 불합리는 이치에 합당하지 않다, 이치에 맞지 않다는 의미이겠지요. 정산 종사께서는 "합리는 될 일이고, 불합리는 안 될 일이다."라고 합리와 불합리의 표준을 간단한 말로 설명했습니다. 무엇이든 이치에 맞게 하면 이뤄지고, 무엇이든 이치에 맞지 않게 하면 헛된 힘만 쓰이고 일이 이뤄지지 않습니다.

물을 예로 들겠습니다. 물은 위에서 아래로 흐르는 성질(이치)을 가지고 있습니다. 만약 누군가 물이 흐르게 하는 제품을 만들고자 한다면 물이 가진 이치를 염두에 두어야 합리입니다. 그런데 그 이치를 파악하지 않고 물 위에 관을 놓아 물이 흐르게 하겠다고 하면, 이는 아무리 힘을 써도 이룰 수 없습니다. 뭔가를 태울 때도 마찬가지입니다. 불의 성질은 밑에서 위로 타고 올라가는 것인데, 탈 물건을 아래에 두고 불을 위에 올려놓으면 불이 제대로 붙을 수 없습니다. 합리와 불합리는 이러한 것을 말합니다.

모든 일에는 일의 성질에 맞는 순서와 차서가 있습니다. 그것을 잘 찾아서 하면 합리적인 일이 되지만, 그렇지 않으면 불합리한 일이 됩니다. 성자들은 천지의 순리자연한 도를 체받기 때문에 불합리한 일은 하지 않고 늘 이치에 맞는 일을 합니다. 또, 순리자연한 도를 알기 때문에 모든 일을 지어나갈 때 일의 순서를 잘 연마하여 미리 준비하고, 때에 맞게 나서고, 상황에 맞게 처리합니다. 한 교단을 움직이거나 세상을 구원해내는 힘은 여기에서 나옵니다.

소태산 대종사께서 우리 회상을 펼 때 '입조운선(入潮運船)'이라는 말을 많이 했다고 합니다. 들 입(入) 자, 조수 조(潮) 자를 써서 조수가 들어야 배를 운전할 수 있다는 뜻입니다. 갯벌에 세워진 배는 아무리 애를 써도 움직일 수 없습니다. 바닷물이 들어와야 합니다. 제도사업도 마찬가지입니다. 시대의 운세와 대세 등 여러 가지를 보아 때에 맞게 차근차근 미리 준비하는 것이 필요합니다. 이런 것이 순리자연하게 마음을 써나가는 예입니다.

그렇다면, 순리자연한 도를 체받아 이치에 합당하게 잘 살기 위해서는 어떻게 해야 할까요?

이치에 합당하게 살고자 한다면 먼저, 그 이치를 알아야 합니다. 세상에는 물이 흐르는 이치, 나무가 크는 이치 등 천만 가지 이치가 있습니다. 그러한 전체를 총섭하는 가장 근원 이치는 '일원상의 진리'라는 이치입니다. '한 큰 원상이 돌아감에 수많은 작은 원상이 도는 것이 마치 기계의 톱니바퀴들이 맞물려 돌아가는 것과 같다.'고 한 것처럼, 모든 만물은 각각이 가진 속성을 가지고 진리 속에서 톱니바퀴처럼 맞물려 움직입니다. 그 전체를 총섭하는 진리가 바로 일원입니다.

합리와 불합리를 분석할 때, 보통은 과학적 사고를 합리적이라고 이야기합니다. 현실적인 원인과 결과를 명확하게 분석하고 그에 맞는 것을 합리로 보는 것입니다. 그리고 현실적으로 증명할 수 없는 것을 불합리한 사고라고 합니다. 물론 일차적으로는 보통 생각하는, 현실적으로 증명할 수 있는 것이 합리이므로 그것에 맞게 살아가는 것이 맞습니다.

하지만 우리는 한발 더 나간 차원의 합리를 알아야 합니다. 소태산 대종사께서 말한 합리가 그것입니다. 우주의 모든 천지운행이 반드시 이치의 조합으로만 이뤄지는 것은 아닙니다. 그 이면에는 눈에 보이지 않는 마음의 세계, 영의 세계, 진리의 세계 등이 존재합니다. 그러한 근원적 진리에 바탕하여 형상 있는 현실세계가 나타납니다. 소태산 대종사께서 말한 '합리'는, 우리가 일상적으로 이야기하는 과학적인 사고는 물론이고, 무형한 진리의 세계까지 더하여 바라본 합리입니다. 그러므로 우리가 합리를 취하고자 한다면 진리적인 그것을 더 근본으로 삼아야 합니다. 진리에 대한 믿음과 이해가 있어야 하는 것입니다.

이러한 진리의 세계를 소태산 대종사께서는 '생멸 없는 이치'와 '인과보응의 이치'라는 두 가지 속성으로 밝혔고, 이것을 더 풀어서 대소유무의 이치로 설명했습니다.

대(大)자리에서 보는 이치는 전체가 하나로 연계되어 살고 있는 모습입니다. 너와 내가 떨어져서는 살 수 없는 원리입니다. 보통 우리는 '너와 나는 남'이라고 합니다. 분명 남은 남이지만, 근본적으로는 남일 수 없습니다. 왼손과 오른손이 나타난 것으로는 분명 다른 손이지만 근본적으로 나의 몸에 있어서는 서로 하나입니다. 대(大)의 이치는 그런 것을 말합니다. 우주 안의 모든 것도 전체가 하나로 연결되어 있습니다. 이렇게 떨어져서는 살 수 없는 관계가 있다는 것을 알고, 현실적 사고를 통해 너도 이롭고 나도 이로울 수 있는 길을 찾아가는 것이 합리입니다.

하지만 실제에서는 많은 사람들이 서로가 떨어져서는 살 수 없는 하나의 관계라는 것을 모릅니다. 알지 못하기에 어떻게든 상대에게 손해를 입혀서까지 자기의 이익만 취하려고 합니다. 이는 마치 내 왼손과 오른손이 하나의 몸인 줄 모르고 한쪽을 상하게 하려는 것과 같습니다. 결과적으로 그것이 지기를 해하는 것임을 알지 못합니다. 이런 모습이 불합리입니다. 대(大)의 원리에 맞지 않는 마음을 쓰면 반드시 불합리한 일이 생깁니다.

소(小)의 원리는, 그렇게 하나인 가운데 각각의 모습과 책임, 역할이 구분된 것을 말합니다. '전체가 하나'라고 하여 눈과 코, 또는 입과 귀가 똑같다고 말하면 이치에 맞지 않습니다. 하나인 가운데 분명 각자의 역할이 있고, 서로의 역할이 있는 가운데 하나인 대소(大

小)의 원리를 확실히 알아야 합니다. 대의 원리를 쓸 자리에서는 대의 원리를 쓰고, 소의 원리를 쓸 자리에서는 소의 원리를 쓰는 것이 이치에 맞습니다.

한편, 유무는 변화하는 것을 말합니다. 모든 것은 다 변화합니다. 그럴만한 원인이 있어 그런 결과가 나오는 인과의 원리 역시 변화의 한 모습입니다.

세상에는 요행을 바라는 사람이 많습니다. 스스로 그만한 공을 쌓지 않고서 짓지 않은 농사에 소출을 바라는 것과 같은 마음을 냅니다. 씨를 뿌리고 가꿔서 결실을 얻는 그것이 천지 자연의 순리자연한 도입니다. 씨를 뿌리지 않으면서, 혹 씨는 뿌렸더라도 가꾸지 않고 가을에 많은 소출을 기대한다면 이치에 맞지 않는 일입니다. 적은 돈을 투자하고 억만금을 회수하길 바라거나, 노력하지 않으면서 사람들에게 대우받기를 원하거나, 또는 일주일밖에 수행하지 않고서 바로 성불하기를 바라는 경우는 모두 불합리입니다.

소태산 대종사께서 우리에게 합리적 생활을 해나갈 표준으로 삼게 한 말이 있습니다. "이소성대(以小成大)는 천리의 원칙이다." 작은 것에서부터 큰 것을 이뤄내는 것이 하늘의 원칙이므로, 이것이 이치에 합당하다는 뜻입니다. 큰 바닷물도 작은 물방울이 합한 것이고, 큰 산도 작은 먼지가 합한 결과입니다. 이를 다르게 표현하면 '정성'이라고 할 수 있습니다. 나무도 하루하루 조금씩 자라다가 큰 나무가 되는 것이지, 어느 날 문득 큰 나무가 될 수는 없습니다. 어떤 사람이 모를 심어놓고는, 어제 가봐도 안 자랐고 오늘 가봐도 안 자란 것 같다면서 모를 다 뽑아버렸다고 해봅시다. 모를 모두 뽑아버렸으니 벼는 아예 자라지 못할 것입니다. 이소성대의 정신, 작은 것에서 큰 것을 이루는 정신이 우리가 합리적 생활을 해나가는 표준이 됩니다.

또 우리가 어떤 일을 하다 보면 아무리 애를 써도 잘 안 될 때가 있습니다. 그러면 짜증이 나고 내가 바라는 만큼 못 미치는 결과에 대해 불만이 생깁니다. 하지만 이는 결국 '들인 정성만큼' 나타난 결과입니다. 내가 정성을 들인 만큼의 결과가 나온 것이므로 이렇다 저렇다 할 것이 사실은 없습니다.

이럴 때 우리가 챙겨야 할 것은, '지금 이 순간에 내가 합리적인 사고를 가지고 정성을 얼마나 들였는가.'입니다. 공이 쌓이면 반드시 쌓인 만큼의 결과가 나오게 되어 있습니다. 교화도, 일도, 세상의 모든 것이 그렇습니다. 욕심이나 억지로 구한다고 되는 것이 아니고, 떼를 써도 진리가 더 주지 않습니다. 천지의 순리자연한 도를 체받는 생활이란, 원대한 목표와 그 목표를 이루려는 바른 차서와 길을 알아 이치에 맞게 이소성대로 하나하나 해나가는 것입니다.

이 순간, 이 마음, 이 장소, 이 때, 최선을 다하여 공을 들이면 그 힘이 결과로 나타납니다. 그것이 우리가 천지의 순리자연한 도를 체받아 살아가는 길입니다. 살아가면서 다가오는 모든 순간은 지금까지 내가 마음을 써온 결과입니다. 공들인 만큼 이루어집니다. 순리

자연한 도를 따라 얼마나 쉼 없이 정성을 다하고 있는가를 살펴야 합니다.

5. 천지의 광대 무량한 도를 체받아서 편착심을 없이 할 것이요.

광대무량은 넓을 광(廣) 자, 큰 대(大) 자, 없을 무(無) 자, 헤아릴 량(量) 자로 이뤄져, 이 천지의 넓고 큰 것을 수치로나 무엇으로 나타내거나 헤아릴 수 없다는 뜻입니다. 광대무량한 천지의 속성은 우리가 쉽게 알 수 있습니다. 하늘과 땅을 쳐다보면 광대무량하다는 것을 느낄 수 있기 때문입니다. 천지는 한량없이 넓고 커다랗기에 우리는 이것이 얼마나 넓고 큰지 잘 알지 못합니다. 세상에 무언가 형상을 갖고 나타난 것 가운데 천지 안에 들어가지 않는 것은 없습니다.

대산 종사께서는 "천지가 한 물건도 버리지 않는 것처럼, 부처님은 한 중생도 버리지 않아야 된다. 마음 가운데 한 중생이라도 버린 사람이 있다면 부처님의 마음은 아니다."라고 했습니다. 천지의 광대무량한 도를 생각할 때 이 법문을 떠올리면 쉽게 이해될 것입니다. 예수는 당신을 십자가에 못 박히게 한 이들을 용서했고, 간디는 자신을 총으로 쏜 사람을 용서했습니다. 자신의 목숨을 앗아간 사람까지도 버리지 않고 마음에 품는 그것이 광대무량한 심법입니다.

이러한 광대무량한 도를 체받아 편착심을 없이 하라고 했습니다. 편착심은 한 편에 붙잡혀 있는 마음을 말합니다. 한 편이라는 것은 너와 내가 상대한 어떤 한쪽을 의미하기도 하고, 어느 일부분을 말하기도 합니다. 너와 내가 상대하여 대립한 가운데 이쪽과 저쪽을 나누는 것도 '편'이지만, 커다란 우주 안에서 한 부분에만 한정돼 붙잡혀 사는 것도 '편'입니다. 사람만 해도 국가, 민족, 남자/여자, 가진 사람/못 가진 사람 등 여러 모습이 있습니다. 그런 여러 모습 가운데 한 가지에만 마음이 묶이면 편착입니다.

그러나 천지는 편착하지 않습니다. 천지만물포태성(天地萬物胞胎成)이라, 천지는 천지 안에 있는 모든 것을 나의 자녀로 품고 하나로 길러냅니다. 누구는 천지 밖에 두어 방치하고 누구는 천지 안에 두어 보호하는 등의 차별을 하지 않습니다.

광대무량한 도를 체받아 편착심 없이 살기 위해서는 어떻게 해야 할까요?

먼저, 편착심을 놓아야 합니다. 편착심을 없애려면 하나의 이치를 깨달아야 합니다. 내 마음에 '나'라는 것이 있으면 편착이 생깁니다. 내가 없는 무아(無我)의 마음을 알아야 거기에서 큰 마음이 나옵니다. 그런데 진리를 이해하기 전까지는 무아를 찾고 대아(大我)를 아는 것이 쉽지 않습니다. 내 마음의 편착을 놓고 큰 마음을 길러야 하는데 그 표준을 잡는 것이 어렵습니다. 그럴 때, 하늘과 땅을 쳐다보면 도움이 됩니다. 천지는 광대무량함을 우리에게 늘 보여주고 있습니다. 눈에 보이는 하늘과 땅의 모습이 그 자체로 광대무량입니다. 우리의 마음을 하늘에 한 번 땅에 한 번 합해보면 마음이 크게 열립니다. 무아, 대아를 따로 찾을 것이 없습니다. 하늘, 또는 땅과 같은 마음을 생각해보면 광대무량함을 가장 쉽게 체받을 수 있습니다.

그렇게 내 마음을 키워나가는 가운데 근본적으로는 우주 전체와 나와의 관계, 또 본래의 나의 참 모습에 대해 알기 위한 노력을 해야 합니다. 무아, 즉 내가 없다는 말은 정말로 내가 없어진다는 의미가 아닙니다. 무아는 '나'라는 한 생각이 없음으로써 나의 참 바탕을 이루는 마음자리를 상징합니다. 대아는, 큰 나를 말합니다. 현재의 나라는 존재는 몸만 가지고 이룰 수 있는 것이 아닙니다. 공기가 통해야 살고, 땅을 밟아야 살고, 빛을 받아야 살고, 누군가가 해준 밥을 먹어야 살고, 물이 있어야 삽니다. 바꿔 생각하면, 그러한 존재들이 없어서는 나라는 존재가 있을 수 없습니다. 물이 나고, 공기가 나고, 해가 나고, 누군가 농사를 지어 먹을거리를 제공해주는 모든 일이 나와 관련돼 있습니다. 전체가 다 하나의 윤기로 얽혀 있습니다. 나는 홀로 존재하지 않고 전체의 힘으로 존재합니다. 그러니 전체가 곧 나입니다. 참으로 큰 나를 알면 어느 것에도 함부로 할 수 없습니다.

대아와 무아를 진리적으로 터득하면 자연히 광대무량한 심량이 발현됩니다. 하늘과 땅을 바라보면서 '내 마음을 천지처럼 써야겠다.'고 생각하고 살면 광대무량함에 조금 더 쉽게 다가갈 수 있습니다.

대산 종사께서 불보살의 생활에 대해 쉽게 설명한 법문이 있습니다. '무아무불아(無我無不我)', 즉 '내가 없으니 나 아님이 없다.'는 말입니다. 나라는 것이 있고 보니 '나'와 '나 아닌 것'의 구분이 생겨 서로 대립합니다. 또 '나'에 붙잡히다 보니 내 욕심과 내 것을 챙기면서 다른 사람에게 해를 입히고 억압합니다. '나'라는 한 마음이 없고 보면 '나 아닌 것이 없음'을 알게 됩니다. 그렇게 결국 하나로 통하는 생활을 하게 됩니다. 이것이 말 그대로 천지의 광대무량한 생활이자 불보살의 생활입니다. '무가무불가(無家無不家)', 즉 내 집이라고 고정하고 있는 마음과 생각을 없애면 내 집 아님이 없음과 동시에 전체가 나의 집이 됩니다.

광대무량한 도가 곧 '무아무불아 무가무불가'이고, 내 안의 본래 성품이 곧 '무아무불아 무가무불가'입니다. 본래 자리에서는 나 아님이 없고 내 집 아님이 없습니다. 하지만 우리는 없는 그 자리에 다시 온갖 칸을 나눕니다. 내 것/네 것을 나누며 좁게 살아갑니다. 그 담을 툭 터버릴 때 '시즉진가향(是卽眞家鄕)'이라, 그곳이 우리의 참 고향임을 알게 됩니다. 진리는 본래 아무것도 나누지 않고 살아갑니다. 모든 성자와 부처님은 항상 그 마음으로 살아갑니다. 그래서 광대무량합니다.

6. 천지의 영원 불멸한 도를 체받아서 만물의 변태와 인생의 생로병사에 해탈을 얻을 것이요.

천지의 영원불멸한 도는 영원히 없어지지 않는 이치를 말합니다. 사실 우리가 영원불멸을 이해하기는 쉬운 일이 아닙니다.

앞에서 이야기한 천지의 광대무량한 도는 천지에 대한 공간적 개념, 즉 공간적으로 정말 넓은 거기에 빗대어 생각과 마음을 좁게 가지지 말라는 뜻을 가지고 있었습니다. 거기에서 이어지는 천지 보은의 조목 6조 '영원불멸의 도'는 천지의 시간적 개념에 대한 설명입니다. 천지 보은의 조목 5조와 6조는 '천지는 공간적으로도 한량이 없고 시간적으로도 무한하다.'는 속성을 그대로 담고 있습니다.

정산 종사께서 깨달은 진리를 가사로 지어 불렀던 '원각가(圓覺歌)' 첫 구절은 '망망한 너른 천지 길고 긴 저 세월'입니다. 여기에서 망망한 너른 천지는 광대무량한 천지의 성격을, 길고 긴 저 세월은 영원불멸한 천지의 성격을 표현한 것입니다.

우리는 천지가 영원불멸하다는 것을 어떻게 알 수 있을까요? 과학에서는 우주가 언제 어떻게 시작되었는가를 연구를 통해 밝히고, 기독교 교리에서는 천지 창조라는 개념으로 천지의 특정 시점을 이야기합니다. 불교에서는 성주괴공(成住壞空)이라고 하여 어느 때 시작된 것이 머물렀다가 점점 무너지면서 사라지는 과정을 이야기합니다. 이러한 내용과 천지의 영원불멸함은 어떤 연관이 있을까요? 특별한 시작의 시점과 끝나버리는 순간의 시점이 따로 정해져 있는 것은 영원불멸이라고 할 수 없습니다.

성주괴공으로 변화되는 우주의 과정은 공에서 끝나지 않고 다시 성으로 이어집니다. 소태산 대종사 당대에도 이러한 의문을 가졌던 제자가 있습니다. 이 내용이 〈대종경〉 변의품 4장에 나옵니다. 과거에는 천지개벽을 '하늘과 땅이 맞붙어서 그 안에 있는 모든 것들을 없애버리고 다시 새 천지가 생긴다.'는 개념으로 주로 이해했습니다. 그러니 이런 질문도 했을 것입니다. "과거 부처님 말씀에 이 세계가 괴겁에는 소천소지(燒天燒地)[5]로 없어진다 하오니 사실로 그러합니까? 그렇다고 하면, 소천소지로 과거 세상이 다 함께 없어져 버리고 새로운 천지가 생겨난다는 것입니까?"

이에 소태산 대종사께서는 "그러한 부처님의 말씀에는 거짓이 없다. 다만, 성주괴공이라는 것이 일시에 그렇게 되는 것이 아니라 이 시간에도 생겨나는 부분이 있고, 그대로 머물러있는 부분도 있으며, 무너지는 부분도 있고, 없어지는 부분도 있어서 늘 소천소지가 되고 있다."고 답합니다. 세상의 여러 많은 변화는 일시에 나타났다가 일시에 없어지는 것이 아니며, 순간순간 끊임없이 이루어지고 있다는 것입니다.

깨달은 성자가 아닌 보통 사람으로서는 천지가 영원불멸하다는 것을 알기가 쉽지 않습니다. 길어야 백 년밖에 살지 못하는 사람으로서 천지의 영원불멸함을 확인할 길이 없기 때문입니다. 그러나 진리를 깨달은 혜안으로 바라보면, 성주괴공으로 이루어지는 우주의 변환은 한번으로 끝나지 않고 끊임없이 반복되면서 영원불멸합니다.

이러한 영원불멸한 도를 체받아 만물의 변태와 인생의 생로병사에 해탈을 얻으라고 했습니다. 여기에서 우리는 만물의 변태와, 인생의 생로병사와, 영원불멸한 도는 어떤 관계인지 살펴야 합니다.

성주괴공은 천지가 변화하는 과정을 이야기합니다. 그런데 영원불멸은 변화하지 않는 것을 말합니다. 영원불멸을 다시 말하면 '그 영혼은 없어지지 않는다.'라고 할 수 있습니다. 어떤 선진이 "저는 인생의 모든 것이 무상해서 허망하다는 생각이 자꾸 든다."고 하니, 소태산 대종사께서는 "그것을 의두로 삼고 연마를 해봐라. 이 천지도 변화하는 것으로 보면 한 순간도 그대로 머물러 있지 않고, 변하지 않는 것으로 보면 늘 여여해서 없어지지 않는다."고 했습니다.

만물의 여러 형태나 인간의 생로병사는 일종의 변화입니다. 만물은 보통 생주이멸(生住異滅)합니다. 무엇이 나타났다가(생) 머물러 있다가(주) 모습이 달라졌다가(이) 사라집니다(멸). 모든 만물은 생주이멸의 과정을 거치며, 인간도 생로병사를 겪습니다. 우주의 성주괴공이나, 만물의 생주이멸이나, 인간의 생로병사는 모두 같은 틀입니다. 그 틀을 우리는 진리적으로 '끊임없이 돌고 도는 이치'라고 합니다. 그리고 이러한 이치를 소태산 대종사께서는 게송에서 '유는 무로 무는 유로 돌고 돌아'라고 표현했습니다.

하늘과 땅은 무한히 크고 그 시간도 헤아릴 수 없습니다. 그래서 '천지는 영원불멸하다.'고 하면 어느 정도 이해가 됩니다. 하지만 인간이나 만물은 어떻습니까. 분명히 눈앞에 생겨났다가 사라지고, 있다가 없어집니다. 그런 인간이나 만물을 어떻게 영원불멸하다고 할 수 있는 것일까요? 이 부분을 설명하는 것이 어렵습니다. 그러나 소태산 대종사께서는 '영원불멸'에 대한 예를 쉽게 들어주었습니다. 〈대종경〉 천도품 6장 법문입니다.

화재보험을 들어놓았다면 집에 불이 나더라도 화재보험증서 한 장을 기반 삼아 다시 새 집을 지을 수 있습니다. 마찬가지로, 우리의 이 몸은 없어지더라도 마음에 있는 본래의 맑은 영혼이 화재보험증서와 같은 역할을 합니다. 맑은 영혼이 곧 새 몸으로 새 삶을 꾸려가는 바탕이 된다는 것입니다.

만물과 인간은 사실 천지와 별개로 분리되어 살지 않습니다. 모습은 각각 다르지만 천지는 나의 큰 집이자 나의 큰 몸이 됩니다. 우리는 천지와 더불어 공기로 호흡하고, 땅과 하늘의 기운을 받아 살아갑니다. 내가 의지하는 본체, 원래의 큰 몸이 영원불멸하므로 그 안의 일부로 살아가는 만물과 사람도 모두 영원불멸합니다. 다만 천지의 성주괴공 변화처럼 만물과 인간에게도 생주이멸 혹은 생로병사라는 변화가 일어날 뿐입니다. 생주이멸하고 생로병사하면서 형태와 모양은 변하지만, 완전히 없어지지 않고 근본적으로는 계속 존재하면서 모습만 달리할 뿐입니다.

사에서 생으로, 멸에서 생으로 다시 돌아가는 것까지 시각을 넓혀준 이치가 바로 영원불멸한 도입니다. '이 도를 체받아 해탈을 하라.'는 구절이 가진 가치는 우리의 실생활에서 더욱 빛납니다. 해탈을 얻지 못하면 내 눈앞에서 무엇인가가 없어졌을 때 다시 볼 수 없다고 생각하여 슬픔을 이기지 못합니다. 가령 누구나 젊음을 좋아하지만 젊음은 언젠가 반드시 나와 멀어집니다. 그런데도 그 젊음만을 좇으니 늘 서운하고 슬픕니다. 하지만 해탈을 얻은 사람은 다릅니다. 지금의 젊음은 이미 한번 흘러갔지만 50년 후 또는 60년 후에 이름은 다르더라도 그때가 다시 올 것이라는 믿음을 갖습니다. 그 믿음을 바탕으로 현재에 미련을 두지 않고 나중에 더 잘 살기 위한 준비를 하며 현재를 삽니다.

  영원불멸한 도에 대한 확신이 생기면, 부분적으로 물건 하나가 이쪽에서 저쪽으로 옮겨지거나 누가 잠시 빌려간 것을 없어졌다고 생각하면서 기어이 찾으려고 하지 않습니다. 소태산 대종사께서는 '오면 가고 가면 오고, 있으면 없고 없으면 있고, 주면 받고 받으면 준다.'는 이치를 가르쳐주었습니다. 돌고 도는 영생의 이치가 있는 것을 모르면 작은 변화에 묶여 살게 됩니다. 영원불멸한 도에 대한 신념과 자각이 생기면 묶인 틀에서 벗어날 수 있습니다. 우리의 마음은 순간순간 일어났다 가라앉았다 합니다. 하지만 나의 본래 마음 바탕은 그 자리에 그대로 있습니다. 그것이 영원불멸한 마음입니다. 있거나 사라지는 것에 매이지 않고, 그 마음의 본래 자리를 찾는 것을 일심(一心)이라고 합니다. 오늘도, 내일도, 모레도, 그 마음으로 살면 그것이 선심(禪心)이고, 일심(一心)이고, 여여심(如如心)입니다. 우리가 공부를 하는 이유는 분별[6]하는 마음에서 벗어난 마음을 갖기 위해서입니다.

안과 밖으로 변화하는 경계에 흔들리지 않는 것, 그 변화가 늘 머물거나 아주 없어지는 것이 아니라 돌고 도는 변화의 한 모습임을 아는 것이 해탈입니다. 해탈을 하면 생과 사의 경계에 훨씬 담담하고 편안하게 임할 수 있습니다.

하루 24시간만 살 수 있다고 하면 한 시간이 매우 크게 느껴져서 늘 촉박하지만, 한 달을 산다고 생각하면 조금 여유가 생깁니다. 일 년을 산다고 생각하면 누군가를 위해 한 시간 정도는 쉽게 내줄 수 있지만 하루만 산다고 생각하면 한 시간을 남에게 절대 빌려주지 못합니다. 십 년, 백 년, 천 년… 오랜 시간을 산다고 생각할수록 더 여유로워질 것이고, 영생이라는 개념을 마음에 담고 살면 훨씬 여유 있는 삶이 됩니다. 영원불멸의 도를 알면 삶을 살아가는 데 더 편안하고 여유로운 마음을 쓸 수 있습니다.

7. 천지의 길흉 없는 도를 체받아서 길한 일을 당할 때는 흉할 일을 발견하고, 흉한 일을 당할 때에는 길할 일을 발견하여, 길흉에 끌리지 아니할 것이요.

처음 교전 공부를 할 때 천지 팔도 가운데 '길흉 없는 도'를 이해하는 것이 가장 어려웠습니다.

천지가 밝다거나, 공정하다거나, 정성스럽다거나, 순리자연하다거나, 광대무량하다거나, 영원불멸한 것은 대체로 배우면 '그렇겠다.' 하는 생각이 드는데, 천지에 길(좋은 일)과 흉(나쁜 일)이 없다는 내용은 이해가 잘 되지 않았습니다. 천지에는 지진, 해일, 태풍 등의 여러 자연현상이 있고 풍년이 들거나 흉년일 때도 있어서 분명히 우리 인간사에 길과 흉으로 작용을 하는데 어째서 천지에 길흉이 없다고 하는 것인가 하는 의문이 들었던 것입니다.

천지의 길흉 없는 도를 어떻게 이해하면 좋을지 고민을 많이 하다가, 세 가지 면으로 정리를 해보았습니다.

첫째, 천지의 여러 작용은 무위자연한 가운데 천지 자연의 조화로써 나타난 것이지, 길하기 위해 또는 흉하기 위해 작용되는 것이 아닙니다. 우리는 태풍을 흉이라고 받아들이지만, 천지는 '너에게 흉을 주기 위해서 태풍을 불리겠다.'는 생각으로 태풍을 보내는 것이 아닙니다. 우리 입장에서 흉이나 길로 바라보는 것이지 천지 자체에는 '이건 길이다. 이건 흉이다.'가 따로 없습니다.

둘째, 천지의 작용은 음양상승의 이치로 순환무궁합니다. 어떤 하나의 작용에 그친 상태로 영원히 가는 것이 아니라, 해가 떴으면 지고 밤이 끝나면 다시 낮이 되듯 순환합니다. 우리가 느낄 때 길이라고 생각되는 작용, 또는 흉이라고 생각되는 작용은 영원히 지속하지 않습니다. 낮도 밤도, 혹은 맑은 날도 흐린 날도 한 때의 작용으로 그 순간 천지에 나타난 것일 뿐, 다음에는 다른 모습으로 변해갑니다. 그렇게 볼 때 천지의 길흉 없는 도는 영원한 길, 영원한 흉이 없음을 설명하는 표현입니다.

셋째, 활용의 측면에 따라 길흉이 생겨납니다. 천지의 작용은 무위자연한 가운데 음과 양 두 가지 기운이 서로 작용하여 이뤄지는 변화입니다. 비가 오는 상황만을 놓고 보더라도, 누구는 해를 입지만 누구는 덕을 보기도 합니다. 천지의 작용 안에는 길흉의 두 가지 요소가 함께 깔아있습니다. 어느 것은 무조건 길하고 어느 것은 무조건 흉하지 않습니다. 그렇다면 우리는 길과 흉 가운데 어느 요소를 활용해 써야 할까요?

인과의 측면으로 생각하면 길흉을 결정할 권리는 천지에게 있지 않고 우리 각자에게 있습니다. 물 자체는 길하지도 흉하지도 않습니다. 다만 물을 활용하는 내가 적당히 잘 마시면 길한 것이 되어 몸을 건강하게 만들고, 적정량을 넘어서서 마시면 흉한 것이 되어 탈이 납니다. 내가 어떻게 활용하느냐에 따라 길과 흉이 나오는 것이지 천지 자체에는 길흉이 없습니다. 좋게도 나쁘게도 할 수 있는 요인이 모두 나에게 있습니다.

이런 세 가지 측면으로 살펴보며 천지에 길흉이 없다는 것을 좀 더 쉽게 이해할 수 있지 않을까 싶습니다.

하지만, 길흉 없는 도를 알기란 대단히 어렵습니다. 우리는 보통 천지의 작용에 따라 길과 흉을 당하기 때문에 '천지가 길을 주고 흉을 준다.'고 생각합니다. '길흉이 없다.'를 밝히는 것은 진리를 달관한 성자가 아니면 참 어려운 일입니다. 예를 들어 가뭄이 길어지면 농사는 힘들지만 과일은 맛이 더 좋아집니다. 또 사막은 필요 없는 땅이라고 생각하지만 그 아래에서 석유가 나오기도 합니다. 사람들에게 해롭다는 사건이, 어떤 경우에는 적절하게 필요하거나 좋은 원인이 되기도 합니다. 이 길흉 없는 도를 체받아 우리가 해야 할 일은, 길한 일을 당할 때 흉할 일을 발견하고 흉할 일을 당할 땐 길할 일을 발견하는 것입니다.

이처럼 분명 천지에는 길흉이 없다고 하면서 뒷부분에서는 왜 길한 일과 흉할 일이 있다고 했을까요? 이 부분에도 상당한 의문이 들었습니다. 그런데 앞서 이야기한 세 가지 측면으로 이해를 하다 보니 '천지에는 길흉이 없구나.' 하는 것을 저절로 알게 되었습니다. '길흉이 없다'는 것을 다시 말하면 '길과 흉을 다 내줄 수 있는 요소가 있다.'입니다. 절대적인 길만도 아니고 절대적인 흉만도 아니기 때문입니다. 길과 흉을 가져오는 것은 '나'입니다. 길할 일을 내가 했기 때문에 '길한 일을 당할 때'가 나에게 온 것이지, 천지가 길한 것은 아닙니다. 그러나 나에게 현재 길한 일이 왔다고 하여 계속 길한 일만 오는 것도 아닙니다.

천지 당체에는 늘 길과 흉이 함께 있습니다. 나에게 돈이 생기거나 명예가 생기는 등 길한 일이 오면 대부분은 마음이 좋아져서 태만하거나 오만해집니다. 천지 자체가 길한 요소만 가지고 있으면 내가 아무리 오만하고 태만한 마음을 쓰더라도 계속 길한 일이 주어져야 하는데, 길과 흉이 함께 있기 때문에 아무리 길한 일이더라도 흉이 될 요소가 깊어있습니다. 반대로, 나에게 흉한 일이 닥쳤다 하더라도 그것이 늘 흉으로 고정되는 것은 아니므로 좋은 일이 될 요소가 반드시 함께 있습니다.

'길한 일을 당할 때 흉할 일을 발견하고, 흉한 일을 당할 때 길할 일을 발견하라.'는 구절은 '길한 일이 흉할 일로 변한다.'는 뜻이 아닙니다. 내가 현재 길한 일을 당한 것은 마음을 잘 써서 얻은 결과이므로, 이때 마음을 잘못 쓰면 오히려 더 큰 흉을 가져올 수 있음을 경계하는 의미를 담고 있습니다. 적절한 경계가 있으면 마음을 챙기게 되어 오히려 더 좋아지지만, 시간이 많거나 물질적으로 부족함 없이 지내다 보면 마음이 태만해지고 나태해져서 죄업을 짓기가 쉬워집니다. 때문에 길한 일을 당했을 때는 반드시 흉할 일을 발견하여 미리 예방하고, 흉한 일이 올 때는 거기에 반드시 길이 될 요소가 있음을 알아 과거를 참회하고 준비하여 흉이 길로 바뀌게 해야 합니다.

길흉이 없는 도에는 원래 길도 흉도 없지만, 상황과 처지에 따라 능히 길로 능히 흉으로 변할 속성이 있습니다. 따라서 일상생활을 하는 가운데 길흉에 끌리지 않는 심정으로 사는 것이 중요합니다.

모든 것은 음양상승의 원리로 이뤄지기 때문에 오늘의 원인은 다음 날의 결과가 됩니다. 또 음양이라는 말에는 상대적인 개념이 있습니다. 내가 지금 복을 받으면 좋은 일이지만, 바꿔 생각하면 지금 복을 받음으로써 미래에 빚을 갚아야 할 의무가 생깁니다. 양면이 항상 함께하는 것입니다. 내가 받은 것은 복이지만, 줘야 할 것을 생각하면 그것은 빚이 됩니다. 단순히 내가 지금 복을 받는 것에서 끝나지 않습니다. 인과는 하나 주고 하나 받는 것으로 끝나지 않고, 과는 다시 인이 되고 인은 다시 과가 되어 이어집니다. 그 원리를 알아야 합니다. 복을 받을 때 '내가 과거에 지은 것이니 당연히 받아도 된다.'고 생각하는 것은 인과를 반쪽밖에 모르는 것입니다. 현명한 사람은 받을 만큼만 받고 그것을 다시 잘 심습니다.

길흉 없는 도를 체받기 위해서는 불생불멸과 인과보응을 함께 이해하면 도움이 됩니다.

8. 천지의 응용 무념한 도를 체받아서 동정간 무념의 도를 양성할 것이며, 정신·육신·물질로 은혜를 베푼 후 그 관념과 상(相)을 없이 할 것이며, 저 피은자가 배은 망덕을 하더라도 전에 은혜 베풀었다는 일로 인하여 더 미워하고 원수를 맺지 아니할 것이니라.

응용(應用)은 응해서 쓴다는 뜻입니다. 천지에 바람이 분다든지, 햇볕을 쬐인다든지, 땅에 심은 씨앗이 싹을 틔운다든지 하는 모든 작용은 천지가 응함으로써 이루어지는 일들입니다. 그러한 모든 일을 할 때 '생각 없이' 하는 것이 바로 응용무념입니다. 천지가 하는 일은 '내가 이렇게 한다.'는 생각을 가지고 하는 일이 아닙니다. 생각이 없는 가운데 행해지는 일들입니다.

천지 팔도 가운데 가장 대표적인 도가 응용무념의 도입니다. 밝은 것도 무념으로써 밝기 때문에 지극히 밝고, 정성한 것도 무념으로써 정성을 쏟기 때문에 지극히 정성하고, 공정한 것도 '내가 공정하다.'라는 생각이 없는 가운데 공정하기 때문에 지극히 공정할 수 있습니다. 순리자연, 영원불멸, 광대무량, 길흉 없는 모든 작용의 바탕에는 응용무념이 있습니다. 동물, 식물, 광물 등 일체 만물은 하늘 기운과 땅 기운 사이에서 변천되고 존재합니다. 하늘과 땅의 간섭을 받지 않고 사는 존재는 하나도 없습니다. 천지는 그렇게 모든 것을 다 지켜주면서 한번도 대가를 바라지 않습니다. 그래서 천지를 '대시주불', 크게 시주하는 부처님이라고 합니다. 대시주불이 가능한 바탕은 응용무념의 도입니다. 우리가 천지 팔도를 체받으면 천지와 같은 인물이 됩니다.

그럼 응용무념의 도는 어떻게 체받을 수 있을까요?

첫 번째 방법은 농정간 무념의 도를 양성하는 것입니다. 동정은 활동할 때(動)와 고요할 때(靜)를 말합니다. 무념의 도는 생각이 없는 도입니다. 사실 우리는 많은 생각을 가지고 살아갑니다. 그러한 생각이 없는 마음을 양성하는 것이 응용무념의 도를 체받는 것입니다. 생각을 가지고 살지만 생각이 없는 세계를 양성해야 합니다. 대체로 고요할 때(정할 때)는, 일을 하지 않는 상태이기 때문에 모든 생각을 쉬는 것이 수월합니다. 선을 한다거나, 수양이나 명상 등을 통해 생각을 하나로 모으는 과정이 모두 무념의 도를 양성하는 방법입니다. 자잘한 여러 생각들을 놓는 만큼 무념의 도가 양성됩니다.

그런데 활동을 할 때(동할 때)는 여러 생각을 가지고 많은 판단을 하면서 일을 하게 됩니다. 그럼, 동할 때는 어떻게 무념의 도를 양성해야 할까요? 소태산 대종사께서 '그 일 그 일에 일심을 모으라.'고 한 말에 해답이 있습니다.

우리가 동하여 활동을 할 때는 생각을 내지 않을 수 없습니다. 하지만 자세히 살펴보면, 우리는 생각을 내는 가운데 하지 않아도 될 생각까지 함께 내면서 움직입니다. 밥을 먹으면서 어제 누군가와 싸운 생각을 한다거나, 10년 전에 미워했던 누군가를 떠올립니다. 이런 생각들은 사실 밥을 먹는 일과 아무 관계가 없습니다. 회사에서 일을 할 때도 마찬가지입니다. 다른 생각을 하다가 정작 내가 해야 할 일을 잘 처리하지 못하기도 합니다. 하지만 그렇다고 하여 동할 때 생각을 모두 비워버리면 목석(나무나 돌과 같은 무정물을 뜻함) 같은 사람이 되어 인류사회에 쓸모없는 사람이 됩니다. 그런 수양은 죽은 수양이라고 합니다. 일을 당했을 때, 그 일을 하는 데 필요한 생각 외의 다른 생각은 다 놓아버리는 것이 무념의 도를 양성하는 방법입니다.

정할 때는 모든 생각을 놓고 깊은 수양을 통해 마음 비우는 공부를 하고, 동할 때는 인류사회에 어떻게 유익을 줄 것인가에 대한 바른 정의에 표준하여 그 일 그 일에 최선을 다해야 합니다. 이것이 응용무념의 도를 체받는 가장 기본입니다.

두 번째로, 응용무념의 도를 체받아 정신·육신·물질로 은혜를 베푼 후 그 관념과 상을 없이 하라고 했습니다. 정할 땐 비우는 공부로,

동할 땐 그 일 그 일에 일심을 모으는 공부로 동정간 무념의 도를 양성하면 동할 때든 정할 때든 전일할 수 있는 힘이 나옵니다. 그때 전일의 목적을 보은(報恩, 은혜를 갚는 것)에 두면 더욱 좋습니다. 정신적으로도 공을 위해서, 육신적으로도 남을 위해서, 물질적으로도 세상을 위해서 일을 해나가야 합니다. 사람은 일을 하다 보면 '내가 이런 좋은 일을 했으니 나는 참 좋은 사람이야.'와 같은 생각을 남기기도 합니다. 하지만 천지는 일하기 전에도 무념이고, 할 때도 무념이고, 하고 난 후에도 무념입니다.

불교에 '응무소주이생기심(應無所住而生其心)'이라는 말이 있습니다. 응(應)7)하여도 주한 바 없이 그 마음을 내라는 뜻입니다. '무념무착(無念無着)'이라는 말도 있습니다. 했다는 생각이나 착이 없는 것을 뜻합니다. '일을 하는 가운데 생각 없이 하라.'는 말은 쉽지만 그 심경을 이해하여 가까이 다가가기는 어렵습니다. 소태산 대종사께서는 쉬운 표현으로 '일심으로 하라.'고 했습니다. '잘해야겠다는 생각, 못해야겠다는 생각, 이런 저런 생각을 없애고, 그저 열심히 그 일에 전념하라.'는 말이 '일심'이라는 표현입니다. 일심이라는 말은 누구나 표준을 잡기가 쉽습니다. 그렇게 힘이 쌓이면 일을 해나가는 가운데 그 일에 붙잡히지 않으면서 여유 있고 넉넉한 마음으로 할 수 있는 힘이 나옵니다. 그때, 그 일에 대한 생각이나 거기에서 일어나는 스스로에 대한 우월감 같은 잔상까지 다 놓아야 천지 무념의 도를 잘 체받는 것이 됩니다.

'정신·육신·물질로 은혜를 베푼 후 그 관념과 상을 없이 하라.'는 말은, 바로 응용무념 공부를 하라는 것입니다. 관념과 상을 없애기 위해 '내가 이런 일을 잘 했지.'라는 생각이 날 때 그 생각을 놓아버리는 것도 방법이지만, 내가 한 일보다 내가 받은 것이 훨씬 크다는 것을 상기하는 것도 방법입니다. 예를 들어 어떤 사람이 나에게 아무 생각 없이 천만 원을 줬고, 내가 보답의 의미로 십만 원 짜리 밥을 샀다고 합시다. 그런 상황에서는 '내가 십만 원 짜리 밥을 샀어.'라는 자랑을 할 수가 없습니다. 내가 받은 것이 훨씬 크고 내가 준 것은 그보다 작으므로 내가 밥 한번 산 것은 큰 자랑거리가 되지 못합니다.

이처럼 천지로부터 내가 받은 것, 부모·동포·법률이 나에게 주고 있는 것을 계산해보면 내가 갚은 것보다 받은 것이 훨씬 크다는 것을 알 수 있습니다. 그러면 내가 뭔가를 했다는 것에 대해 관념과 상을 내기가 부끄럽습니다. 은혜에 보은하는 것이라고 하지만, 진리적으로 보면 보은은 다시 나의 복을 쌓는 저축이 됩니다.

결국 마음에 관념과 상을 놓는 것이 중요합니다. 그렇게 하려면 상당한 수양력이 필요합니다. 마음이 바로 잘 놓아지지 않을 땐 대치 공부가 유용합니다. '받은 은혜를 생각하면 내가 하는 이 보은은 아주 작다. 내가 뭔가를 했다는 생각을 가지고 사는 것은 어리석은 일이다. 남의 일을 한 것이 아니라 결국은 내 복을 쌓기 위해 한 것이다.'라는 생각으로 마음을 써야, 천지의 응용무념의 도를 체받아 마음을 단련하는 공부가 됩니다. 이 공부는 길을 걸으면서도, 버스를 타고 이동하면서도 할 수 있습니다. 내가 어떤 일을 할 때 옆에서 "네가 일을 그렇게 해주니까 너무 좋다."고 하면 순간 '그래? 내가 잘 했나?' 하는 마음이 날 수 있습니다. 그때 그 마음을 딱 잡아서 '내가 할 일을 했을 뿐이지.'라고 여겨야 합니다.

마지막으로, 천지 팔도 중 응용무념의 도를 체받아 '저 피은자[8]가 배은망덕하더라도 전에 은혜 베풀었다는 일로 인해 더 미워하고 원수를 맺지 아니할 것'이라고 했습니다.

소태산 대종사께서는 친절합니다. 사실 이 구절은 정신·육신·물질로 은혜를 베푼 후 그 관념[9]과 상[10]을 없이 하면 자연히 나오지 않을 마음입니다. 관념과 상이 없다면 미워할 일이 없기 때문입니다. 그러나 소태산 대종사께서는 관념과 상을 없이 하라는 것을 한 번 더 강조하기 위해 이 구절을 밝혔습니다. 관념과 상이 없이 좋은 일을 했더라도, 완전히 공부가 안 된 상태에서는 무의식에 그것이 남아있습니다. 그렇게 무의식에 남아있던 생각은 남이 나에게 잘못을 하지 않을 때에는 발현되지 않다가, 그 사람이 나에게 뭔가 잘못을 하면 10년, 20년 전에 했던 일까지도 꺼내게 합니다. 잘한다는 것은 선연을 맺기 위함인데 그 잘함이 오히려 악연을 맺게 하면서 하지 않은 것보다 못한 결과를 가져옵니다. 그래서 관념과 상을 놓는 공부가 중요합니다.

'피은자가 배은망덕을 하더라도'라는 전제가 붙은 이유는, 공부가 덜 된 상태에서는 상대의 반응에 따라 악연이 될 확률이 높기 때문입니다. 그래서 내가 잘하면 잘한 만큼 상대가 잘못함으로 인해 배신감과 상처가 큽니다. 그런 마음이 세상에서는 비일비재합니다. 그래서 소태산 대종사께서는 한번 더 이 구절로 강조를 해주었습니다.

평범한 경우라면 관념과 상이 쉽게 놓아지지만, 나에게 은혜 입은 사람이 배은망덕을 할 땐 공부가 참 어렵습니다. 그러므로 더욱 주의가 필요합니다. 내가 상대에게 잘했기 때문에 그 사람도 나에게 잘해야 한다는 기대, 그것이 있어서 상대의 잘못에 대한 배신감이 크게 와닿습니다. 소태산 대종사께서는 은혜 베풀었다는 일로 인해 더 미워하거나 원수가 되지 않도록 했습니다.

무념의 도를 양성하라는 것과 관념과 상을 없애라는 것은 통하는 말입니다. 천지의 광대무량한 입장에서 생각해보면, 사실 인간 세상에서 이루어지는 일은 사소한 일에 불과할지 모릅니다. 마음을 키워버리면 그 큰 가운데 작은 것은 저절로 녹아버립니다. 작은 일에 작은 마음으로 대할 때 상처가 되는 것이지, 큰 마음으로 응하면 마음이 붙잡히거나, 집착되거나, 매이거나, 상처받지 않습니다.

사탕이 있는 것을 바라보는 그 마음이나, 있다가 없어진 자리를 바라보는 마음이나, 본래 마음 바탕은 크게 다르지 않습니다. 마음이 사탕에 매이지 않았기 때문에 달라질 것이 없습니다. 마음을 키워서 커진 마음으로 작은 경계를 대하면 그것이 내 마음에 걸리지 않습니다. 그러면 있어도 있는 것이 아니고, 없어도 없는 것이 아니며, 있지도 없지도 않게 됩니다. 그러한 상태가 생각 없음, 즉 무념입니다.

일이 없을 때 염불이나 좌선 혹은 주문을 외우는 것으로 수양을 해 나가면서 무념 공부를 하는 것도 한 방법이지만, 그보다 더 큰 무념 공부는 내 마음의 폭을 키워나가는 공부입니다. 천지를 바라보면서 마음을 땅과 하늘에 합하면서 키워나가면, 작은 경계 정도는 자유자재할 수 있는 힘이 생깁니다. 관념과 상을 낼 것도 없고 원수를 맺을 것도 없는 마음이 되는 것입니다.

우리가 천지와 같이 큰 마음을 가져버리면 천지의 크고 영원하고 무량한 세계와 내 마음이 본래 둘이 아님을 알게 됩니다. 나에게 재산이 십 원 뿐일 때에는 십 원이 매우 크게 느껴지지만, 만 원 안에서의 십 원은 작은 부분에 불과합니다. 그렇게 보면 만 원은 일조 원의 일부일 뿐입니다. 큰 마음세계를 염원하며 살아가면 작은 것이 작은 것에 머물지 않습니다. 큰 것 가운데 한 부분이라는 것을 알면 마음이 훨씬 한가로워집니다.

1) 자성광명(自性光明): 마음에 무명 번뇌와 삼독 오욕을 끊어 자성을 회복하면, 일월보다 더 밝게 시방 삼세를 훤히 비출 수 있는 지혜 광명이 솟아난다. 이것을 자성 광명이라고 한다.
2) 영지(靈智): 신령스럽고 기묘한 지혜.
3) 생성화육: 자연이 끊임없이 만물을 만들고 길러낸다는 뜻.
4) 상생상화(相生相和): 사람이나 물건이나 서로 상생의 관계로 좋게 살아가고 화합 융통하는 관계.
5) 소천소지: 하늘과 땅이 불타서 없어져 버린다는 말. 곧 우주의 종말과 파멸을 의미한다. 성주괴공의 사겁(四劫) 중 괴겁(壞劫)에 해당한다.
6) 분별(分別): 대소유무의 이치와 시비이해의 일을 사량(思量)하여 식별(識別)하는 것.
7) 응(應)하다: 대답하다, 맞장구치다라는 뜻.
8) 피은자: 사은으로부터 큰 은혜를 입은 사람.
9) 관념(觀念): 사람의 마음속에 나타나는 표상·상념·개념 또는 의식의 내용을 가리키는 말.
10) 상(相): 외부로 표현되는 무형한 마음의 모양. 주로 사상(四相), 즉 아상·인상·중생상·수자상으로 표현된다.

천지은 3
길을 모르면 고통이 따른다

천지 배은

배은(背恩)은 은혜에 배반한다는 뜻입니다. 은혜를 입고 그 은혜에 보답하지 않으며 오히려 반대로 행동하는 것을 배은이라고 합니다. 보통은 은혜에 배반되는 행동만을 배은이라고 생각합니다. 그런데 소태산 대종사께서는 거기에 하나 더하여 '천지에 대한 피은·보은·배은을 알지 못하는 것'도 배은이라고 했습니다. 이 부분이 얼른 이해되지 않을 수 있습니다. 보은의 실행이 없는 것은 확실히 배은인 줄을 알지만, 은혜를 갚으려면 어떻게 해야 하고 또 은혜를 갚지 않는다는 것은 무엇인지 등을 알지 못하는 것이 배은이라고 했기 때문입니다.

피은·보은·배은을 알지 못한다는 건 결국 진리를 모르는 것입니다. 좀 더 가까운 비유를 들면, 우리가 어딘가를 가려고 할 때 그 길로 향하는 이정표를 모르는 것과 같습니다. 가는 길을 모르면 목적지까지 바르게 찾아갈 수 없듯, 우리가 천지에서 어떤 은혜를 입었는지, 은혜를 갚는 방법은 무엇인지, 은혜를 갚지 않는다는 것은 무엇인지 등을 알지 못하면 결국 우리의 행동이 은혜를 갚지 못하는 방향으로 나타납니다. 방향을 알지 못하면서 은혜 갚는 행동이 나오기는 대단히 어렵습니다.

그런 입장에서 피은·보은·배은을 알지 못하는 것은 배은자가 될 수 있는 근본적 원인입니다. 알지 못하는 것 자체가 배은은 아니지만, 알지 못함으로 인해 배은행이 나오기 때문입니다.

그렇다고 알기만 하면 모두 보은일까요? 이에 대해 소태산 대종사께서는 천지 배은을 두 단계로 설명했습니다. ①천지에 대한 피은·보은·배은을 알지 못하는 것과 ②설사 안다 할지라도 보은의 실행이 없는 것이 배은이라는 것입니다. 알았으면, '실행'이 따라야 합니다.

불가에서는 업을 잘못 짓는 가장 근본원인을 무명(無明)이라고 했습니다. 피은·보은·배은을 알지 못한다는 말과 무명이라는 말은 상통하는 표현입니다. 밝지 못하다는 것은 달리 말하면 진리를 모른다는 것이고, 천지에 대해 어떻게 은혜를 입었는지, 어떻게 은혜를 갚을지, 무엇이 은혜를 갚지 못하는 것인지를 모르는 것이 곧 배은입니다. 소태산 대종사께서 '알지 못하는 것'을 배은이라고 밝혀준 이유는, 모르면 애당초 그 길에 들어설 수 없기 때문입니다.

하지만 '아는 것이 보은이다.'라고 하지 않고, '설사 안다 할지라도 보은의 실행이 없으면 배은'이라고 했습니다. 보은의 실행은 곧 앞서 살펴본 천지 보은의 조목을 그대로 잘 실행하는 것입니다.

천지은에 대해 피은의 강령·조목, 보은의 강령·조목, 배은이 나열된 후에야 보은의 결과와 배은의 결과가 나옵니다. 사실, '너희들이 천지에서 입은 은혜는 이러이러하다. 그러니 은혜 입은 처지에서 그 은혜를 갚으려면 이렇게 해야 한다.'는 내용만으로도 요지는 전달됩니다. 그런데 소태산 대종사께서는 그 뒤에 '천지의 은혜를 갚지 못하는 배은자란 무엇인가'를 또 극명하게 밝혀주고 있습니다. 긴 세월을 두고 생각해볼 때 '알지 못하면 결국 불구덩이 속으로 들어가는 일'이 됩니다. 그러므로 부지런히 공부해서 그 도리를 깨달으라는 당부입니다. 눈을 감은 채 표적을 보지 않고 창을 찌르면 백 번에 한 번은 맞힐 수도 있겠지만, 실은 헛손질을 더 많이 합니다. 몰라서 보은의 행동을 할 수 없는 것은 이와 같습니다. 그것을 소태산 대종사께서는 천지 배은에서 알려주고 있습니다.

천지 보은의 결과

천지 보은의 결과는 '너희들이 천지 보은에 대한 조목을 하나하나 다 실행을 하면 결국 천지와 네가 하나가 된다.'는 것을 알려준 것입니다. 사실 천지와 나는 힘으로나 그 크기로나 감히 비교가 되지 않습니다. 그런데 소태산 대종사께서는 천지 보은의 결과에서 '무한히 큰 천지와 그 안에서 점 하나에 불과한 사람이 하나가 될 수 있고, 나아가 작은 이 몸이 천지와 같은 위력을 가질 수 있으며, 천지와 같은 수명을 가질 수도 있고, 천지와 같은 밝음을 얻어서 모든 사람이 나를 천지와 같이 우대할 것.'이라고 했습니다.

천지와 내가 하나가 되는 것은 천지와 내 몸이 하나로 붙는다는 것이 아닙니다. 사람의 몸이지만 마음 쓰는 것이 천지와 같은 사람이 있습니다. 몸은 작지만 마음사용에 있어서는 천지와 같이 넓은 마음을 쓰거나, 어떤 사물을 판단할 때 멀리 미래를 내다보면서 밝게 판단하는 경륜을 가진 경우도 있습니다. 그런 사람 앞에서는 모든 일이 장래의 복과 지혜로 열려가고, 그 어떤 불합리한 일도 실타래가 줄줄 풀리듯 무난히 풀려나갑니다.

그럼 어떤 사람이 과연 천지 같은 사람일까요? 천지 같은 사람을 몸무게가 무거운 사람, 귀가 큰 사람, 눈이 밝은 사람 등의 외형적으로만 상상하면 이해가 쉽지 않습니다. 하지만 우리는 다행히 그런 어른들을 가까이에서 뵐 기회가 있었습니다. 정산 종사님이나 대산 종사님 같은 어른들을 뵈면 누가 따로 설명하지 않아도 그 어른의 마음 쓰는 법 하나, 또는 걸음걸이 하나에서도 천지 같은 힘을 느낍니다.

천지 팔도를 본받아 밝은 도, 공정한 도, 정성한 도, 순리자연한 도, 광대무량한 도, 영원불멸한 도, 응용무념한 도를 표준 삼고 마음을 써 나가면 결국 그 도가 실행되면서 천지와 하나가 됩니다.

천지가 천지 노릇을 할 수 있는 것은 단순히 크고 넓기 때문만 이 아닙니다. 천지는 여덟 가지 도를 실행함으로써 천지가 되었습니다. 나도 천지 팔도를 이행하기 위해 노력하면 천지가 행하는 바와 내가 행하는 바가 같아지면서 천지와 합일한 경지가 됩니다. 이것이 천지 보은의 결과의 핵심입니다.

천지 배은의 결과

앞에서 천지 배은은, 천지의 피은·보은·배은의 내용을 모르거나 알아도 실행이 없는 것이라고 했습니다. 몰랐다고 하여 용서받을 수 있는 것이 아니고, 모르고 사는 그 자체가 배은입니다. 천지 배은의 결과가 가진 또 하나의 특징이라고 하면, 소태산 대종사께서는 배은의 결과를 보은의 결과보다 오히려 상세하게 밝혔다는 것입니다.

먼저 단적으로, 천지에 배은을 하면 천벌을 받는다고 했습니다. 천벌이라는 말은 아주 무서운 용어이고, 우리가 천벌을 생각하면 상상할 수 없을 정도로 매우 큰 벌이라고 여깁니다. 그런데 막상 천벌 받는 내용을 보면 누구나 이해를 합니다.

천지의 밝은 도를 본받지 못하면 무식할 것이고, 무식하니까 무엇이 옳고 그른지에 대한 길을 모릅니다. 또 정성스러운 도를 본받지 못했으므로 정성스럽지 않아 매사에 지나치거나 미흡한 일이 많을 것입니다. 불합리한 일도 많을 것이고, 인생의 변화에 해탈을 얻지 못해 마음에 걱정이 쌓입니다.

　이처럼 천지의 여덟 가지 도를 본받지 못하면 자연히 마음을 쓸 때 무식한 마음, 정성스럽지 못한 마음, 과불급한 마음, 편협한 마음, 상을 가지고 자만심 많은 마음을 쓰게 됩니다. 그러한 마음을 쓰면 결국은 죄가 쌓일 수밖에 없습니다. 그러한 내용을 배은의 결과에서 전달하고 있습니다.

　천벌이라고 하면 벼락을 맞는 등 갑작스럽게 주어지는 천재지변의 일만을 떠올리기 쉽습니다. 그런데 배은의 결과에서 천벌 받는 내역에 대한 설명을 보면 이해가 확실히 됩니다. 무식한 마음을 쓰고도 복을 받으면 진리가 아닙니다. 정성을 들이지 않았는데 일이 잘 되는 것도 진리가 아니며, 편협한 마음을 쓰는데 대중이 그 사람을 좋아할 수는 없습니다.

　천지는 아무것도 없이 텅 빈 것 같고 고요하므로 아무것도 모를 것처럼 보입니다. 하지만 천지에는 도가 있고, 그 도가 운행됨으로써 덕이 나타납니다. 우리가 그 도를 본받아 실행하고 보면 곧 천지 같은 힘을 갖게 됩니다.

　우리가 천지의 속내를 모두 알기는 어렵습니다. 하지만 소태산 대종사께서 밝힌 천지 팔도를 통해 우리는 천지에 담긴 비밀을 알 수 있습니다. 천지 팔도를 모르거나, 혹은 알아도 실행하지 않으면 어떻게 되는지에 대해 우리는 배은의 결과를 통해서 배웠습니다.

　이제 남은 것은 밝혀진 여덟 가지를 그대로 믿고, 알고, 실행하는 것입니다. 다 알아야 실행할 수 있는 것이 아닙니다. 믿은 만큼, 일단 조금 알게 된 만큼 실행하면 됩니다. 그렇게 반복해 알아가면서 실행하기를 꾸준히 해나가면 됩니다. 그러면 보은자가 되는 길로 들어설 수 있습니다. 소태산 대종사께서는 우리를 그 길로 인도하고 있습니다.

부모은 1
낳고 길러주신 은혜

 # 부모 피은의 강령

　내가 살아갈 수 있는 것은 몸이 있기 때문입니다. 몸이 있기 때문에 부모도 형제도 있습니다. 만약 내 몸이 없다면 천지의 존재는 나에게 별 의미가 없고, 세상의 모든 일도 나와 관계가 없습니다. 천지가 아무리 크고 위대한 권능을 가졌더라도, 천지가 직접 내 몸을 주지는 못합니다. 내 몸은 오직 부모님을 통해야 받을 수 있습니다. 그 은혜의 크기를 생각하면 천지와 맞먹습니다.

　천지창조가 다른 것이 아닙니다. 이 몸을 나타나게 하는 그것이 곧 천지창조입니다. 내가 없으면 천지와 나는 아무런 관계를 가질 수 없습니다. 내가 있음으로 하여 천지를 인식하기 때문에 결국 내 몸이 세상에 나오는 그 순간 천지창조가 이루어지는 것입니다.

　부모가 없이 내 몸을 나타낼 수 없지만, 혹 어찌어찌 나타났더라도 자력 없는 몸으로서 저절로 클 수 있었을까를 생각해보면 그렇지 못함을 누구나 압니다. 아기 키우는 과정을 보면 우리 모두에게도 그러한 시절이 있었음을 알게 됩니다. 아기는 자력이 없습니다. 아무리 기억을 잘하는 사람이라도 자신이 막 태어났을 때나 자라온 과정을 모두 알지 못합니다. 그러다가 어느 정도 인지가 생기고 나이가 들면 스스로의 힘으로 다니는 것이라고 생각합니다. 그러나 이는 큰 착각입니다.

온 인류는 자력 없는 몸으로 삶을 시작합니다. 누군가가 도와주고 길러주었기 때문에 오늘날의 내가 있습니다. 이런 것을 생각해본다면, 이 세상 누구에게 물어보아도 부모 없이는 몸을 나타낼 수 없다는 것과, 혹 있다 하더라도 혼자의 힘으로 자랄 수 없음을 알 것입니다. 이러한 부모의 은혜를 소태산 대종사께서는 '부모은'이라고 하여 천지의 은혜와 같은 위상으로 드러냈습니다. 천지에게서 나오는 은혜나 부모에게서 나오는 은혜나 '은(恩)'의 입장에서 보면 크기가 같다는 것입니다.

또, '사람의 생사는 자연의 공도[1]요 천지의 조화라 할 것이지만, 무자력할 때 생육하여 주신 대은(大恩)과 인도의 대의를 가르쳐주심이 곧 부모 피은'이라고 했습니다. 부모은을 생각할 때 현생의 부모에게서 받은 은혜만을 떠올리기 쉽습니다. 그러나 불가의 진리로 볼 때, 현재의 이 몸만이 아니라 과거에도 수많은 몸을 받았고 미래에도 수많은 생을 통해 몸을 받을 것입니다. 단생(單生)을 놓고 이야기하는 생사가 아니라 다생(多生)을 놓고 오고 가는 생사가 곧 우주 자연의 공도입니다. 공도는 누구나 가는 길입니다.

일원상 서원문에서 우주의 성주괴공과 만물의 생로병사를 이야기했습니다. 이는 우주 안에 있는 모든 것이 순환하는 이치입니다. 생사의 굴레는 끊임없이 돌고 돕니다. 또 천지의 조화라는 말은 형상으로 나타난 하늘과 땅뿐만 아니라 음양이 서로 맞물려 돌아간다는 뜻이기도 합니다. 일원상의 진리에서 '무시광겁에 은현자재한다.'는 표현이 있었는데, 이는 한량없는 세월을 통해 나타났다 숨었다 하는 과정을 말합니다. 그러한 자연의 공도와 천지의 조화 속에서 이 몸을 있게 한 은혜와 무자력할 때 길러주신 은혜는 매우 큽니다. 부모은이 없다면 새 몸으로 다시 태어나는 과정 속에서 제대로 된 사람의 모습을 갖추기 어려울 것입니다.

아울러 부모님은 인도(人道)의 대의(大義)를 가르쳐줍니다. 인도의 대의란, 사람답게 살아가는 길에 대한 올바른 표준을 말합니다. 인도의 대의를 가르쳐주는 것도 부모로부터 받는 큰 은혜입니다. 부모는 아이가 배 속에 있을 때부터 태교를 시작해 끊임없이 대화를 건네며 교감합니다. 부모가 가진 마음과 정성이 아이에게 그대로 훈습되어서 사람다운 사고와 말을 배웁니다. 부모로부터 받는 은혜는 참으로 무궁무진합니다.

부모 피은의 조목

소태산 대종사께서는 부모로부터 받는 은혜의 내역을 크게 세 가지로 밝혔습니다.

첫째, 부모가 있기 때문에 만사만리(萬事萬里, 수없이 많은 일과 이치)의 근본이 되는 이 몸을 얻게 되었습니다. 몸이 있기 때문에 모든 것을 알 수 있는 정신이 생겨났고 일도 할 수 있습니다. 그러한 몸은 부모가 있어 얻은 것입니다. 둘째, 부모는 모든 사랑을 다하여 온갖 수고를 잊고 자력을 얻을 때까지 양육하고 보호해줍니다. 셋째, 부모는 사람의 의무와 책임을 가르쳐 인류사회의 일원으로 활동할 수 있도록 지도합니다.

인과의 진리로 생각해보면 천지에는 본래 길흉(吉凶, 좋고 나쁨)이 없습니다. 다만 천지를 상대하는 과정에서 길을 얻기도 하고 흉을 얻기도 합니다. 길과 흉이 나뉘는 원인은 '내가 천지에 어떻게 작용했는가.'입니다. 부모은도 그렇습니다. 부모은을 인과의 이치로 생각하면, 잘 갖춰진 부모은이 있고, 조금 덜 갖춰진 부모은이 있습니다. 어떤 사람은 세 가지 피은의 조목을 부모로부터 모두 얻을 수 있지만, 어떤 사람은 첫 번째와 두 번째는 잘 얻었어도 인도의 대의는 못 얻을 수 있습니다. 또는 양육이 부실한 환경을 만날 수도 있습니다.

그러한 원인의 비롯은 결국 인과입니다. 천지은에서 '우연한 고와 지어서 받는 고'가 천지 배은에서 온다고 했듯, 부모로부터 은혜를 잘 입거나 조금 덜 입는 것 역시 인과의 이치입니다. 내가 과거에 또는 현재에 어떻게 했는가에 따라 결과가 달라집니다. 그럼에도 몸을 세상에 나타나게 해주고, 자력이 없을 때 길러주고, 사람으로서 사람다운 길을 가도록 인도해주는 것은 부모를 통해서만 얻을 수 있는 거룩한 은혜입니다.

1) 공도(公道): 순리자연한 우주의 진리를 말한다. 춘하추동의 변화는 천지 자연의 공도, 생로병사는 인생의 공도이다. 공평무사하고 바른 길, 떳떳하고 당연한 이치라는 뜻.

부모은 2
내 부모를 잘 모셨건만

 # 부모 보은의 강령

　과거에는 부모에게 잘하는 것을 효(孝)라고 했습니다. 소태산 대종사께서는 이를 보은이라고 표현했습니다. 부모 효의 강령이 아니라 부모 보은의 강령이라고 한 것입니다. 막연히 '부모님이 이렇게 해 주었으니 효를 해라.'가 아니라, '부모에게 네가 입은 은혜가 이러이러하다. 그러한 막중한 은혜를 생각해서 은혜를 갚아야 한다.'는 뜻으로 '보은'이라는 말을 사용한 것이라 생각됩니다.

　부모 보은의 강령에는 조금 특이한 점이 있습니다. 사실 '부모님을 잘 모시거나 마음을 편안하게 해드리는 것이 강령이 된다.'고 할 수 있는데, 여기에서는 '무자력할 때 피은된 도를 보아서 힘 미치는 대로 무자력한 사람을 보호할 것'을 부모 보은의 총체적 의미로 제시하고 있습니다. 앞에서 부모 피은의 내역을 몸을 낳아주고,

길러주고, 가르쳐준 세 가지로 정리를 했습니다. 세 가지의 총체적인 강령은 자력이 없을 때 자력을 갖추도록 길러준 은혜로 귀결됩니다. 소태산 대종사께서는 스스로 내 몸이 태어날 수 없고, 스스로 나를 키울 수 없고, 스스로 배울 수 없는 아주 무자력한 때에 부모님이 자력을 얻게 해줌으로써 인류사회로 인도해준 것을 큰 은혜라고 본 것입니다.

그런데 그 피은된 도를 보아서 부모님에게만 은혜를 갚는 것이 아니라 '무자력한 사람에게 보호를 줄 것'이라고 했습니다. 이 부분이 핵심입니다. 부모 피은은 내가 나의 부모를 통해서 은혜를 입은 내역입니다. 하지만 소태산 대종사께서는 부모를 지금 이 생에서의 부모에 한정하지 않았습니다. 많은 생을 통해 왔다 갔다 하면서 여러 부모에게 무자력할 때 은혜받은 것을 부모 피은의 핵심으로 밝히고, 지금 무자력한 사람에게 보호를 주는 것이 여러 생에 걸친 부모에게 보은을 하는 것이라고 했습니다. 다시 말하자면, 무자력한 사람에게 보호를 주는 일은 부모 노릇을 하는 것이 됨과 동시에 여러 생에 걸쳐 부모님께 입은 은혜를 갚는 길이 됩니다. 내가 자력이 없을 때 도움을 받아 자력을 가질 수 있었던 것처럼, 내가 자력이 있는 처지일 때 자력 없는 사람을 보호하는 것이 나의 부모에게 하는 큰 보은이 된다는 것입니다. 이는 과거에 이야기하던 효(孝)와 다르지 않습니다. 그러나 과거 유가에서는 주로 현생 부모에 대한 효만 중요하게 강조되었습니다.

소태산 대종사께서 밝힌 부모 보은의 강령은 과거, 현재, 미래에 걸쳐 많은 생을 드나들면서 만났던 모든 부모에 대한 보은의 도리를 담고 있습니다. 불가의 윤회와 인과 사상에 바탕하여 부모 도리를 밝힌 것은 참 절묘한 접목입니다. 과거·현재·미래의 삼세 부모 입장까지 헤아려 자력없는 사람을 보호하는 것으로 부모 보은의 강령을 잡은 것은, 전 인류가 인생의 강령으로 삼아야 할 큰 길이라는 생각이 듭니다.

부모 보은의 강령은 무자력한 사람을 보호하는 것입니다. 이건 뒤에 나올 인생에서 꼭 가져야 할 네 가지 요긴한 법을 담고 있는 사요(四要)의 첫 조목인 자력양성과도 상통하는 면이 있습니다. 자력양성의 의미 역시 스스로의 힘을 길러서 도움이 필요한 사람에게 도움을 주자는 것이기 때문입니다.

부모 보은의 조목

1. 공부의 요도(要道) 삼학·팔조와 인생의 요도 사은·사요를 빠짐없이 밟을 것이요.

앞에서 살펴보았지만 부모에게 은혜 입은 조목(피은의 조목)은 세 가지, 즉 낳아주고, 길러주고, 가르쳐준 은혜입니다. 그런데 부모 보은의 조목은 네 가지입니다. 또, 어떻게 생각하면 2조에 있는 '부모가 무자력할 경우에는 힘 미치는 대로 심지의 안락과 육체의 봉양을 드리는 것'이 부모 보은의 첫 조목이 되어야 할 것 같은데, 소태산 대종사께서는 인생의 요도와 공부의 요도를 밟는 것을 첫 번째 부모 보은의 조목으로 명시했습니다.

공부의 요도 삼학·팔조와 인생의 요도 사은·사요는 원불교의 중요 교리입니다. 공부의 요도(要道, 중요한 길이라는 뜻)란, 마음을 공부해나가는 데 있어서 아주 요긴한 세 가지 배움과 여덟 가지 조목을 이야기합니다. 나의 인격을 이루는 공부는 공부의 요도인 삼학·팔조로 합니다. 이 세 가지 배움의 길과 여덟 가지 조목은 앞으로 차차 공부해나갈 예정입니다. 공부의 요도는 곧 내 마음을 닦는 길입니다. 그 마음을 닦으면 차츰 부처님과 같은 인격을 이루게 되므로 삼학·팔조를 빠짐없이 밟으라고 한 것입니다.

인생의 요도란, 우리가 이 세상에서 몸을 받아 살아가는 데 요긴하고 반드시 밟아야 할 아주 중요한 길을 말합니다. 네 가지 은혜인 사은과 네 가지 중요한 목표인 사요가 그것입니다. 공부의 요도를 통해 갖춘 성숙한 인격으로 인류사회에서 바른 실천을 해나가는 것이 바로 인생의 요도입니다. 여기에서 '실천'은 나만 이롭게 하는 것이 아니라 모든 사람을 이롭게 하는 것이어야 합니다.

소태산 대종사께서는 "우리가 공부의 요도를 빠짐없이 밟으면 곧 부처님의 인격을 이룰 것이고, 인생의 요도를 빠짐없이 밟으면 곧 부처님의 실행을 얻을 것이다."라고 했습니다. 천지은을 공부할 때 '천지에 보은을 하면 세상 사람이 그 사람을 천지 같이 우대할 것'이라는 구절이 있었습니다. 마찬가지로 공부의 요도와 인생의 요도를 빠짐없이 밟으면 세상 사람들은 그 사람을 부처님 같은 성자로 받듭니다. 그 분이 성자로 받들어질 때, 부모님의 위상도 함께 드러납니다. 여기에 정산 종사께서는 한 가지를 덧붙여 설명했습니다. 부모와 자녀 사이는 인과로 생각할 때도 아주 가깝고 떨어질 수 없는 사이이므로, 자녀가 훌륭한 도력을 갖추면 영생을 통해 그 부모가 제도 받을 기연이 많아진다는 것입니다.

공부의 요도와 인생의 요도를 부모 보은의 조목 1조에 둔 것은, 낳고(生) 기르고(育) 가르치는(敎) 의미 중 교(敎)와 통합니다. 교는 사람으로서 사람다운 길을 가도록 가르치는 것입니다. 사람답게 사는 가장 표준의 길이 성자의 길이고, 성자의 길을 가도록 만들어주는 것이 바로 공부의 요도와 인생의 요도입니다.

부모님께서 이 몸을 낳아주고 길러준 은혜도 크지만, 그런 은혜 속에서 자란 사람이 인류사회에 해악을 끼치면 부모로서 자녀를 둔 보람이 없을 것입니다. 자녀가 인류사회에 유익을 주는 인물이 될 때 부모가 자녀를 낳고 기르고 가르치는 의미가 살아나고 목적을 이루는 일이 됩니다. 그런 의미로 볼 때 부모에게 보은하는 것 중 최고의 가치는 내가 훌륭한 사람이 되는 것에 있습니다. 그것이 부모로부터 받은 은혜를 갚는 가장 첫 요목입니다.

과거의 효는 가정에서 내 부모에게만 잘하는 것에 그쳤습니다(그것도 물론 보은이기는 하지만). 그러나 소태산 대종사께서는 인류사회에 훌륭한 인격과 활동으로 부모님이 나를 낳고 기르고 가르친 뜻이 크게 드러나게 하는 것이 참다운 보은임을 밝혔습니다.

2. 부모가 무자력할 경우에는 힘 미치는 대로 심지(心志)의 안락과 육체의 봉양을 드릴 것이요.

세상 사업을 한다는 핑계로 내 몸을 낳아주고 길러준 부모를 돌보지 않는 것은 부모 보은의 옳은 태도가 아닙니다. 그래서 소태산 대종사께서는 부모 보은의 조목 두 번째에 세상에 이 몸을 있게 해주고 가르쳐주고 길러준 부모님을 현실에서 잘 모시는 내용을 담았습니다. 내 부모님을 모실 때의 요목은 심지(心志)의 안락과 육체의 봉양을 하는 것입니다. 부모님의 마음을 편안하게 해드리고, 또 육신인 몸이 건강하게 잘 거처할 수 있도록 해드리는 것이 부모님을 모시는 도리입니다.

그런데 두 번째 조목에서 우리가 한 가지 유의할 점이 있습니다. 심지의 안락과 육체의 봉양을 드리는 데 있어 '부모가 무자력한 경우에는'이라는 전제가 있다는 것입니다. 부모가 자력이 있든지 없든지 무조건 심지의 안락과 육체의 봉양을 드리는 것이 아니라, '부모가 무자력할 경우에 힘 미치는 대로' 하라고 합니다.

힘 미치는 대로라는 것은, 힘이 없으면 하지 말라는 의미가 아닙니다. 정성과 최선을 다하여 하라는 뜻입니다. 그렇게 정성을 다함에 있어 '부모가 무자력할 경우에 하라.'고 했습니다. 이 말에는 소태산 대종사의 대자대비가 숨어있습니다. 아무리 부모라도 자력으로 살아갈 수 있을 땐 스스로의 힘으로 사는 것이 떳떳하고 보람된 일이며, 그래야 복을 깎아먹지 않습니다. 자력이 있음에도 남의 도움을 받고 의지하면 자력이 자꾸 쇠퇴하면서 복도 감소됩니다. 결코 나의 영생에 도움이 되지 않습니다. 부모가 무자력할 경우에 하라는 말에는, 앞서 잠깐 언급했던 자력양성의 의미가 내포되어 있습니다.

그러니 부모 입장에서도 나의 자녀라고 하여 무조건 의지할 생각을 하면 안 됩니다. 내 힘으로 살 수 있는 한 스스로의 힘으로 살면서 무자력자를 보호하는 것이 또한 자신의 부모에게 보은을 하는 일이 됩니다. 우리가 모심으로 인하여 부모의 자력을 사장시키면 영생의 참다운 보은이 될 수 없습니다.

3. 부모가 생존하시거나 열반(涅槃)하신 후나 힘 미치는 대로 무자력한 타인의 부모라도 내 부모와 같이 보호할 것이요.

세 번째 부모 보은의 조목의 핵심은 '타인의 부모라도 무자력한 경우 내 부모처럼 보호하라.'입니다. 지금 현생의 부모는 분명히 존재하지만 우리가 과거와 현재, 그리고 미래까지 많은 생을 살아가면서 만난 인연 중 지금의 무자력한 타인의 부모가 나의 부모였을 수 있습니다. 그렇게 보면 어느 생에는 내가 무자력할 때에 그분의 도움을 받았을 것이고, 그렇기 때문에 현재 타인의 부모일지라도 무자력한 경우 힘 미치는 대로 나의 부모처럼 모셔야 합니다. 그것이 삼세 모든 부모님에 대한 큰 보은이 됩니다. 이 내용은 부모 보은의 강령과 깊이 연결됩니다.

4. 부모가 열반하신 후에는 역사와 영상을 봉안하여 길이 기념할 것이니라.

네 번째 부모 보은의 조목에서는 '부모의 역사와 영상을 잘 간직해서 길이 기념하라.'고 했습니다. 역사와 영상을 기념하라는 말은 부모님께서 우리에게 가르쳐주신 뜻을 잃지 않고 잘 받들라는 뜻입니다. 자녀가 인류사회에 도움이 되지 않고 미약한 인물이 되기를 바라는 부모는 없습니다. 어느 부모나 자신의 자녀가 인류사회에 훌륭한 인물이 되기를 원합니다.

부모 보은의 조목 1조에 담긴 공부의 요도와 인생의 요도를 실행하는 데 전심전력을 다하고, 2조, 3조, 4조를 함께 잘 실행하면, 과거 효의 개념을 충실하게 가지면서도 효의 대상과 방법을 키워나갈 수 있습니다.

집안에서 잘 모시는 것 정도에 그치지 않고, 자녀로서 인류사회에 큰 인물이 될 때 참다운 효가 됩니다. 소태산 대종사께서는 부모 보은의 조목을 통해 그것을 밝혀주었습니다.

부모은 3
세상이 알고 자식이 닮는다

 # 부모 배은

부모 배은은 천지 배은과 마찬가지로, '부모에 대한 피은·보은·배은을 알지 못하는 것과 설사 안다 할지라도 실행이 없는 것'이라는 내용을 담고 있습니다.

일반적으로 부모에 대한 배은을 생각하면 불효하는 것, 그러니까 부모를 잘 모시지 못한다거나 또는 부모의 정당한 명을 어기고 자기 고집대로 하다가 잘못되는 것을 부모의 은혜를 갚지 않는 것으로 여깁니다. 그러나 소태산 대종사께서는 부모에게 입은 은혜가 무엇인지, 은혜를 갚는 것은 무엇인지, 또 은혜를 갚지 않는 것은 무엇인지를 모르는 것이 모두 배은이라고 했습니다. 쉽게 표현하자면 '모르는 것도 불효'라는 말입니다. 모르는 것이 왜 은혜를 갚지 않는 것이 될까요?

생각해보면 피은·보은·배은의 내역과 방법을 '잘 모르는 상태'에서 나오는 보은의 마음은 오래가기가 어렵습니다. 또 한때는 착하고 선한 마음이 있어서 보은의 마음을 냈다 하더라도 마음 가운데 '내가 이렇게 보은을 했는데…'라는 상이 남을 수 있습니다. 그러다 보면 그만한 대접을 바라는 마음이 생기기도 합니다. 우리가 어떤 목적지를 정했을 때 가는 길을 확실히 알고 가는 것과 대충 알고 가는 것은 결과가 다릅니다. 은혜를 갚는 것도 마찬가지입니다. 알지 못함으로 인해 은혜를 갚지 못하는 결과를 가져올 수 있기 때문에 소태산 대종사께서는 '알지 못하는 것이 곧 배은'이라고 했습니다. 보은을 하려면 잘 배우고 알아야 한다는 강조이기도 합니다.

그러나 잘 알기만 하면 안 됩니다. 안다는 것은 결국 실행으로 이어져야 합니다. 그래서 '설사 안다 할지라도 보은의 실행이 없는 것도 배은'이라고 했습니다. 배은의 내용은 앞에서 살펴본 천지은과 부모은, 그리고 앞으로 나올 동포은과 법률은에 모두 똑같이 적용됩니다.

소태산 대종사께서 밝힌 법의 중요한 특징은 진리에 바탕되어 있어서 사실적이고 실지에 맞다는 것입니다. 허황된 미신 또는 실지를 떠나 이상에 치우친 것을 이야기하지 않고, 실제 우리 생활 속에서 그대로 실현되고 나타나는 것을 이야기합니다. 그런 입장에서 보더라도, 사은 배은에 대한 법문은 상당히 중요한 의미를 갖습니다.

우리에게 주어지는 은혜는 가상으로 꾸민 것이 아니라 '사실이 그렇다.'는 것을 그대로 알려주기 때문입니다. 때문에 아무리 배움이 부족하고 어리석은 사람이라도 인정할 수밖에 없고, 못 본 척 또는 모르는 척하는 것으로 넘어갈 수 없습니다.

소태산 대종사께서는 그만큼 자신이 있는 것입니다. 이러한 내역을 모르면서 사람이라고 할 수 있겠는지, 이것을 알면서 그대로 실행하지 않을 수 있겠는지, 또는 실행이 혹 미숙할 수는 있어도 배반되는 행위를 해서는 안 된다는 것을 확실히 알게 했습니다. 그 길로 나아가게 하는 확실한 의지와 뜻이 사은 배은에 잘 담겨있습니다.

부모 보은의 결과

우리가 부모에 대한 보은을 한다면 어떤 결과가 나오는지는 크게 세 가지로 정리됩니다.

첫째, 나는 내 부모에게 보은을 하였건마는 세상이 자연히 나를 위하고 귀히 압니다. 부모의 은혜가 없다면 나는 존재할 수 없습니다. 그러므로 그 은혜를 갚는 것은 당연한 일이고 그 당연한 일을 했을 뿐인데, 나는 세상 사람들에게 대우와 추앙을 받습니다. 사실 사람들에게 나를 귀하게 알아달라고 부모 보은을 하는 것은 아닙니다. 당연히 해야 할 일을 하는 것이지요. 그런데 세상은 부모에게 보은하는 나를 귀하게 여깁니다. 왜일까요?

'대중의 마음이 곧 하늘의 마음'이라는 법문이 있습니다. 세상 모든 사람의 마음 바탕에는 진리성이 함유되어 있습니다. 사람의 마음은 본래 맑기 때문에 진리와 같은 사고를 합니다. 부모님께 효를 하는 사람을 귀하게 여기고, 불효하는 사람은 귀하지 않게 여깁니다. 그게 진리이고, 사람들 마음에 자연히 움직이는 천심(天心)입니다.

소태산 대종사께서는 "옛날에도 충신을 효자의 문에서 구한다고 했다."고 했습니다. 집안에서 부모님께 효를 다하는 사람으로서 사회에 나아가 타인에게 악하게 구는 사람이 적고, 또 집안에서 부모님을 위하는 마음이 나라로 향하면 그대로 나라를 위하는 마음이 됩니다. 때문에 사회가 되었든, 직장이 되었든, 인간관계에서든, 그런 사람을 귀하게 여기고 높게 평가합니다.

둘째, 부모에게 보은을 하면 사람의 자손은 선악간 그 부모의 행하는 것을 본받아 행하는 것이 피할 수 없는 이치인지라 나의 자손들도 그 도를 본받아 나에게 효성합니다. 옛말에 근묵자흑(近墨者黑)이라고, 먹을 가까이 하면 검어진다는 말이 있습니다. 자녀는 그 부모 옆에서 보고 배운 대로 닮아갑니다. 그렇게 하지 말아야지 하면서도 자연히 배우게 됩니다. 늘 옆에서 보고 듣고 한 것이 습성으로 젖어 들어서 무의식으로 형성되어 행동과 말로 나옵니다. 특히 부모와 자식은 아주 가까운 사이입니다. 나의 부모가 그 위 부모에게 효를 다하는 모습은 인간으로서 아주 아름다운 모습입니다. 그 모습은 내가 아무리 철없는 때에 보았더라도 기억에 남아서 철이 들면 깨달음이 됩니다. 가까이에서 본 것을 본받아 배운다는 것은 피할 수 없는 이치입니다. 그러니 내가 나의 부모에게 보은하면 나의 자손도 마땅히 나의 보은하는 도를 본받아 나에게 효성스럽습니다. 나는 그저 해야 할 일을 한 것인데 좋은 일이 자연히 따라옵니다.

셋째, 무자력한 사람들을 보호한 결과 여러 생을 거래하는 가운데 혹 나의 무자력한 때가 있다 할지라도 항상 중인(衆人)의 도움을 받습니다. 앞서 부모 보은의 조목에서 우리의 부모가 무자력할 때나, 또는 영생의 이치를 생각하여 다른 사람의 부모라도 무자력한 분이 있다면 힘 미치는 대로 도움을 주어야 한다는 것을 배웠습니다. 그렇게 무자력한 사람들을 보호한 결과는 어떻게 돌아올까요?

'세세생생 거래'라는 말은 보통사람들이 이해하기 어려운 개념이긴 합니다. 불교에서는 영생을 이야기합니다. 영생이란, 우리가 한번 이 몸을 받아서 태어났더라도 영혼은 영원히 죽지 않는다는 말입니다. 육신은 우리가 사용하는 하나의 기관이므로 노후하면 더 쓸 수 없고 새 몸을 받아 한량없는 세월을 통해 왕래합니다. 그렇게 세세생생, 즉 여러 생을 통해 왔다 갔다 하다 보면 분명 나의 무자력한 때가 있기 마련입니다. 또 내가 자력으로 살아야 하는 때임에도 불구하고 혹 사고를 당하거나 병에 걸려 내 힘으로 생활을 할 수 없는 경우가 갑자기 생길 수 있습니다. 나이가 들면서 자연히 무자력자로 돌아가게 되기도 합니다. 그러니까 현재 확실한 자력을 갖고 있음을 장담하더라도 이것이 다음 생까지 꼭 이어진다는 보장이 없고, 현재 삶에서도 무자력한 때를 당하지 않는다는 보장이 없습니다.

그런 의미에서 '혹 나의 무자력한 때가 있다 할지라도'는 백번 양보한 표현입니다. 누구에게나 무자력한 때는 반드시 있기 마련입니다.

그리고 부모 보은을 하면 무자력한 때에 항상 중인의 도움을 받습니다. 이게 참 중요한 내용입니다. 무자력한 때 도움을 받는 것을 여기서는 '중인의 도움'이라고 했습니다. 살다 보면 부모가 나를 다 책임질 수 없고, 부모 역시 자력이 없는 경우에는 뭇사람으로부터 도움을 받아야 합니다. '중인'이라는 대상에는 내 몸을 직접 낳아주신 부모는 더 말할 것도 없고, 세상 속에서 나를 키워주고 가르쳐주는 모든 사람이 포함됩니다. 내가 여러 무자력자에게 도움 주는 일을 많이 하면 그 결과 나 역시 도움을 받습니다. 이것은 진리적으로 볼 때, 인과의 진리를 확실히 전해준 내역이기도 합니다.

부모 보은의 결과에서 앞의 두 가지(부모 보은을 하면 세상이 그 분을 귀하게 여기고, 그 자녀도 역시 그럴 것이다.)는 현실적으로 누가 들어도 '그러겠네.' 하고 쉽게 이해합니다. 그러나 부모 보은의 결과 마지막 부분인 '세세생생 거래 간에 … 중인의 도움을 받을 것이니라.'는 영생에 대한 이해를 필요로 합니다. 이생에서야 이 몸으로 도움을 주었으니 사람들이 나를 좋게 여기지만, '다음 생에 내가 다른 몸을 받아 이름도 모습도 바뀌고 나면 사람들이 어떻게 내가 부모 보은한 것을 알 것인가?'에 대한 해답이기 때문입니다. 이 부분은 진리적 믿음이 없으면 이해하기 어렵습니다. 그러나 소태산 대종사께서는 추론이 아닌, 영생과 인과의 진리에 바탕하여 진리를 깨달은 성자의 안목으로 세 번째 내용을 밝혔습니다.

부모 배은의 결과

부모 배은의 결과를 살펴보면 재미가 있습니다.

우리가 만일 부모에게 배은을 한다면, 내 부모에게 배은을 한 것이므로 단순히 한 가정의 문제 또는 나의 문제에 그칠 수 있습니다. 쉽게 표현하자면 부모에게 배은을 하고도 '이것은 내 가정 문제고 내 개인적인 문제인데 무슨 상관이냐.'고 할 수 있습니다. 하지만 소태산 대종사께서는 부모에 대한 배은이 개인적인 문제로만 끝나지 않음을 명확히 밝혔습니다. 단지 부모에게 배은했지만 세상이 자연히 그 사람을 미워하고 배척한다는 것입니다.

과거에는 마을에 불효하는 사람이 있으면 그를 쫓아냈습니다. 그 사람은 자신의 부모에게 불효를 했을 뿐이지만, 부모에게 배은망덕한 그것이 마을의 미풍양속을 해치고 다른 사람에게도 나쁜 영향을 끼칠 수 있다고 여겼기 때문입니다. 이 구절이 상징하는 바는 그와 같습니다.

소태산 대종사께서는 세상은 자연히 부모에게 배은하는 이를 미워하고 배척할 것이라고 했습니다. 부모에게 배은하는 사람은 세상으로부터 환영받지 못합니다. 그 자손 역시 부모의 행실을 그대로 본받아 불효를 하게 될 것이며, 무자력한 사람을 보호하지 않음으로써 자연히 내가 무자력한 때에 도움을 받지 못하게 됩니다. 부모 배은의 결과는 이러한 메시지를 아주 분명하게 담고 있습니다.

동포은 1
한 동포 한 기운 한 몸

　소태산 대종사께서는 사은(四恩)을 어떻게 알았을까요?
　깊은 연구를 통해 밝혀낸 원리라기보다는, 깨달음을 통해 마음이 밝아짐으로써 저절로 보게 된 것이 아닐까 싶습니다. 하늘과 땅을 보니 하늘과 땅이 나를 살려주는 존재이고, 내 몸을 보니 부모님이 있어 태어나 자랄 수 있었으며, 혼자 사는 줄 알았더니 좌우에 여러 존재의 도움이 있었고, 또 살아가는 것은 질서가 있어서 가능함을 확인한 것입니다.
　우리는 천지, 부모, 동포, 법률이라는 사은의 도움을 받으며 삽니다. 사은을 떠나서는 한 순간도 살 수 없습니다. 그런데 평소에는 이 네 가지 은혜를 잘 발견하지 못합니다. 너무도 당연하게 여기거나, 나의 생각이 닫혀있거나, 마음의 광명이 밝지 못하기 때문입니다. 광명이 밝지 못하다는 것은 다른 생각이 가득 차 있거나 욕심에 가려있는 것을 말합니다. 소태산 대종사께서 밝힌 사은의 내용은 우리가 알기 어려운 것들이 아닙니다. 너무나 단순하고 확실한 원리입니다. 그런데 스스로 '그렇게 살고 있는가?'를 대조해보면, 많은 경우가 그렇지 못합니다.

동포는 같을 동(同) 자, 태보 포(胞) 자를 씁니다. 같은 부모님으로부터 태어나면 형제라고 합니다. 포는 그런 의미입니다. 같은 포태(胎)를 가진 것이 동포입니다. 천지은에서 한번 살펴본바 있는 천지만물포태성(天地萬物胞胎成)이라는 구절에서도 알 수 있었듯, 천지 안에서 생명을 유지하고 사는 모든 존재는 다 한 기운으로 소통되어 살고 있는 한 형제입니다.

어떤 제자가 "사은(四恩)에도 경중(가벼움과 무거움, 중요도)이 있습니까?"를 묻자, 소태산 대종사께서는 "사은에는 경중이 있지 않다. 다만, 천지·부모는 부모항렬이고 동포·법률은 형제항렬이다."라고 했습니다. 여기에서 항렬의 차이는 쉽게 이해할 수 있지만, 경중이 없다는 말이 조금 어렵습니다.

소태산 대종사께서는 내가 살아가게 하는 모든 존재를 '은(恩)'이라고 했습니다. 내가 현재의 이 몸을 유지하며 살아가기 위해서는 네 가지 은혜가 모두 있어야 합니다. 그 가운데 어느 하나라도 빠진다면 '나'는 존재하지 못합니다. 그러므로 무엇이 더 가볍고 무엇이 더 무거운 존재일 수 없습니다. 네 가지 중 하나라도 없어서는 살 수 없기 때문에 '경중이 없다.'고 했습니다.

동포 피은의 강령

동포 피은의 강령에서 소태산 대종사께서는 우리가 동포에게서 입은 은혜를 가장 쉽게 알고자 한다면 이러이러한 내용들을 생각해보라고 했습니다. 만약 사람도 없고 금수(날짐승과 길짐승)도 없고 초목(풀과 나무)도 없는 곳에서 혼자 살아가라고 한다면 살 수 있을 것인가를 생각해본다면, 누구나 그렇게 살기 어렵다는 것을 인정할 것입니다. 만일 동포의 도움과 의지와 공급이 없어서는 살 수 없다면 그 같이 큰 은혜가 또 어디 있을까요? 이러한 내용이 동포 피은의 강령에서 설명되고 있습니다.

세상에는 직업을 분류하는 큰 단위가 있습니다. 그것을 사·농·공·상이라고 합니다. 대다수의 사람들은 살기 위한 수단으로 사·농·공·상의 직업을 가집니다. 하지만 이를 성자의 안목으로 보면, 자기 자신을 위해 직업을 갖고 살아가는 것 같지만 사실은 '동포'라는 개념 안에서 자리이타(自利利他)로 서로 돕고 사는 것입니다. 내가 살아가는 것이 나에게도 이롭지만 남에게도 이로움을 주고 있는 것입니다.

예를 들어 농사꾼은 농사를 짓습니다. 그 농사는 사실 생산물을 팔아 돈을 얻기 위한 것이 목적입니다. 하지만 누군가는 농사꾼이 지은 농산물을 사 먹음으로써 자신의 생명을 유지하고, 농사꾼은 그 이익금으로 필요한 것을 사거나 아이들을 교육합니다. 이처럼 사·농·공·상이 얽혀 서로서로 도움이 되고 의지가 되고 공급을 하는 관계가 바로 자리이타 관계입니다. 소태산 대종사께서는 '동포는 자리이타로 상부상조하며 살아갈 수밖에 없는, 하나의 기운으로 연해 있는 한 형제'로 보았습니다.

동포 피은의 강령에서 조금 특징적인 것은 금수(날짐승과 길짐승)와 초목(풀과 나무)의 언급입니다. 대체로 동포라는 개념은 사람관계에 한정하여 사용하지, 초목과 금수까지를 포함하지 않습니다. 그런데 소태산 대종사께서는 초목과 금수까지 동포의 개념에 포함했습니다. 진리를 깨달은 후 외친 대각 일성에 '만유가 한 체성'이라는 표현이 있습니다. 만유란, 이 세상에 있는 모든 존재를 말합니다. 각자 따로 존재하는 것 같지만 진리를 깨달은 안목에서 보면 하나의 몸이라는 것을 압니다. '만유가 한 체성'이라는 말과 '동포'라는 표현은 서로 통하는 면이 있습니다.

 # 동포 피은의 조목

동포 피은의 조목은 동포 피은의 강령에 바탕 하여 사·농·공·상에서 우리가 어떻게 은혜를 입고 있는가를 보여주는 세목(자세한 항목)입니다.

사는 선비 사(士) 자인데, 배우고 연구하여 모든 학술과 정사로 가르침을 주는 것을 말합니다. 요즘은 학교만이 아니라 학원에서도 가르침을 얻습니다. 단체든 나라든 어떤 정책이 있어서 인류사회가 살아가는 데 꼭 필요한 것들을 배우게 합니다. 도시에 비해 IT 교육의 혜택이 적을 수밖에 없는 시골에 정책적으로 혜택이 미치게 하는 것도 '사'의 은혜 덕분입니다. 만약 '사'가 그런 일을 하지 않는다면 문명의 혜택이 어디에는 미치고 어디에는 미치지 못하여 차별이 생길 것입니다.

농은 농사 농(農) 자로, 곡식이나 작물을 심고 길러서 그것이 필요한 사람들에게 의식원료를 제공하는 아주 중요한 은혜를 말합니다. 공은 장인 공(工) 자를 써서, 우리 생활에 필요한 물품들을 만들어 공급하는 은혜를 말합니다. 상은 헤아릴 상(商) 자로, 요즘 말하는 유통 분야의 은혜를 말합니다. '상'은 여러 물건을 교환하게 하여 생활의 편리를 돕습니다. 만약 '상'이 없다면 뭔가가 필요할 때 직접 그곳에 찾아가야만 구할 수 있을 것입니다.

어떤 사람이 밥 한 그릇을 앞에 두고 "여기에 사은이 다 담겼다."고 했습니다. 사은을 나누면 천지, 부모, 동포, 법률 네 가지 은혜이지만, 사실은 작은 것 하나에서 큰 것 전체까지를 아우르는 가운데 사은 아닌 것이 없습니다. 밥이 내 입으로 들어오는 과정만 해도 그렇습니다. 밥이 되는 쌀은 농산물인데 쌀농사가 잘 되도록 쌀농사법을 연구한 사람이 있을 것이고, 쌀농사를 잘 지은 사람이 있을 것이며, 그것을 누군가 수확해 옮겨주었을 것입니다. 그리고 쌀을 밥으로 만드는 데 활용되는 밥솥을 만들어준 사람이 있습니다. 게다가 천지가 감응하지 않았다면 쌀 한 톨도 세상에 나오지 못합니다. 모든 존재가 그렇습니다. 전체가 응하여 하나하나 이루어지는 것이므로 '이 물건은 이 사람이 만들어서 생겨났다.'는 식으로 단순하게 말할 수 없습니다.

소태산 대종사께서는 동포 피은의 조목에서 '금수 초목까지도 우리에게 도움이 된다.'고 하여, 금수 초목에게서 받는 은혜의 내역을 다시 한번 언급합니다.

그러나 현실에서는 해를 미치는 동포가 있기도 합니다. 자리이타가 되는 동포는 나에게 은혜이지만, 나에게 해를 미치는 동포는 어떻게 은혜로 받아들여야 할 것인가에 대해 의문이 들기도 합니다. 이 의문은 동포은에만 해당하지 않습니다. 사은 전체에 해당됩니다.

같은 논리로 접목해보겠습니다. 천지는 우리에게 한량없는 은혜이지만 때로는 우리 삶에 해를 미치기도 합니다. 해를 미치는 천지를 어떤 의미로 받아들여야 할까요? 부모도 마찬가지입니다. 세상에는 간혹 부모답지 않은 부모가 있습니다. 그런 부모를 어떻게 해야 은혜로 받아들일 수 있을까요? 특히 동포는 서로 이해관계를 가지고 상대하기 때문에 나의 이익을 위해 남에게 해를 미치는 경우가 많을 수 있습니다. 그럴 때, 동포은을 느낄 수 있을까요? 이것은 사은으로부터 주어지는 과제이기도 합니다.

예를 들어, 우리 몸의 각 조직은 서로를 도와주고 있습니다. 손이 밥을 떠서 입에 넣어주면 입은 그것을 잘 씹어서 위로 넘깁니다. 그러면 위는 그것을 잘 소화시켜서 손과 발이 움직일 수 있는 영양분을 공급합니다. 이러한 관계가 바로 동포입니다. 사람의 몸만 봐도 그렇게 합력하며 살도록 되어 있습니다. 이러한 이치가 바로 자리이타입니다.

아픈 부위도 내 몸의 일부입니다. 다만 그 역할을 제대로 못하여 병이 들었을 뿐입니다. 가령, 다리에 기맥(氣脈)이 잘 통하지 않아 넘어지면 나에게 해를 미칩니다. 다리가 내 몸이 아니어서 나에게 해를 입힌 것이 아닙니다. 병이 들었기 때문에 그런 것입니다. 기운이 잘 통하지 않아 병이 들었으므로, 기(氣)가 잘 통하도록 소통시킴으로써 다시 움직이게 해 주면 내 몸의 일부로서 다시 하나가 됩니다.

동포도 그렇습니다. 동포는 본래 자리이타로 살아가는 한 기운을 가진 한 형제입니다. 그것이 인과의 원리를 따라 상극으로 또는 상생으로 작용합니다. 그때, 상생과 상극의 원인은 상대방이 아닌 나에게 있습니다. 본래부터 상극이 아니고, 잘 통하지 않아 상극이 된 것이므로 내가 고치면 고칠 수 있고, 상생으로 돌아갈 수 있습니다. 동포 간 상극이 되는 것은 기운이 잘 소통되지 않았기 때문입니다. 막혔기 때문에 남이 되고 상극이 됩니다. 하지만 본래 남은 아닙니다. 기운이 막힘으로 인해 남처럼 느끼는 것입니다. 상생은 서로 돕기 때문에 하나가 되고, 상극은 서로 막히기 때문에 남이 됩니다.

천지 안에 몸을 담고 있는 모든 존재는 한 동포, 한 기운, 한 몸입니다. 때문에 자리이타로 살게 되어있습니다. 다만 인과의 원리가 있기 때문에 각자가 짓는 업에 따라 혹은 상극으로 혹은 상생으로 작용합니다. 상극의 인연은 결코 고정불변하지 않습니다. 지금은 100퍼센트 상극으로 여겨지는 관계도 알고 보면 100퍼센트가 아닙니다. 20퍼센트만이 상극이고 80퍼센트는 은혜인데, 우리는 종종 그 20퍼센트를 100퍼센트로 받아들입니다.

인연설로 보았을 때, 몇 바퀴만 돌면 모두 인연이 맺어져 있습니다. 누군가와 불편함이 있다면 반드시 어떤 곡절이 있어서 그런 것이지 본래부터 불편했던 것은 아닙니다. 그 곡절만 풀면 서로 좋은 동포관계가 될 수 있습니다.

사·농·공·상은 물론 금수 초목까지도, 동포로서 한 진리 속에서 한 기운과 한 몸으로 서로 자리이타하게 되어있습니다. 눈과 손이 각각 있어서 우리 몸을 온전하게 작동하는 것처럼, 동포은도 그렇게 살게 되어있습니다.

동포은 2
남도 이롭고 나도 이롭게

 # 동포 보은의 강령

동포 보은의 강령 가장 첫 구절은 '동포에게 자리이타로 피은이 되었으니'입니다.

우리의 살아가는 모습은 그 자체가 서로 떨어져서는 살 수 없는 관계이고, 이미 나도 이롭고 남도 이로운 관계로 형성되어 있습니다. 내가 살아가는 데 자리이타의 도로써 은혜를 받았으므로 나도 자리이타의 도를 실현하는 것으로 보은을 해야 한다는 것이 동포 보은의 가장 핵심입니다.

우리가 살아가는 사회는 대체로 경쟁구도이기에 내가 이로우려면 남이 조금 손해를 봐야 하고, 남이 이로우려면 내가 조금 손해를 봐야 하는 것을 당연하게 생각합니다. 그런데 소태산 대종사께서는 자리이타, 즉 나도 남도 이로운 원리를 이야기합니다. 이 두 가지 모습은 확연히 다르므로, 현실에서 자리이타를 실현하는 것은 너무 어려운 일이 아닐까 하는 생각이 듭니다. 하지만 그렇지 않습니다. 자리이타의 도가 실행되면 말 그대로 나도 이롭고 남도 이로워지고, 서로가 항상 이로우므로 함께 발전합니다.

그런데 나는 이롭고 남은 해를 입는다든지, 남은 이로운데 나는 해를 입는다든지 하면, 이로움을 얻은 사람은 얻은 사람 대로 그것에 취하여 모든 이로움을 다 얻은 것으로 생각합니다. 또 해로움을 얻은 사람은 그 한 때에 해로웠을 뿐인데 패배감에 깊이 빠집니다. 그 한 때와 한 건만 놓고 보면 그럴 수 있습니다. 그러나 전반적으로 놓고 보면 결국 내가 이롭다고 느꼈던 것이 나에게 해가 되고, 상대방 역시 이롭다고만 느꼈던 것에서 해를 입습니다. 그래서 양쪽이 모두 발전을 못합니다. 우리가 진리에 눈을 떠야 하는 이유이기도 합니다.

소태산 대종사께서 동포 보은의 강령을 '자리이타'로 삼은 이유는, 원래 그렇게 되어있기 때문입니다. 자리이타가 되는 사회가 건강한 사회이고, 진리에 부합하는 사회입니다. 자리이타로써 그런 사회를 이뤄나가야 합니다.

동포 보은의 조목

동포 보은의 조목에서 사·농·공·상 간에 보은하는 방법은 그 표현이 각각이지만, 요체는 결국 하나입니다. 가르칠 때나, 농사를 지을 때나, 물건을 만들고, 유통할 때나, 언제든지 자리이타를 할 땐 공정한 자리에서 하라는 것입니다. 자리이타를 하라는 내용 앞에 '공정한 자리'라는 구절이 있습니다. 자리이타가 되는 핵심이 바로 '공정한 자리'에 있습니다.

개인 욕심을 채우는 것은 공정이 아니라 사사입니다. 사사는 개인 사(私) 자에 사특할 사(邪) 자를 씁니다. 사특하다는 말은 요사스럽고 간특하다는 뜻으로, 의롭지 못한 방법을 이야기합니다. 공정(公正)의 공변될 공(公) 자 뒤에 반드시 바를 정(正) 자가 붙듯, 개인 사(私) 자 뒤에는 늘 사특할 사(邪) 자가 따라붙습니다. 개인 사(私) 자 뒤에 바를 정(正) 자가 붙을 수 없고, 공변될 공(公) 자 뒤에 사특할 사(邪) 자가 붙을 수도 없습니다. 공변될 공(公)과 개인 사(私)는 마음 사용의 바탕을 나타내는 말이고, 뒤에 붙는 바를 정(正)이나 사특할 사(邪)는 현실에서 나타나는 모습을 표현합니다.

공정과 비슷한 의미로 공평이 있습니다. 공평은 공변의 의미와 평등이라는 개념이 함께 들어서 '나를 생각하는 마음이나 너를 생각하는 마음이 같다.'는 뜻을 갖습니다. 만약 마음의 무게를 재는데 저울추가 내 쪽으로 기운다면 거기엔 개인 사(私)가 붙었기 때문입니다. 이미 저울추가 한쪽으로 기울어져 있는 저울에 물건을 달면 중량이 똑같이 나올 수 없습니다.

여기에서 공은 전체를 함께 보는 마음입니다. 전체를 함께 보는 마음은 곧 모든 것을 하나로 볼 수 있는 마음이기도 합니다. '원수를 사랑하라'는 예수님의 말도 결국 원수와 나를 하나로 보아서 차별을 두지 말라는 뜻입니다. 그것이 공입니다.

정(正)은 그러한 공(公)의 마음에 바탕하여 바르게 활용하는 것을 말합니다. 모든 사물과 사람에게는 각각의 특성과 처지와 경우가 존재합니다. 그러므로 활용에 있어서는 그 각각의 환경에 맞아야 합니다. 어떤 사람은 국수를 좋아하고 어떤 사람은 밥을 좋아하는데 공정하게 한다고 전부 밥만 또는 국수만 먹으라고 하는 것은 참된 공정이 아닙니다. 밥을 좋아하는 사람에게는 밥을, 국수를 좋아하는 사람에게는 국수를 주는 것이 바로 정(正)입니다. 정은 사람사람에게 맞는 방법으로 위해주는 것입니다.

공과 정이 함께 이루어져야 진정한 평등이 됩니다. 공정한 마음 바탕에서 이루어지는 사·농·공·상은 무조건 서로 자리이타가 됩니다. 동포 보은에서는 나도 이롭고 남도 이롭게 하는 것이 핵심인데, 그것이 가능하려면 공정한 자리에서 해야 합니다. 물건을 만들 때도 공정한 자리에서, 물건을 팔 때도 공정한 자리에서, 뭔가를 가르칠 때도 공정한 자리에서 하면 특별히 '내가 저 사람에게 유익을 줘야겠다.'는 생각을 하지 않아도 동포가 이미 자리이타로써 번성합니다. 공정한 마음만 일치하면 자리이타는 저절로 됩니다.

그런데 살다 보면 나는 자리이타를 하려 함에도 상대방이 기어코 자리이타를 못하게 하는 경우가 있습니다. 쉬운 예로 나는 정당한 이윤을 받고 물건을 팔려고 하는데 상대방은 그 이윤조차 주지 않으려고 합니다. 소태산 대종사께서는 그런 경우에 표준 삼을만한 한 가지를 더 강조했습니다. 서로가 이로워야 하지만 만약 어느 하나가 반드시 해를 봐야 하는 경우에는 해를 상대에게 넘기지 말고 내가 안으라는 것입니다. 이는 인과의 이치에도 맞을 뿐 아니라, 성자의 심법이기도 하고, 또 영원한 장래에 서로 상생이 되는 방법입니다.

동포 보은의 조목 마지막 5조에서는 '초목금수도 연고 없이는 꺾고 살생하지 말 것'이라고 했습니다. 소태산 대종사 당대에 있었던 이야기입니다. 함께 등산을 하던 제자가 산을 오르면서 나뭇잎을 계속 뜯더랍니다. 다른 이유는 없고 그냥 맨 손이 심심하니까 그랬던 것 같습니다. 누구나 무심히 그럴 수 있습니다. 그 모습을 본 소태산 대종사께서 "나뭇잎이라고 함부로 뜯고 그러지 말아라. 그렇게 하다 보면 언젠가 네 머리가 쥐어뜯길 일이 생길 것이다."라고 했다는 이야기입니다. 금수 초목도 연고 없이는 꺾고 살생하지 말아야 하는 건, 당장에는 나와 상관없어 보이는 금수 초목까지도 알고 보면 나에게 은혜를 입힌 동포이기 때문입니다. 금수 초목에게도 나에게 해와 은을 줄 수 있는 막강한 위력이 있습니다.

동포 배은

동포에게서 어떠한 은혜를 입었는지, 또는 그 은혜를 어떻게 갚아야 하는지, 또는 어떻게 하면 배은이 되는 것인지를 모르는 것과, 설사 알았다 하더라도 실천이 없는 것은 모두 동포 배은입니다. 천지 배은과 부모 배은에서 살펴본 것과 마찬가지의 의미를 담고 있습니다.

동포 보은의 결과

이 장은 우리가 동포에게 보은을 했을 때 나오는 결과에 대한 설명입니다.

먼저, 동포 보은을 하면 자리이타에서 감화를 받은 모든 동포가 서로 사랑하고 즐거워할 것이라고 했습니다. 예를 들어 내가 누군가를 상대할 때 그 사람에게 늘 도움을 얻거나, 어떤 선생님에게 진정한 가르침을 받거나, 혹은 어떤 지도자가 자기의 명예나 권리나 재물을 취하지 않고 열심히 공중을 위해 일을 하면, 자연히 그 사람을 상대하는 모든 사람들은 좋은 마음을 내게 될 것입니다. 감화를 받는다는 건 좋은 마음이 난다는 것입니다. 자리이타를 실천하면 당연히 해야 할 도리를 했을 뿐인데 다른 사람의 옹호와 우대를 받습니다. 누구라도 '그 사람은 참 좋은 사람이야. 참 좋은 선생이야. 참 훌륭한 분이야.'라는 칭찬을 아끼지 않습니다.

그런 개인과 개인이 만나면 서로 사랑하게 되고, 그런 가정과 가정이 만나면 서로 친목하게 되고, 그런 사회와 사회가 만나면 서로 통하기 마련입니다. 지금 꽉 막힌 남북한의 문제도 자리이타법으로 풀어야 합니다. 통일, 즉 하나로 통한다는 말은 결국 서로 함께 잘 살자는 뜻입니다. 그런데 명분만 통일이라고 내놓고 실제 내용에 들어가서는 '나는 잘 살고 너는 못 살았으면 좋겠다.'고 하면 그 마음은 통할 수 없습니다. 매사에 자리이타를 쓰면 상상치 못한 이상세계를 이룰 수 있습니다.

하지만 전 인류가 자리이타를 실현하는 보은자가 되지 못하면 '배은자의 장난'으로 인해 모든 동포가 고해(고통의 세계) 중에 들게 되기도 합니다. 육십억 인류는 각각 자신의 생각이 있고 그에 따라 행동을 하기에, 보은자도 있지만 배은자도 있습니다. 그러다 보면 모든 동포가 다 보은자가 되도록 노력해나가는 가운데 혹 어떤 배은자가 나와서 그 사람으로 인해 전체 동포가 고해에 들게 되기도 합니다. 그럴 땐 반드시 구세성자가 등장합니다. 다만 도덕으로 세상을 구원할 수 있겠다 싶으면 도덕으로 세상을 구원할 것이고, 혹 무력을 활용해서 구해야 할 경우에는 무력으로 세상을 구원합니다. 무서운 말입니다. 무력으로 세상을 구원하는 일은 아무래도 없는 것이 좋겠습니다.

동포 배은의 결과

동포 배은을 한다면, 즉 세상이 자리이타로 운영되지 않는다면, 앞서 말한 동포 보은의 결과와 반대인 결과가 오게 됩니다. 모든 동포들이 서로 미워하고 싫어하게 되는 것입니다. 이 원리는 개인은 물론 가정, 사회, 국가에도 똑같이 적용됩니다. 서로를 미워하고 싫어하면 결국 이 세상에는 고통과 전쟁과 죄악이 가득하게 됩니다. 이는 눈에 환히 보이는 결과입니다.

 그렇다면 우리는 어떻게 해야 할까요? 이 이치를 안다면, 동포의 은혜에 배은하지 않고 늘 공정한 자리에서 자리이타를 실천하지 않을 수 없습니다.

법률은 1
인도정의의 공정한 법칙

 # 법률 피은의 강령

　소태산 대종사께서 밝힌 법문 중에 '천지·부모·동포는 법신불의 나타난 바이며, 법률 또한 법신불의 주신바'라는 표현이 있습니다. 천지·부모·동포는 형체가 있지만, 법률은 사람이 만들긴 해도 실제 어떤 형체가 있는 것은 아닙니다.

　법률 피은의 강령에서는 앞에서 살펴본 천지·부모·동포와 마찬가지로, '법률이 없어서도 살 수 있을 것인가?'를 생각해보게 됩니다. 개인에 있어서는 수신하는 법률, 가정에 있어서는 가정을 화목하게 하는 법률, 또 사회와 국가·세계에 있어서도 각각을 보호하는 법률이 없으면 우리는 안녕질서를 유지하지 못합니다. 그러기에 법률이 없어서는 살 수 없음을 누구나 다 인정할 수밖에 없습니다.

　이 세상에는 다양한 이해관계를 가진 집단과 사람들이 모여있고,

여러 집단은 각자의 이익을 위해 노력합니다. 그러나 거기에는 나름의 여러 규범이 있어서 서로 그것을 지키며 절제하므로 적절한 긴장 관계 속에서 질서를 유지하며 함께 살아갑니다. 만약 그런 장치가 없다면 아수라장이 되겠지요. 법률이 없으면 우리가 편안하게 살 수 없으므로 큰 은혜입니다.

기독교에서 하나님을 지극히 신봉하는 것은 창조주이기 때문입니다. 창조주는 나라는 존재를 있게 했고, 나에게 죄와 복을 줄 수 있는 엄청난 절대 권능을 가졌습니다. 그래서 많은 사람들이 하나님을 믿고 존중하며 받듭니다.

소태산 대종사께서는 '천지·부모·동포·법률이 있어서 우리가 보호를 받고 살아간다.'고 했습니다. 이 네 가지 은혜가 탄탄한 울타리가 되어 보호하기 때문에 그 무엇도 나에게 해를 미치지 못합니다. 다시 말하면, 나에게 절대적인 해와 은혜를 줄 수 있는 권능이 곧 천지·부모·동포·법률에게 있다는 것입니다. 소태산 대종사께서는 우리에게 '사은'이라는 사실적 하나님을 발견해주었습니다. 천지·부모·동포·법률은 사실적으로 나를 창조해준 존재이자 나에게 죄와 복을 내려줄 수 있는 권능을 가졌습니다. 그래서 우리가 믿고 받드는 신앙의 대상이 됩니다. 이렇게 보면, 사은이 새롭게 와닿습니다.

소태산 대종사께서는 법률에 대한 정의를 '인도정의의 공정한 법칙'이라고 했습니다. 이 말이 중요합니다. 보통의 우리는 도덕법, 행정법, 사법 등 일상에서 형식으로 나타나는 것만을 법률로 봅니다. 하지만 법률의 형식은 갖추었더라도 정작 인도정의의 공정한 법칙이 담기지 않았다면 참된 법률이라고 할 수 없습니다. 만일 한쪽이나 한편만의 이익을 위해 법을 만들었거나, 또는 어떤 국가가 자기 나라 이익만을 위해 식민지법을 강행함으로써 다른 나라에 해를 주는 법을 만들었다면 이는 결코 공정한 법률이 될 수 없습니다. 동포 보은의 조목에서 '공정한 자리에서 자리이타로써 할 것이요.'라는 내용을 살펴봤었는데, 공정한 자리에서 자리이타가 되도록 그 방법을 열어주는 것이 바로 법률입니다.

공정한 법칙은 개인에 비추면 개인이 도움을 얻고, 가정에 비추면 가정이 도움을 얻습니다. 사회·국가·세계도 마찬가지입니다. 만약 어떤 법칙을 개인·가정·사회·국가·세계에 비췄는데 도움을 얻지 못했다면, 그 법칙은 인도 정의의 공정한 법칙이 아닌 것입니다.

법률 피은의 조목

인도정의의 공정한 법칙은 우리가 반드시 지켜야 할 내용입니다. 그러므로 인도정의의 공정한 법칙이 아직 다 이루어지지 못했다면, 우리는 인도정의의 공정한 법칙이 잘 실현되도록 더욱 노력해야 합니다. 그 구체적인 내용이 법률 피은의 조목에 담겨있습니다.

첫째, 때를 따라 성자들이 출현하여 종교와 도덕으로 우리에게 바른 길을 걷게 합니다. '때를 따라 성자들이 출현한다.'는 말은 단순한 표현 같지만 상당히 중요합니다. 시점을 현재로 옮겨온 것이기 때문입니다.

어떤 정당한 도덕이 있어서 그 시대의 사람들을 인도하는 것이 충분한 때에는 새로운 성자가 등장할 이유가 없습니다. 그 법을 실현만 잘하면 되니까요. 그러나 역사가 흐르고 시절이 바뀌면 과거의 성자가 밝혀놓은 법으로 그 시대 사람들의 정신을 지도하기가 어려운 때가 옵니다.

예를 들어 계절이 봄에서 여름으로 바뀌었다면 봄옷을 여름옷으로 바꿔입어야 합니다. 이때 혹 여름옷이 없으면 여름옷을 새로 지어야합니다. 계절은 변했는데 과거에 지어놓은 봄옷을 계속 입으라고 하면 혼란이 생기고 불편합니다. 여름에는 여름에 맞는 시원한 옷이 필요합니다. 때를 따라 성자들이 출현한다는 말은 그런 의미입니다. 과거에 밝혀놓은 도덕이 현 시대에 맞지 않으면 사람들은 바른 인생길을 찾기 어려워하고, 세상은 혼란스러워집니다. 그럴 때 그 시대에 맞는 법을 새롭게 밝힐 새 성자가 등장하여 새로운 도덕과 종교로써 사람들에게 바른 길을 찾게 합니다. 이것이 우리가 법률에게 받는 첫 번째 은혜입니다.

이어지는 법률 피은의 조목 2조와 3조는 그 자체로 사실적인 은혜의 내역입니다. 먼저, 법률은 우리에게 사·농·공·상의 기관을 설치해 지도 권면에 전력함으로써 우리가 생활을 잘 할 수 있게 하고 지식을 함양하게 합니다. 정부에서 하는 일도 결국 이것입니다. 사람들이 각자의 생활 속에서 그 터전을 잘 지킬 수 있도록 여러 가지 법이나 기관을 만들었고, 국민의 생활에 편리를 가져다 줄 수 없는 일은 법으로 제재하여 그 길을 열어줍니다. 또 지식도 함양하게 해줍니다. 중학교까진 의무교육을 받게 하는 정책이 있어서 우리가 지식을 배울 기회를 얻습니다.

　마지막으로, 시비이해를 구분하여 불의를 징계하고 정의를 세워 안녕질서를 유지합니다. 앞의 2조는 행정법에 해당한다면, 3조는 사법에 가깝습니다. 공권력이나 국방 등이 있기 때문에 우리 사회가 잘 유지되고 편안합니다. 교당에 근무하던 시절, '내가 지금 혼자 있는데 누가 들어와 나에게 위해를 가하면 어떻게 해야 하지?'라는 무서운 생각이 갑자기 들었습니다. 하지만 누군가가 이유 없이 교당에 들어온 적은 한 번도 없었습니다. 그게 가능한 것은 법률이 있기 때문입니다. 성자들이 밝힌 도덕법과 나라에서 시행하는 여러 법의 힘이 있어서 '내가 죄를 지으면 안 된다.'는 사회통념이 마련됩니다. 그래서 혹 아닌 마음이 일어나더라도 절제할 수 있게 합니다. 이게 법률의 힘입니다. 우리는 늘 법률로부터 보호를 받고 있습니다. 법률은은 우리가 편안하게 살아갈 수 있는 근본 바탕이 됩니다.

법률은 2
그 도에 순응하라

법률 보은의 강령

소태산 대종사께서는 법률 보은의 강령으로 '법률에서 금지하는 조건으로 피은이 되었으면 그 도에 순응하고, 법률에서 권장하는 조건으로 피은이 되었으면 그 도에 순응하라.'고 했습니다.

앞의 세 가지 은혜(천지·부모·동포)와 비교해보면 보은의 강령에서 약간의 차이가 납니다. '그 도를 체받아서 어떻게 하라.'고 했던 다른 보은의 강령과는 달리, 법률에서는 '그 도에 순응하라.'고 한 것입니다. 앞에서도 설명했지만, 법률은 어떤 '원리'로 존재하지 않고 실제 어떤 '조목'으로 나타나 있습니다. 그 각각의 조목들은 인도정의의 공정한 법칙에 바탕해 제정되고, 조목으로 나타난 공정한 법칙은 결국 금지하는 조건과 권장하는 조건 두 가지로 분류됩니다. 예를 들어 개인의 수신하는 법률을 살펴보면, 계문은 금지하는 조건이고 보은의 조목이나 솔성요론은 권장하는 조건입니다. 법률 보은의 강령은 '법률의 모든 조건(금지하는 조건과 권장하는 조건)에 순응하라.'는 것입니다.

법률은 사람의 필요에 따라 항목을 만듭니다. 그러다 보니 법률을 만드는 과정에서 혹 정파적 이익이나 판단의 미비로 인해 잘못된 법률이 생기기도 합니다. 잘못된 법률이 만들어지고 시행되면 은혜가 아니라 해를 입게 됩니다. 그래서 법률 보은의 강령에서 '피은이 되었으면'이라는 구절이 상당한 의미를 갖습니다. 이것을 작위적으로 해석하여 '나는 법률로 인한 은혜를 안 입었으니 나와는 관계없다.'고 치부하면 안 됩니다. '피은이 되었으면'이라는 말에는 이미 '그 법은 인도정의의 공정한 법칙이다.'라는 전제가 포함되어 있습니다. 인도정의의 공정한 법칙은 개인·가정·사회·국가·세계 어느 곳에 비쳐도 모두 은혜가 됩니다.

한편으로는 법률을 만드는 사람도 인도정의의 공정한 법칙에 맞게 만들어야 보은이 됩니다. 법률을 만드는 사람이 사심(私心)을 가지고 그 법을 자신에게만 편리하게 만드는 것은 법률의 은혜에 배은하는 일이 됩니다.

법이 공평무사하게 제정되고, 공평무사하게 제정된 법이 누구에게나 공평무사하게 적용되는 사회가 안정된 사회이자 선진 사회입니다. 법이 어느 특정 계층이나 정파에게 유리하게 만들어진 사회에서는 그 법 자체가 공평무사하지 못하므로 시행 역시 공평무사하지 못합니다. '법을 지키면 손해를 본다.'는 풍조와 의식이 개인과 사회에 팽배해있는 사회는 법률은에 보은하지 못하는 사회입니다. '이 법을 지켜야 이익이 된다. 이 법을 지키지 않으면 결국 내가 손해를 입는다.'는 풍조가 팽배하여 너도 나도 법을 지키는 사회가 건강한 사회입니다. 이런 사회가 소태산 대종사께서 말한 법률 보은을 잘 실행하는 사회입니다. 가정도, 단체도, 국가도, 세계도 모두 이러한 풍조를 만들어가야 합니다.

 # 법률 보은의 조목

법률로부터 받은 은혜를 갚는 방법은 법률 보은의 조목에 구체적으로 밝혀져 있습니다.

먼저, 개인에 있어서는 수신(修身)하는 법률을 배워서 행해야 합니다. 수신은 몸을 닦는다는 말인데, 쉽게 표현하면 도덕을 실천하는 것입니다. 사람으로서 사람다운 길을 실행하는 것을 수신이라고 합니다. 개인의 욕심을 제어하고 나와 남을 함께 생각하면서 배려할 줄 아는 마음이 도덕의 근본이 됩니다. 내 이익, 내 편리, 내 권리 등 나만을 위해 남을 희생하면 도덕의 근본이 될 수 없습니다. 개인의 욕심을 떠나 인류사회에 공정한 길을 수행하는 힘을 길러가는 것이 수신의 요체입니다.

어떤 관계를 맺어감에 있어서도, 관계의 근본에는 늘 내가 포함됩니다. 내가 빠진 관계는 있을 수 없습니다. 결국 관계의 축은 '나'이므로 나를 바르게 정돈해놓아야 원만한 관계를 맺어갈 수 있습니다.

나를 바르게 하지 못하는 가장 큰 이유는 욕심입니다. 성자들이 도덕을 밝히고 사람들에게 수신의 길을 밝히는 것은 결국 욕심을 제어하기 위해서입니다. 내 욕심껏 살지 않고, 좌우를 돌아보고, 주위와 함께하면서 바른 길을 걸어가려면 절제가 필요합니다. 수신하는 법률을 배워 행하라는 말은, 길을 안 것만으로 저절로 된다는 것이 아닙니다. 노력을 해야 된다는 말입니다.

또, 가정·사회·국가·세계에 있어서는 그 각각을 다스리는 법률을 배워 행하라고 했습니다. 가정의 큰 윤리는 '어버이는 사랑으로 자식을 기르고 자녀는 효로써 부모를 받드는 것'입니다. 부모는 자녀 기르는 도를 실현하고, 자녀는 효의 도리를 다해야 합니다. 이것이 잘 실천될 때 건강한 가정이 되고, 가정가정이 건강해야 건강한 사회가 됩니다.

'사회'란, 어떤 단체나 마을 같은 공동체 단위를 말합니다. 각각의 사회에는 그 사회를 유지하는 협약, 또는 규약이 있습니다. 동포은의 입장에서 보면 공동체가 이루어진 사회는 본래 상부상조하게 되어있습니다. 서로 돕고 서로 의지하는 관계가 되어야 하는 것입니다.

국가 다스리는 법률을 배워 행하는 것도 마찬가지입니다. 한 나라를 다스리는 지도자에게는 국태민안(國泰民安), 즉 사법과 행정의 질서를 따라 나라를 안정되고 평화롭게 운영하며 국민들이 편안하게 살게 해야 할 책임과 의무가 있습니다. 동시에 국민에게는 진충보국(盡忠報國), 즉 나라가 있음으로써 편안히 살 수 있는 은혜를 입었으므로 나라가 잘 될 수 있도록 노력하고 힘쓸 의무가 있습니다.

한편, 세계의 질서에는 소태산 대종사께서 최초법어로 밝힌 '강약진화'를 잘 접목하면 좋습니다. 나라와 나라 사이에도 강한 나라와 약한 나라가 있고, 민족과 민족 사이에도 강약의 차이가 있습니다. 강과 약이 서로 진화하여 함께 인류 번영과 세계 평화를 이룰 수 있도록 하는 것이 세계를 다스리는 법률의 기본입니다.

또 개인의 입장에서는 내 마음을 잘 닦아 도덕이 살아나게 하고, 가정·사회·국가·세계에 있어서는 당하는 자리마다의 법률을 잘 배워 행하는 것이 법률의 은혜에 보은하는 길입니다. 나 한 사람은 개인이지만, 개인인 동시에 가정에 처하여서는 가정의 도를, 원불교에 있을 땐 원불교의 도를, 또 대한민국이라는 국가와 지구라는 세계에 몸담고 있는 인류 일원으로서는 각각에 맞는 도를 실행하고 따르며 관계를 맺고 있습니다.

천지나 부모나 동포는 그 자체로 엄청난 힘을 가지고 있습니다. 그런데 법률은 우리에게 형상으로 나타나는 것이 아니어서 하나의 이념체계 혹은 도덕체계로 여기기 쉽습니다. 그렇게 보면, 법률에는 힘이 있다면 엄청난 힘이 있고 없다면 하나도 없다고 할 수 있습니다.

그러나 구성원들이 법을 존중하며 서로 지키려고 노력하는 문화, 전통, 풍토가 형성되면 그만큼 그 법의 힘이 점점 강해지면서 더욱 안정을 가져옵니다. 하지만 한 사람 한 사람이 법을 무시하면 나중에 그 법이 흐지부지되면서 힘을 갖지 못하게 됩니다. 법에 힘이 실리지 않으면 결국 구성원 전체에게 해가 미칩니다. 그러므로 우리는 법률을 지키고 실천함으로써 법의 힘을 점점 강화하여 사회의 질서가 유지되도록 해야 합니다. 혹 나쁜 마음을 내려다가도 형상 없는 법의 힘이 강하게 다가오면 '어이쿠! 내가 이 마음을 내면 안 되지.' 하면서 제어하게 됩니다. 차를 운행하는 데도 교통법규가 있기 때문에 그것을 지키게 하여 사고를 예방합니다. 혹 지키지 않아 사고가 나거나 법의 구속을 받게 되는 것은 법률의 힘이 강하다는 일면입니다.

법률 배은

우리가 법률에게서 어떠한 은혜를 입었는지, 또는 그 은혜를 어떻게 갚아야 하는지, 또는 어떻게 하면 배은이 되는 것인지를 모르는 것과, 설사 알았다 하더라도 실천이 없는 것은 모두 법률 배은입니다. 천지 배은과 부모 배은과 동포 배은에서 살펴본 것과 마찬가지의 의미를 담고 있습니다.

법률 보은의 결과 / 법률 배은의 결과

소태산 대종사께서는 법률 보은의 결과에서 '우리가 법률 보은을 하면 우리 자신도 그 법률의 보호를 받아서 갈수록 구속은 없어지고 자유를 얻게 된다.'고 했습니다. 누구나 법을 처음 지키려 할 땐 구속처럼 생각합니다. 내가 아무리 하고 싶은 일이라도 법에서 하지 말라고 하면 하지 않아야 하기 때문입니다. 하지만 처음만 그렇지, 법을 잘 지키면 지킬수록 법률안에서 할 수 있는 일이 많아지면서 구속이 사라집니다. 자유롭게 살고 싶다고 법을 어기면 한때는 자유롭겠지만 결국 어느 때에는 법률의 구속을 받아 부자유해집니다.

대산 종사께서는 "법률 보은의 결과로써 법주(法主)가 된다."고 했습니다. 법주란, 법의 주인이라는 뜻입니다. 내가 법을 잘 지키면 보은이 되는 동시에 내가 법의 주인이 됩니다. 그래서 모든 사람들이 그 사람을 본받고 따릅니다. 법주를 다른 말로 표현하면 성자, 또는 불보살이라고 할 수 있습니다. 법률 보은의 결과에서 '각자의 인격이 향상된다.'는 표현과 상통하는 설명이 아닐까 싶습니다.

우리가 법률 보은을 하면 세상은 질서정연해지고 사·농·공·상이 더욱 발달하여 다시없는 안락세계가 됩니다. 농사를 짓는 일에도, 물건을 만드는 일에도, 상품거래를 하는 일에도 모두 그 일이 공정하게 이루어지게 하는 법이 필요합니다. 그런 법을 잘 만들어서 서로 잘 지키며 살아간다면 편안하고 즐거운 세계가 됩니다. 이는 입법과 치법의 은혜를 갚는 일도 됩니다.

하지만 그렇지 않고 배은을 한다면 나 자신도 법률이 용서하지 않아 부자유와 구속을 받습니다. 그뿐 아니라 스스로 인격이 하락하고, 세상은 질서가 문란해짐을 따라 소란한 아수라장이 됩니다. 법률 보은의 결과와 반대의 결과를 가져오게 되는 것입니다.

　법률 배은의 결과에 '법률이 용서하지 아니한다.'는 표현이 있습니다. 사람들은 뭔가 잘못을 저지르거나 죄를 지었을 때 그것이 당장 발견되지 않으면 덮고 지나갈 수 있다고 생각합니다. 하지만 세상에는 아주 밝은 진리가 있습니다. 죄를 지으면 일단 자기 자신이 압니다. 그것을 스스로 참회하고 제재도 하며 고치기 위해 노력을 해야 합니다. 그런데 '한 번 이렇게 한 것도 모르더니, 또 했는데도 사람들이 모르니 괜찮겠구나.' 하며 계속 죄를 반복하면 결국 그 일이 드러나 사람들로부터 제재를 받게 됩니다.

　혹 죄가 반복됨에도 사람이 제재하지 못하는 경우에는 무형한 진리가 제재를 합니다. 무형한 진리의 제재는 그 누구도 거역하거나 항거할 수 없습니다. 그래서 옛말에 "진리의 제재를 받기 전에 먼저 사람의 제재를 받는 것이 좋고, 사람의 제재를 받기 전에 스스로의 제재를 받는 게 좋다."고 했습니다. 스스로 참회하여 새로운 마음으로 나아가는 것이 법률 보은의 가장 기본자세가 되어야 합니다.

인생의 요도② 사요(四要)
고루 잘 사는 사회

남을 해치는 것은 알고 보면 자신을 해치는 일입니다.
과거에는 그러한 원리를 몰랐으므로 다른 사람을 해하면서
나의 이익만 찾는 이기심이 팽배했습니다.

자력양성
인권 평등 세상을 위하여

자력 양성의 강령

과거 한 선지자의 일화입니다.

한 노인이 지팡이를 짚고 가는 것을 본 선지자가 노인의 지팡이를 빼앗아 부러뜨렸다고 합니다. 어찌 보면 참 불손한 행위인데, 그 뜻을 생각해보면 의뢰생활을 경계한 것이 아닌가 싶습니다. 지팡이에 의지하여 다니다 보면 지팡이 없이는 걷지 못하게 됩니다. 자력생활을 하자는 것은 이처럼 다른 어떤 것에 의지하여 살지 말라는 것입니다.

타력생활은 결국 스스로 움직일 권한을 빼앗습니다. 권한을 빼앗기는 것은 노예생활과 다름이 없습니다. 따라서 우리는 현재보다 나은 내일을 위해 실력을 길러야 합니다. 그리고 그 갖춰진 실력으로 자력을 양성하여 무자력한 사람을 도울 수 있어야 합니다.

과거의 타력 생활 조목

소태산 대종사께서 사요를 정리한 시대는 지금으로부터 100여 년 전, 1900년대 초반의 한국 사회입니다. 〈정전〉 자력양성에서 과거의 타력생활 조목으로 정리된 것은 당시 사회에서 바라본 타력생활의 일면이라고 여겨집니다.

그 첫 번째 조목에서 보듯, 당시에는 부모나 형제·부부·자녀·친척 사이에 씨족주의가 팽배하여 의뢰 생활을 하는 경우가 많았습니다. 집안의 한 사람이 큰 권력을 가졌거나 재산이 많으면, 그렇지 못한 가족들이 그 집의 혜택을 입고 사는 것을 당연시하는 사회 풍조였습니다. 혹 도움을 주지 않으면 오히려 사람으로서의 도리를 못하는 것으로 여겨지기까지 했습니다. 소태산 대종사께서는 이런 풍조를 지적했습니다.

또 하나는 남녀의 권리가 같지 않음에 대한 지적입니다. 여자가 어려서는 부모에게, 결혼 후에는 남편에게, 노년에는 자녀에게 의뢰 생활을 하는 것은 옳지 않다는 것입니다. 과거에는 교육을 받거나, 사회 생활을 통해 친구를 사귀는 일, 재산의 상속에서도 남녀의 권리가 같지 못했습니다. 마지막 부분이 좀 재미있는데, 여자는 자기의 심신임에도 불구하고 일동일정에 구속을 면하지 못했습니다. 당시 사회의 관습과 법규 자체가 남녀의 권리를 동일하지 못하게 했습니다.

그런데 소태산 대종사께서 과거의 타력생활 조목으로 지적한 이

두 가지는 당시 한국 사회뿐 아니라, 세계적으로 후진 사회일수록 관습화되어 여전히 남아있습니다. 이런 관습을 시정하는 방향으로 소태산 대종사께서는 두 가지 방법을 제시했습니다. 하나는 '내가 스스로 자력을 양성해나갈 때 이러이러해야 한다.'고 하는 '자력 양성의 조목'이고, 또 하나는 '자력이 있는 사람으로서 무자력자를 어떻게 자력자로 인도할 것인가.'에 대한 '자력자로서 타력자에게 권장할 조목'입니다.

자력자로서 타력자에게 권장할 조목

먼저 자력자로서 타력자에게 권장할 조목의 전제는 '내가 자력이 있는 사람'이라는 것입니다. 자력을 갖춘 사람으로서, 다른 사람의 힘에만 의지하여 살려는 사람을 어떻게 대해야 자력양성을 돕는 일이 되겠는가에 대한 답이기도 합니다.

첫째, 자력 있는 사람이 부당한 의뢰를 구할 때는 그 의뢰를 받아주지 말아야 합니다. 자력양성의 강령에서 밝힌 것처럼 어린이나 병약자나 노약자 등 정말 어찌할 수 없는 무자력자가 의뢰를 구할 때에는 당연히 도와야 합니다. 하지만 자력이 있는 사람인데 부당한 의뢰를 구하는 경우가 있습니다. 육신이 건강하여 무슨 일이든지 할 수 있는 역량을 가진 사람이 일을 하지 않고 의지하여 살려고 할 땐 그 의뢰를 받아주지 않아야 합니다.

어떤 걸인이 찾아와 동냥을 하면 소태산 대종사께서는 마당이라도 쓸으라고 했습니다. 그 사람이 못하겠다고 하자 결국 쫓아냈습니다. 그 모습을 본 한 제자가 '아이고, 저렇게 불쌍한 사람을 어떻게 그냥 쫓아내나.'라는 생각으로 걸인을 몰래 불러서 밥을 먹여 보냈습니다. 그러자 소태산 대종사께서는 제자에게 "전에 온 그 사람은 과거에도 복을 짓지 않고 타력생활을 했으므로 지금 걸인으로 살아가는 것이다. 나는 그 사람의 마음을 고쳐서 복의 씨앗을 심는 마음을 길러주기 위해 마당 청소라도 해야 한다고 했다. 그러나 못하겠다고 하기에, 그 마음을 경계하기 위해 결국 그냥 보냈다. 너는 나보다 자비심이 많아서 그 사람을 불러다가 밥을 주었느냐?"라며 꾸중을 했습니다. 자력 있는 사람이 부당한 의뢰를 구할 때는 의뢰를 받아주지 않는 것이 그 사람으로 하여금 자력양성하게 하는 길이 됩니다.

둘째, 부모로서 자녀에게 재산을 나누어 줄 때 모든 자녀에게 똑같이 분배해야 합니다. 재산을 받아 유지 못 할 사람 외에는 남녀나 자녀의 순서에 차별을 두지 말라는 것입니다.

셋째, 결혼 후에도 물질적 생활을 각자 자립적으로 해야 합니다. 이 조목의 이해가 조금 어렵습니다. 결혼을 하면 남녀가 하나의 가정을 이루는데, 결혼 후 물질적 생활을 각자 자립적으로 하라고 했기 때문입니다. 이때의 자력이 가지는 의미가, 내가 버는 것은 내가 관리하고 네가 버는 것은 네가 관리하는 것을 뜻하는 것인지, 아니면 남녀가 생산·경제활동을 함께 해야 된다는 뜻인지, 또는 어느 한쪽에 의지하여 살지 말고 각자의 것을 챙기라는 뜻인지, 재산의 관리를 나누어 하라는 것인지, 해석이 다양할 소지가 있습니다. 하지만 이 조목의 기본 뜻은 분명합니다. 과거처럼 결혼을 했다고 하여 부인이 남편에게 무조건 의지해 살거나 또는 남편이 부인에게 의지해 사는 것은 옳지 않다는 것입니다. 아무리 부부라도 각자가 자기의 자력을 길러서 스스로 할 수 있는 활동을 해야 합니다.

또, 서로 사랑에만 그칠 것이 아니라 각자의 의무와 책임을 주로 하라고 했습니다. 여기서의 의무와 책임은 가정에 대한 의무와 책임은 물론이고, 국민 또는 세계시민의 의무와 책임까지 포함합니다. 전해오는 이야기에 의하면 소태산 대종사께서는 "앞으로는 남녀가 결혼을 하더라도 각자 문패를 따로 붙이고, 어느 때는 여자가 남자를 초청하기도 할 것이다."라고 했다고 합니다. 그 이야기에는 앞으로 가정의 형태에 있어서도 남녀의 자력이 함께 세워질 것이라는 뜻이 담긴 것이라고 여겨집니다.

넷째, 모든 일에 있어서 과거와 같이 남녀를 차별하지 않고 일에 따라 대우해야 합니다. 과거에는 남자이기 때문에, 또는 여자이기 때문에 일에서 차별을 당하는 경우가 많았습니다. 성별이 아닌 일에 따라 맞는 사람을 적재적소에 쓰는 것도 자력자로서 타력자를 키우는 일이 됩니다.

자력자로서 타력자에게 권장할 네 가지 조목을 실천하면, 인류사회 전반에 걸쳐 자력을 양성해나가는 데 크게 도움이 됩니다.

자력 양성의 조목

자력양성의 조목은 과거의 타력생활 조목들을 시정해나가기 위해 우리가 스스로 노력해야 할 방향에 대한 것입니다.

첫째, 어찌할 수 없는 경우가 아니면 과거와 같은 의뢰 생활을 하지 말아야 합니다. 앞에서 자력 있는 사람의 의뢰 생활을 받아주지 말라고 했습니다. 이것을 의뢰 생활을 하는 사람의 입장으로 바꿔 생각하면 의뢰 생활을 하지 않아야 자력을 키울 수 있습니다. 내 힘으로 자력을 길러 사는 것이 가장 행복하고 좋은 일입니다.

의뢰 생활을 하면 노예가 됩니다. 의뢰 생활을 하는 사람이 많이 모인 곳은 빈곤의 나라로 떨어지기 쉽습니다. 과거 원불교 초창기 선진들은 어딜 가든지 자력의 정신으로 일궈냈습니다. 자신이 고생을 덜하기 위해 남에게 무조건 도와달라고 하지 않았습니다. 원불교 정신은 그렇습니다. 자력으로 살면서 지금 이 순간에 최선을 다하되, 오늘보다는 내일, 내일보다는 모레 더 나아지게 합니다.

우리 선진들은 당장 죽 세 그릇을 사먹을 돈이 있어도 두 그릇만 먹은 후, 한 그릇의 몫은 저축하여 한 달 또는 일 년 후 죽이 아닌 밥 한 그릇을 먹는 환경을 만들어냈습니다. 죽 세 그릇을 먹어야 하는 상황인데 굳이 남에게 돈을 빌려서 밥 세 그릇을 먹으면 당장은 배가 부르고 좋겠지만 나중에는 결국 죽 한 그릇도 못 먹는 형편을 당합니다. 이러한 원불교의 자력생활 정신을 확실히 알아 세상을 고르게 향상·발전시키기 위한 노력을 해야 합니다.

이건 진리적으로도 그렇습니다. 조금 고생스럽지만 고생을 참으면서 노력하다 보면 자꾸 길이 열립니다. 그러나 조금의 고생을 참지 못하여 남의 힘을 빌리면 당장은 고생을 면하는 것 같아도 오히려 더 많은 고생이 생깁니다. 특히 대중의 도움을 노력 없이 받는 것은 매우 큰 빚이 됩니다.

둘째, 교육에 있어서 인류사회에 활동할만한 교육을 여자와 남자가 함께 받아야 합니다. 이 문제는 세계적으로 많이 해소되어가고 있습니다. 발전된 사회일수록 남녀를 같은 인권으로 대합니다. 남자는 모든 혜택을 다 주면서 여자라고 차별하는 생각은 무지입니다.

셋째, 남녀가 다 같이 직업에 근실해야 합니다. 자력을 양성하는 일은 남자와 여자가 따로 없습니다. 어떤 처지에 있든지 각자가 직업을 가짐으로써 생활의 자유를 얻어야 합니다. 성별과 관계없이 자력으로 할 수 있는 실력과 활동을 해나가면 무자력자를 보호하고 도울 수 있는 힘이 생깁니다. 그렇게 가정이나 국가에 대한 의무와 책임을 동등하게 이행해야 합니다.

넷째, 차자도 부모의 생전 사후를 과거 장자의 예로써 해야 합니다. 유가에서는 부모의 봉양이나 제사의 책임을 모두 큰 아들이 담당하게 했습니다. 하지만 소태산 대종사께서 낸 법은 장자와 차자의 구별이 없고, 남자와 여자의 차별도 없습니다. 앞에서 부모로서 자녀에게 재산을 똑같이 분배해야 한다고 한 것은, 역으로 자녀의 입장에서는 남녀나 장자나 차자를 막론하고 부모를 모시거나 받들 때 똑같은 의무와 책임을 가져야 한다는 의미입니다. 인권에 있어 불평등한 요소에는 인종, 민족 등 다양한 것이 있습니다. 소태산 대종사께서는 그 여러 가지 중 인류사회 전반에 깔린 가장 대표적인 불평등을 남녀차별로 보고, 남녀의 인권을 동일하게 만드는 것을 우선순위로 삼았습니다.

    남녀의 권리가 동일해지는 일은 그냥 되지 않습니다. 남녀가 함께 교육받고 함께 힘을 길러서 인류사회에 의무와 책임을 똑같이 이행해나갈 때 그에 대한 권리와 대접을 받을 수 있습니다. 그런 뜻이 자력양성의 조목에 담겼습니다.

지자본위
구하는 때에 있어서

지자 본위의 강령

어떤 면으로든지 나보다 나은 이를 스승 삼아 배워야 자력, 즉 나의 힘을 갖출 수 있습니다. 자력을 기를 때 다른 사람의 도움 없이 스스로 길러나갈 수도 있지만, 나보다 나은 이를 스승 삼으면 훨씬 수월하게 길러집니다.

우리 사회에는 다양한 우열과 특성을 가진 구성원들이 활동하고 있습니다. 이들 중 어떤 사람을 지도자로 삼아야 우리 사회가 건전하게 발전할 수 있을까요? 이에 대한 답이 '지자본위'입니다. 나보다 지혜 있고 지식 있는 이를 본받아야 한다는 것입니다.

개인은 지자본위의 생활태도를 가져야 자기 발전을 이룰 수 있습니다. 사회도 마찬가지입니다. 지혜 있는 사람을 앞장 세워 그 사람의 지도를 따를 때 발전해나갈 수 있습니다.

과거 불합리한 차별제도의 조목

과거는 어두운 사회였습니다. 어두웠다는 것은, 사람들의 지혜가 전반적으로 발전하지 못한 사회였다는 뜻입니다. 그러다 보니 과거에는 실력의 유무에 따라 지도자와 지도받는 이가 구분되지 않았고, 외형적인 요건, 즉 반상(班常, 신분 차이), 적자와 서자, 나이 많은 이와 나이 적은 이, 남녀, 종족 등에 의해 차별이 생겼습니다. 이처럼 외형에 의해 지도받는 이와 지도하는 이가 결정된다면, 어느 경우에는 불합리한 상황이 발생합니다. 예를 들면 이렇습니다. 눈이 잘 보이는 사람이 눈이 잘 보이지 않는 사람의 손을 잡고 이끄는 것은 합리적인 일이지만, 눈이 보이지 않는 사람이 눈이 보이는 사람을 이끄는 것은 합리적인 일이 아닙니다.

근본적 진리의 입장에서 바라보면 외형과는 별개로 모두가 평등한 인권을 가지고 있습니다. 그 권한을 모두 인정해야 합니다. 다만 우리가 살아가는 데 있어 딱 한 가지 차별은 있기 마련입니다. 바로 지우(智愚, 슬기로움과 어리석음)의 차별입니다. 소태산 대종사께서도 "내가 법을 만들 땐 앞으로 오는 세상에서의 모든 차별을 없애겠다. 그러나 지우(지혜 있는 이와 지혜 없는 이)의 차별만은 둔다."고 했습니다. 지혜 있는 사람이 지혜 없는 사람을 가르치는 것, 즉 지자가 우자를 가르치고 우자가 지자에게 배우는 것은 원칙적으로 당연합니다. 아는 이가 알지 못하는 이를 가르치고, 알지 못하는 사람은 아는 사람에게 배우는 것이 진리입니다.

그러나 지혜 있거나 지혜 없는 사람을 계급화하여 차별한다는 뜻은 아닙니다. 이를 소태산 대종사께서는 '다만 구하는 때에 있어서 하자.'고 했습니다. 이 말이 참 좋습니다. 그렇다면 여기에서 '구하는 때'란 어떤 것을 뜻하는 것일까요?

원불교 교역자라면, 지금 막 원불교에 입교한 사람보다는 원불교 교리에 대해 조금 더 많이 알기 마련입니다. 그럼 원불교 교리에 있어서는 내가 지자가 되고 그 사람은 우자입니다. 그런데 그 사람이 경제학 박사라면, 경제 분야를 배울 땐 그 사람에게 가르침을 얻어야 합니다. 출가교도(교무)가 모든 분야에서 재가교도를 지도해야 하는 것은 아닙니다. 바느질을 할 줄 모르는 사람에게는 바느질을 잘하는 사람이 스승이 됩니다.

과거에는 높은 사람/낮은 사람, 또는 지배하는 사람/지배받는 사람이라는 계급이 나뉘어있었습니다. 하지만 앞으로의 세상에서는 각자의 일과 특성에 따라 배우기도 하고 가르치기도 합니다. 정치의 입장에서 보면 대통령은 이끄는 사람이고 국민은 따라가는 사람이지만, 도덕의 입장에서 보면 도덕을 가르치는 사람이 지도자이고 도덕을 이루지 못한 사람은 가르침을 받는 사람이 됩니다. '내가 지금 무엇을 구하고자 하는가?'에 따라 스승과 제자가 결정된다는 것이 바로 '구하는 때에 있어서 하자.'라는 구절의 참 의미입니다. 가령 나이가 어린 사람에게라도 배울 것이 있으면 배우고, 나이가 많은 사람에게도 배울 것이 있으면 배우는 생활로 나아갈 수 있어야 참된 지자본위입니다.

원불교에는 이런 역사가 있습니다. 원불교 2대 종법사인 정산 종사께서 당시 불법연구회에 왔을 때의 나이는 19세에 불과했습니다. 그보다 먼저 와있던 선진들 중에는 20년 연상인 분도 있었습니다. 그런데 소태산 대종사께서는 수위단(首位團)이라는 교단 최고 의결기구의 의장을 대행하는 중앙 자리에 19세 소년을 지정했습니다. 그런 상황이라면 기존 구성원들의 불만이 나올 법도 할 텐데, 그 분들은 정산 종사를 법형(法兄)으로 생각하고 인정을 했습니다. 물론 정산 종사께서도 기존 구성원들이 나이로 형님이기에 장형으로 모시고 존중하면서 그 역할을 담당했습니다. 참된 지자본위를 보여주는 일면입니다.

지자 본위의 조목

소태산 대종사께서는 아는 이를 스승 삼는 방법으로 다섯 가지를 말했습니다.

첫째, 솔성(率性)의 도와 인사의 덕행이 자기 이상이 되고 보면 스승으로 알라고 했습니다.

솔성의 도란 무엇일까요? 우리는 늘 마음을 쓰면서 살아갑니다. 그 마음 쓰는 모습이 매우 다양한 가운데 '저 분은 마음을 법 있게 쓴다.', '저 분의 마음 쓰는 것은 도가 있다.' 하는 것을 느낄 때가 있습니다. 법 있고 도 있는 마음을 쓴다는 것은, 다른 사람들이 모두 본받을만한 마음을 쓴다는 것입니다. 그러면 인사의 덕행이란 무엇일까요? 우리가 사람 가운데 처하여 일을 해나가다 보면, 덕스럽지 못한 사람까지 감화시켜 고루고루 은혜가 닿게 하는 분이 있습니다. 솔성의 도와 인사의 덕행, 이 두 마음을 써나가는 실력이 내가 가진 실력 이상이 되면 그 분을 스승으로 알아야 합니다.

둘째, 모든 정사(政事)를 하는 것이 자기 이상이 되고 보면 스승으로 알라고 했습니다.

정사는 나라나 단체를 다스리는 것을 말합니다. 그렇게 어떤 조직을 다스려나갈 때 시비이해와 선후본말을 잘 가려서 모든 사람에게 유익이 돌아가도록 일을 잘 처리하는 사람은 스승으로서 자격이 충분합니다. 원불교에는 수양·연구·취사라는 삼학공부가 있습니다. 공부인 가운데에는 삼학을 고루 다 갖춘 사람도 있지만, 수양에 더 능한 사람도 있고, 연구력이 뛰어난 사람도 있고, 취사 방면에 유독 능한 사람도 있습니다. 어떤 사람은 사회적인 일 처리나 사람 접대 방법에 능할 수도 있습니다. 우리는 각 분야 분야에 능한 사람을 스승 삼아 나에게 부족한 부분을 배우면 됩니다.

셋째, 생활에 대한 지식이 자기 이상이 되고 보면 스승으로 알라고 했습니다.

원불교 3대 종법사인 대산 종사께서는 일상생활에서 필요한 소소한 지식은 어린 사람에게라도 꼭 묻고 배웠습니다. 가습기가 선물로 들어왔을 때의 일입니다. 옆에서 모시는 사람(시자)이 시간에 맞취 가습기를 틀고 세척도 담당하므로 대산 종사께서는 가습기 사용법을 몰라도 관계가 없습니다. 그런데 사용법을 물어보고 배우며 가습기라는 기계에 대해 모두 파악하는 모습이 꽤 인상적이었습니다. 그렇게 배워놓으면 혹 시자가 없더라도 필요할 때 언제든 사용할 수 있는 것입니다. 비단 가습기 사용법 하나에서만 보았던 모습이 아닙니다. 큰 어른이지만 새로운 것이 생기면 능히 배움으로써 자력을 준비하는 모습에서 '성현들도 조그마한 사물의 원리 하나까지 시자에게 배우시는구나.' 하는 가르침을 얻었습니다.

넷째, 학문과 기술이 자기 이상이 되는 경우와 다섯째, 기타 모든 상식이 자기 이상이 되고 보면 스승으로 알라고 했습니다. 또, 지자본위의 조목 마지막에서는 '이상의 모든 조목에 해당하는 사람을 근본적으로 차별 있게 할 것이 아니라, 구하는 때에 있어서 하자.'고 밝혔습니다.

지자본위의 조목 1조의 솔성의 도와 인사의 덕행은 곧 도덕을 말합니다. 1조는 도덕이 나보다 나은 이를 스승으로 삼으라는 뜻입니다. 2조~5조는 일상생활에 필요한 분야 분야에서 나보다 나은 이를 스승으로 삼으라는 뜻입니다. 사람이 사회 속에서 살아가려면 몸과 마음이 모두 필요합니다. 때문에 영적으로도 성숙해야 하고, 동시에 육신의 의식주도 잘 해결해나가야 합니다. 육신과 정신 양면을 고르게 성숙시켜나가는 길이 바로 지자본위의 조목에 밝혀져 있습니다.

지자본위에서 키워드는 '구하는 때에 있어서'입니다. 소태산 대종사께서는 배우는 정신을 많이 강조했습니다. 당신께서는 "나는 천도교인을 만나면 천도교에 대해 배우고, 기독교인을 만나면 기독교에 대해 배우고, 만나는 사람마다 그 사람이 가진 것을 배우다 보니 지식이 넓어졌다."고 했습니다. 보통의 많은 사람들은 자신이 아는 것을 자랑하거나 내놓으려고만 하지, 배우려고 하지 않습니다.

지자본위에서 '스승을 삼으라.'는 구절에는 어떤 특정한 사람을 스승 삼으라는 뜻도 있지만, 모든 일에서 스승을 발견하여 도덕, 생활, 상식 등의 분야에서 오늘보다 조금 더 나은 내일을 만들어가라는 의미가 있습니다. 지자본위를 실천함으로써 지혜나, 지식이나, 생활이나, 모든 면에서, 오늘보다 나은 내일로 더 발전해야 합니다.

타자녀교육
공동 육아의 의무와 책임

타자녀 교육의 강령

부모로서 자녀의 교육을 소홀히 하는 사람은 없습니다. 그러나 세상이 잘 발전하려면 나의 자녀만 교육하는 것에 그치지 않고, 다른 사람의 자녀도 교육을 함께 시켜나가야 합니다. 이것이 타자녀교육의 핵심입니다.

먼저 타자녀교육의 강령을 살펴보겠습니다. 교육기관이 편소(褊小), 즉 어느 한군데에 몰려있거나 적거나 또는 교육기관이 가까이 있어도 교육을 시키려는 사람의 정신이 내 자녀와 남의 자녀를 나누면 그 교육의 혜택과 영향이 고르게 미치지 못합니다. 그런 사회는 문명이 지체될 수밖에 없습니다. 지금 세상을 보더라도 잘 발전된 사회, 즉 선진국일수록 많은 사람에게 교육의 혜택이 고르게 닿고, 그렇지 못한 사회일수록 교육의 기회가 한정적입니다.

세상의 문명을 촉진시켜서 모든 사람이 낙원생활을 하려면 첫째, 교육기관이 확장되어야 합니다. 또, 모든 사람을 고루 교육시키기 위해서는 자타(나와 너)의 국한을 벗어난 큰 정신으로 교육하겠다는 마음을 가져야 합니다.

사요는 우선적으로 개인개인이 잘 실천해야 합니다. 하지만 사요 정신이 잘 실현되도록 하려면 사회와 국가와 각 단체에서 힘을 모으는 것이 매우 중요합니다. '자타의 국한을 벗어나라.'는 말에는 공도주의, 즉 공중과 나를 둘로 보지 않고 큰 공을 위해 함께 해야 한다는 뜻이 담겼습니다. '진리적으로 보면 서로가 모두 한 집안이고 한 형제'라는 의미를 알면 자연히 자타의 국한에서 벗어나게 됩니다. 그렇지만 현실적으로 진리를 모르는 입장에서는 내 자녀, 남의 자녀라는 구분이 생깁니다. 그러한 국한을 벗어나 두루 가르칠 수 있어야 교육의 결함이 없어집니다.

대산 종사께서는 "성인은 다른 분이 아니다. 교민(敎民)하고 화민(化民)하는 분이 곧 성인이다."라고 했습니다. 백성을 잘 가르치고 백성을 잘 교화하는 분이 곧 성인입니다. 우리가 세상에 태어나 잘 자라서 사회의 구성원으로서 역할을 담당할 수 있는 이면에는 '교육'이 있습니다. 세상의 모든 것 가운데 내가 혼자서 생각하고 창조하고 알아내고 이룬 것은 없습니다. 물론 나의 노력도 있지만, 그 이면에는 과거에 다른 분들이 이루어놓은 지식이나 지혜를 배움으로써 내 것 삼아온 과정이 있습니다. 십 중 팔구 이상의 결과가 배움에서 온 것이라 해도 과언이 아닙니다. 남이 나를 가르쳤기 때문에 현재의 내가 제대로 된 사람 노릇을 할 수 있습니다. 그런 은혜를 입어놓고 나는 남에게 가르침을 주지 않는다면 은혜 사상에 비춰봤을 때 당연히 배은입니다.

가르침은 사람으로서 당연히 해야 할 일이지만, 어떻게 보면 우리의 '의무'이기도 합니다. 과거에는 부모로서 자기 자녀를 가르치는 의무 하나를 가졌다면, 소태산 대종사께서는 그 의무를 더 넓혔습니다. 내 자녀라는 울타리를 넘어 인류의 모든 아이를 내 자녀 삼아 가르치도록 지도한 것입니다.

과거 교육의 결함 조목

과거에는 교육에 어떤 결함이 있었을까요? 소태산 대종사께서는 과거 교육의 결함 조목을 다섯 가지로 정리했습니다.

먼저, 과거에는 정부나 사회에서 교육에 대한 적극적 성의와 권장이 없었습니다. 요즘 우리나라는 물론이고 세계적으로도 교육에 대한 성의와 권장이 보편화하여가는 것이 추세입니다. 물론 아직 충분하다고 할 수는 없지만 그래도 국가적 차원에서 상당히 실현되어가고 있습니다.

두 번째, 과거에는 교육의 제도가 여자나 하찮은 사람들이 교육받을 생의(生義), 즉 그런 뜻도 못 내게 되어있었습니다. 세 번째, 개인에 있어 교육받은 사람으로서 그 혜택을 널리 나타내는 사람이 적었습니다. 교육을 받았다면 교육받은 내용으로 인류사회에 공헌을 해야 합니다. 이 부분은 지금도 제대로 실현이 되지 못하고 있는 것 같습니다. 더 노력해야 하는 부분이라고 생각합니다. 네 번째, 과거에는 언론과 통신기관이 불편한 데에 따라서 교육에 대한 의견교환이 적었습니다. 이 부분은 지금 시대에서는 상당히 열렸습니다. 사회 자체가 열린 사회가 되었고, 정보교류가 활발하게 이루어질 수 있는 환경이 되었기 때문입니다.

그리고 다섯 번째, 과거에는 교육의 정신이 자타의 국한을 벗어나지 못했습니다. 그러다 보니 재산 있는 사람에게 자손이 없을 때는 그 없는 자손만 구하다가 결국 아무도 가르치지 않았고, 재산이 없는 사람은 가르칠 자손이 있어도 돈이 없어 가르치지 못했습니다. 결과적으로 이래도 못가르치고 저래도 못가르치면서 교육에 결함을 가져왔습니다.

지금도 자타의 국한을 벗어나 교육을 시키려고 하는 사람은 많지 않습니다. 물론 의식이 열린 분들은 교육에 투자를 하고, 장학재단도 만듭니다. 하지만 국민 전체가 이런 정신으로 교육기관에 합력하거나, 또는 조금이라도 절약한 재산을 장학사업이나 교육사업에 합력하는 분위기는 아직 많이 부족하다는 생각이 듭니다.

타자녀 교육의 조목

우리가 타자녀교육을 실행하려면, 결국 앞에서 이야기한 다섯 가지 결함 조목들이 없어지도록 사회 전반에서 함께 노력해야 합니다. 그 내용을 소태산 대종사께서는 '타자녀교육의 조목'으로 정리해주었습니다.

그 첫 번째 조목에 '교육의 결함조목이 없어지는 기회를 만난 우리'라는 표현이 있습니다. 이건 "기회를 만났으니 열심히 해보자."의 다른 표현이기도 합니다. 일단은 두 가지로 해석할 수 있습니다. 하나는, 시대가 열리고 밝아지면서 자연스럽게 사람들의 정신도 열려가기 때문에 후세대의 교육 문제에 대하여 저절로 생각하게 되는 시대가 온다는 뜻이 아닌가 하는 것입니다.

여기에 더하여 한가지 생각을 더 해보았습니다. '소태산 대종사께서 밝힌 타자녀교육법은 그 자체로 곧 교육의 결함조목을 없애는 법이다.'라는 것입니다. 단순히 '바깥이 그런 시대가 되었으니 우리가 이 일을 해야 한다.'는 의미가 아니라, 우리가 이 법을 안 것이 바로 그 기회를 만난 것이라는 의미가 아닐까 하는 것입니다. 우리가 타자녀교육법을 안 것이 곧 교육의 결함조목을 없앨 수 있는 기회입니다. 그러므로 우리는 아는 것에 그쳐서는 안 됩니다. 열심히 노력하여 실질적으로 효과를 나타내야 합니다. 그렇게 접근할 때 시대를 향도해나가는 적극적인 해석이 이뤄집니다.

그런 기회를 만났으니, 자녀가 있거나 없거나 혹은 타자녀라도 내 자녀와 같이 교육하기 위해 모든 교육기관에 힘 미치는 대로 조력하라고 했습니다. 소태산 대종사께서는 불가능한 것을 이야기 하지 않습니다. 늘 누구라도 할 수 있는 것을 제시합니다. 이 구절에서는 '힘 미치는 대로'가 그렇습니다.

나에게 하나의 힘이 있으면 하나의 힘만큼, 둘의 힘이 있으면 둘의 힘만큼 하면 됩니다. '장학기금을 일생에 1억은 무조건 해야 한다.'고 하면 가능한 사람도 있을 것이고 가능하지 않은 사람도 생깁니다. 하지만 '힘 미치는 대로'라고 하면 백 원이 가능할 땐 백 원, 천 원이 가능할 땐 천 원을 장학사업에 보탤 수 있습니다. 돈이 아닌 다른 것으로도 조력할 수 있습니다. 내가 직접 못하는 경우에는 옆 사람에게 타자녀교육을 권장하는 것도 조력입니다.

이 법을 알게 된 이상, 우리 모두는 교육의 결함조목이 없어지는 기회를 만났습니다. 그런데 과연 결함조목이 없어질 수 있도록 하는 노력은 얼마나 하고 있을까요? '타자녀교육의 조목' 1조는 제 자신부터도 반성할 조목입니다.

또한 사정이 허락 되는 대로 몇 사람이든지 자기가 낳은 셈 치고 교육하라고 했습니다. 이 말도 중요합니다. 우리 교단에 소태산 대종사 당대부터 내려오는 은자녀-은부모법(은혜로 맺은 부모자녀 사이)은 이를 실현하는 법입니다.

타자녀교육의 조목 두 번째는, 국가나 사회에서도 교육기관을 널리 설치하여 적극적으로 교육을 실시하는 것입니다. 원불교의 큰 자랑거리 중 하나가 대안학교입니다. 공부를 멀리하고 싶어 하는 대상에게도 어떤 방법으로든지 교육환경을 조성해주어야 합니다. 국가

나 사회에서는 학생들이 본인에게 맞는 특성화 교육을 받을 수 있도록 제도적인 부분을 더 노력해야 합니다.

또 도덕교육이 제대로 기능을 하고 있는지도 생각해보아야 합니다. 실제로 우리가 살아가는 데는 과학교육이나 기능교육이 더 용이할지 모르지만, 그런 기능들을 어떻게 사용할 것인가는 결국 도덕성이 핵심입니다. 사회가 시끄럽고 위험한 이유는 도덕성에 멍이 들었기 때문입니다. 기술이나 과학이 우선시됨으로써 시끄러워지는 경우보다도, 도덕성에 멍이 들어서 시끄러워지는 경우가 더 많습니다. 행복하게 사는 방법은 결코 기술이나 과학 지식에 있지 않습니다. 어떤 한가지 측면만 강조하는 교육은 원만한 인간을 양성하는 교육이 아닙니다.

세 번째, 교단에서나 사회·국가·세계에서 타자녀교육의 조목을 실행하는 사람에게는 각각 그 공적을 따라 표창도 하고 대우도 해줘야 합니다. 이 조목은 다음에 공부하게 될 '공도자숭배(公道者崇拜)'와 연계됩니다. 표창과 대우에 대한 이야기를 타자녀교육의 조목에 먼저 꺼낸 것은, 한번 더 강조하기 위한 것으로 여겨집니다.

교육은 매우 중요합니다. 그런 교육이 세상에서 빠진다면 어떻게 되겠습니까? 가정에서 자손을 교육시키지 않으면 그 가정의 앞날이 어두워질 것이 뻔합니다. 그래서 부모들은 자녀 교육을 하지 않는다는 생각을 절대 하지 않습니다. 국가도 마찬가지여야 합니다. 국가의 구성원인 국가의 자녀들을 교육시키지 않으면 그 국가는 미래가 없습니다. 가정·사회·국가를 막론하고 교육이 이뤄지지 않거나 잘못 이뤄지면 앞날에 희망이 없습니다. 하지만 교육이 잘 이루어지면 지금은 비록 어려운 형편이더라도 희망이 생깁니다.

장학사업을 하거나 교육 관련 직종에서 일하는 사람들의 역할은 그래서 더욱 중요합니다. 학교에 학생이 있더라도 가르치는 사람이 잘못 가르친다면 교육 효과는 기대하기 어렵습니다. 그러므로 장학사업을 하거나 교육 관련 직종에서 일하는 사람들을 사회에서는 잘 예우하고 대우해야 합니다. 그들이 좋은 인재를 교육하는 일에 더욱 힘쓰도록 격려가 필요합니다.

인생을 살아가는 데 있어 반드시 걸어야 할 인생의 요도로 타자녀 교육을 잘 실행하는 것은 우리 모두의 책임이자 의무입니다.

공도자숭배
나는 지금 세상을 쓸고 있다

공도자 숭배의 강령

공도자(公道者)란, 개인의 이익을 위한 일보다는 대중을 위해 노력하는 사람을 말합니다.

소태산 대종사께서는 "사람이 철이 들고 세상에 대한 도리를 알게 되면, 공중을 위해 일하지 않을 수 없다."고 했습니다. 나와 내 주위에 있는 사람들, 범위를 더 넓혀 국민 또는 인류와의 모든 관계가 서로 떨어져서는 살 수 없는 '하나의 존재'입니다. 그런 이치를 모를 때는 내가 남과는 별개로 존재하며 나의 힘만 가지고 사는 줄 알거나, 다른 사람의 도움을 받았더라도 각각 분리된 삶이라고 여깁니다. 하지만 세상이 하나로 맺어져 있다는 것을, 요즘의 우리는 누가 설명하지 않아도 과학과 인지의 발달에 따라 체험하고 있습니다. 세계 도처에서 일어나는 여러 일이 '남 일'이 아님을, 서로 긴밀하게 영향을 끼치고 있음을 우리는 압니다. 그러므로 모두가 잘 살아야 내가 잘 사는 것이 됩니다.

A와 B라는 집단에 각각 열 명의 구성원이 있습니다. A집단의 구성원들은 자기의 이익을 위해 노력하는 사람들이고, B집단의 구성원들은 전체의 이익을 위해 노력하는 사람들입니다. 이 두 그룹에 속한 사람들 중 누가 더 빨리 잘 살게 될까요? A집단 구성원들은 각자가 잘 살기 위해 노력하다 보니 자칫 남은 못살게 하는 결과를 가져옵니다. 그러나 B집단 구성원들은 남이 잘 살도록 도우면서 서로 노력하기 때문에 결과적으로 모두가 잘 사는 결과를 가져옵니다.

이 세상이 좋아지려면 단체나, 사회나, 나라를 위하는 공도자가 많이 나와야 합니다. 소속 단체를 위해 일하는 사람이 많으면 많을수록 그 단체는 발전하고, 자신의 국가를 위해 일하는 사람이 많으면 많을수록 전 국민이 잘 사는 길이 열립니다.

소태산 대종사께서 초창기 우리 교단을 운영하며 많이 강조한 것이 공변될 공(公) 자를 사용하는 '공심·공의·공사' 등의 표현입니다. 어떤 일 하나라도 모두 공적으로 상의하여 추진하게 했고, 심지어 "대중을 위하는 일을 하면서도 자기 욕심으로 하면 공사도 사사가 되고, 개인의 일이라도 공중에 이익되게 처리하면 사사도 공사가 된다."고 했습니다. 공중을 위한 일이든, 개인을 위한 일이든, 모든 일에 있어서 '공(公)'을 본의로 해나가는 것이 중요하다는 뜻입니다.

공도자를 숭배하라는 이유는 사람들이 공도자를 극진히 잘 모시면 자연히 공도를 위해 힘쓰는 사람들이 많이 나오기 때문입니다. 하지만 공도자를 잘 숭배하여 또 다른 공도자가 많이 나오게 하는 것만큼, 나 자신도 세상을 위해 노력하는 공도자가 되어야 합니다.

공도자숭배의 강령에서 소태산 대종사는 공도자숭배를 하는 자세에 대해 '자녀가 부모에게 하는 도리로써 하라.'고 했습니다. 자녀가 부모 모시는 도리를 하듯, 우리 사회나 내 자신이 공도자 모시는 도리를 해야 한다는 것입니다. 원불교에서는 육일대재(6월 1일)와 명절대재(12월 1일)를 통해 많은 공도자를 공동으로 모시고 받드는 의식을 합니다. 또 각종 공부성적과 사업성적 등에 따라 교단의 공도자로 모시는 제도가 있습니다. 이러한 바탕에 모두 공도자숭배 정신이 스며있습니다.

과거 공도 사업의 결함 조목

과거 공도사업의 결함 조목으로, 먼저 생활의 강령이자 공익의 기초인 사·농·공·상에 대한 전문 교육과 시설 기관이 적었습니다. 우리가 세상을 살아가려면 사·농·공·상의 발전이 필요합니다. 그런데 과거에는 이에 대한 교육과 관련 기관이 적었고, 그러다 보니 자연히 대중에게 이익을 줄 수 있는 영역이 좁았습니다.

또, 종교의 교리나 제도가 대중적이지 못했습니다. 종교의 경전이나 관련 서적들이 모두 어려운 한문으로 되어 있어서 읽지 못하는 사람들이 많았습니다.

또는 종교의 제도가 일상생활에서는 실행하기 어렵게 되어있어서 생활을 버리고 산 속 깊은 곳에 들어가야만 가능하였으므로 대중적이지 못했습니다.

　네 번째로, 정부나 사회에서도 공도자에 대한 표창이 적었습니다. 단순히 표창이 적었을 뿐만 아니라, 공도를 위해 일하는 사람이 오히려 해를 입는 경우가 많았습니다.

　다섯 번째, 모든 교육이 자력을 얻지 못하고 타력을 벗어나지 못했습니다. 이 구절은 얼른 이해가 어렵습니다. 정산 종사께서는 '모든 교육이 자력을 얻지 못했다.'는 구절을 이렇게 설명했습니다. 당시 일반 사회에서는 정부의 강압이 심하여 대중이 자기의 정신이나 경륜을 펼 수 있는 자유가 없었습니다. 실학만 보더라도 그 학문의 정신을 실현하려다가 나라로부터 억압당하고 오히려 해를 입었습니다. 종교 역시 마찬가지였습니다. 스스로 힘을 개발하여 대중의 정신을 열어가게 하는 자력적인 교화가 이루어지지 못하고, 과거의 방법만을 고수했습니다. 가정에서도 운수나 미신 등에 익지하면서 자기 일을 스스로 개척하려는 정신이 부족했습니다. 여러 방면에서 그러다 보니 자력을 얻지 못하고 타력을 벗어나지 못하면서 자연히 공도사업에도 결함이 생겼던 것입니다.

　여섯 번째, 타인을 해하여서까지 자신을 유익하게 하려는 마음과 원근친소에 끌리는 마음이 심했습니다. 남을 해치는 것은 알고 보면 자신을 해치는 일입니다. 과거에는 그러한 원리를 몰랐으므로 다른 사람을 해하면서 나의 이익만 찾는 이기심이 팽배했습니다. 또, 원근친소에 끌려서 국한이 좁아짐에 따라 널리 대중을 위한 활동에 마음을 쓰지 못했습니다.

일곱 번째, 견문과 상식이 적었습니다. 보고 듣는 것이 적었고, 상식이 적으니 자연히 공도사업에도 결함이 생겼습니다.

마지막 여덟 번째, 가정에 헌신하여 가정적으로 숭배함을 받는 것과, 공도에 헌신하여 공중에게 숭배함을 받는 것이 무엇인지를 아는 사람이 적었습니다. 이 경우는 과거에만 그랬던 것이 아니고 지금도 유효합니다. 내가 가정 일을 잘 하면 가정에서 자손들이 그 선조를 잘 받듭니다. 또 공도라는 것은 국한 없이 너른 세계사업을 말하는 것이므로, 거기에 헌신하면 대중적으로도 공중의 숭배를 받습니다. 과거에는 이러한 이치를 아는 사람이 적었습니다. 가정 일을 잘하고 공중 일을 잘하는 것이 '나'와 어떠한 관계가 있는지를 몰랐던 것입니다. 지금 하는 일이 나에게 어떻게 돌아올지를 아는 사람은 철든 사람입니다. 그리고 철든 사람이라면 반드시 대중을 위해 일하지 않을 수 없습니다.

공도자 숭배의 조목

이러한 결함 조목들을 없애고 공도자숭배 정신을 크게 키워 고르게 잘 살 수 있는 사회를 만들기 위해서는 어떻게 해야 할까요?

그 첫 번째 조목에 '공도사업의 결함 조목이 없어지는 기회를 만난 우리'라는 표현이 있습니다. 이 표현은 두 가지 측면으로 살펴볼 수 있습니다. 하나는, 지금의 사회는 문화의 교류와 통신의 발달 등으로 정말 하나의 세상이 되어가고 있고, 자연히 그러한 세상을 사는 사람들의 정신이 사회적으로 넓어져가고 있다는 의미입니다. 또 다른 하나는, 공도정신을 알았으니 그 정신을 가지고 노력하면 과거의 여러 결함 조목을 없앨 수 있다는 뜻입니다. 외부적인 환경으로도, 내부적인 조건으로도, 우리에게 그러한 기회가 주어졌음을 명시하고 있습니다.

이러한 기회가 주어졌을 때 우리는 가정사업과 공도사업을 구분할 줄 알아야 합니다. 그러기 위해서는 가정사업의 결과와 공도사업의 결과가 어떤지를 알아야 합니다. 가정사업이라고 생각했던 일도 공도정신으로 하면 공도사업이 되고, 공도사업이라고 생각했던 일도 가정이나 자기 자신에게 국한된 정신으로 하면 가정사업 또는 자기사업에 그치고 맙니다.

국가의 경륜을 펼쳐가는 일을 국가사업이라고 합니다. 국가사업을 할 때 국가를 위하는 정신으로 그 일을 하면 국가사업이 되지만, 그 일을 하면서 자기의 이익을 취한다거나 자기에게만 유리하게 일을 하면 절대 국가사업이 되지 못합니다. '가정사업'과 '공도사업'은 겉으로 구분된 형태보다, 그 사업을 하는 사람의 '마음'에 따라 결이 달라집니다.

그래서 같은 사업이라면 자타의 국한을 벗어나 공도사업을 하자는 것입니다. 마당 한쪽을 쓸 때 '내 집 마당을 쓴다.'는 생각으로 하면 가정사업을 하는 사람이 되고, '이 세계의 한 귀퉁이를 쓸고 있다.'는 생각으로 하면 세계사업을 하는 사람이 됩니다. 같은 일이라면, 같은 사업이라면, 자타의 국한을 벗어난 공도정신으로 해야 공도사업이 됩니다.

누구에게나 하루는 24시간이 주어집니다. 그 시간 동안 나 자신을 위해 일하려 해도 노력이 필요하고, 대중을 위해 일하려 해도 노력이 필요합니다. 세상에 노력 없이 되는 일은 아무것도 없습니다. 이생에 몸을 가지고 나온 우리는 계속 노력을 하며 삽니다. 밥을 먹는 것도 숟가락을 드는 노력이 있어야 가능하지, 밥이 저절로 입안에 들어오지 않습니다. 노력하며 살아가는 가운데, 기왕이면 수확이 많이 나오는 일을 하는 것이 더 보람 있는 삶이 됩니다.

이자를 10% 주는 곳과 이자를 100% 주는 곳이 있다고 하면 사람들은 모두 이자 100%를 주는 곳에 돈을 맡기고 싶어 합니다. 마찬가지입니다. 똑같은 노력이 들어갔다 하더라도 가정사업에 들인 결과보다 공도사업에 들인 결과가 더 크게 돌아옵니다. 가정사업과 공도사업의 원리는 그렇습니다. 이생에 태어나 어차피 뭔가 일을 하고 산다면, 같은 일이라도 죄를 짓지 않으며 복을 짓는 것이 좋고, 같은 복이라도 작은 복보다는 큰 복을 짓는 것이 좋습니다. 그러면 나 자신은 물론이고, 사회 전체가 함께 좋아집니다. 그렇게 인지가 열릴수록 서로 공도사업에 합력하려 할 것입니다. 차츰 그런 세상이 되고 있습니다.

공도자를 숭배하는 두 번째 방법은 대중을 위해 공도에 헌신한 사람을 그 노력한 공적에 따라, 노쇠하면 봉양하고, 열반 후에는 그 분의 상주가 되어 상장[1]을 부담하고, 그 분의 역사와 영상을 보관하여 길이 기념하는 것입니다.

사람은 주변으로부터 보고 듣고 배우며 자랍니다. 우리가 공도자를 잘 받들면 그 모습을 본 사람은 '아 저렇게 하면 사람들에게 우대를 받는구나. 나도 저런 사람이 되고 싶다. 어떻게 저렇게 됐을까? 세상을 위해 노력했구나.' 하는 것을 깨닫습니다. 만약 세상을 위해 노력한 사람들은 숨어버리고 남을 속이거나 해한 사람들이 세상에 득세한다면, 보통의 사람들로서는 공도를 위해 노력하는 삶을 살고자 하는 마음을 내지 못할 것입니다.

소태산 대종사께서 공도자숭배의 정신을 조목으로 정리한 것은, '공도를 위해 노력한 사람들의 정신을 우리가 현향하고 받들면 자연히 그런 공도자들이 많이 나올 것이고, 그런 공도자가 많이 나와야 세상이 좋아질 것'이라는 확신 때문입니다. 세상의 공도자를 숭배함으로써 더 좋은 세상을 만들어가야겠습니다.

1) 상장(喪葬): 상례(喪禮)와 장례(葬禮)를 합해 칭하는 말. 상사(喪事)와 장사(葬事)에 관한 예절이라는 뜻이다. 상례는 상중(喪中)에 수반되는 모든 의례를 지칭하는 용어, 장례는 상례의 한 부분으로 시신을 처리하는 일을 가리킨다.

공부의 요도 ① 삼학(三學)
지혜롭게 사는 세 가지 공부법

한번 어디엔가 머무른 마음이 뿌리를 내리고 달라붙으면
나중에 그 마음을 옮기려 해도 옮길 수 없습니다.
그게 '착'입니다.

정신수양 1
두렷하고 고요한 마음

정신 수양의 요지

정신수양은 정밀할 정(精) 자, 싱그러울 신(神) 자, 닦을 수(修) 자, 기를 양(養) 자를 써서 정밀하고 싱그러운 어떤 것을 닦고 기르는 것을 뜻합니다.

'정신'이라는 단어를 일반 사회에서는 국민정신, 민족정신, 창업 정신, 건학정신 등 여러 가지로 사용합니다. 소태산 대종사께서 말한 정신은 '마음이 두렷하고 고요하여 분별성과 주착심이 없는 경지'입니다. 그러므로 삼학에서의 정신수양이란, 바로 마음이 두렷하고 고요하여 분별성과 주착심이 없는 경지를 닦고 기르는 것을 말합니다.

정신과 마음에는 차이가 있습니다. 보통 우리는 생각으로 나타나는 것을 '마음'이라고 합니다. '마음이 이렇다, 저렇다.' 할 때는 주로 나타나는 마음을 일컫습니다. 하지만 소태산 대종사께서 '마음수양'이라 하지 않고 '정신수양'이라 한 이유가 있습니다. 그렇게 생각으로 나타난 마음도 물론 닦아야 하는 것이지만, 그 마음이 나타나기 이전의 바탕, 즉 분별성과 주착심이 없는 경지[정신]를 다시 드러내는 것이 수양이기 때문입니다.

분별성과 주착심은 마음의 한 작용입니다. 마음을 큰 개념으로 보면 정신도 그 안에 들어가지만, 보통 우리들이 '마음'이라고 할 때는 사람의 생각이 나타나는 것을 표현하는 것으로 한정합니다. 이에 반해 '정신'은 나타나는 모든 마음의 바탕이 되는 터전입니다. '마음'은 사람마다 각각 다를 수 있지만, 분별성과 주착심이 없는 경지인 '정신'은 다르지 않고 똑같습니다.

정신수양에서 가장 중요한 것은 '정신'의 개념을 확실히 아는 것입니다. 이것을 알지 못한 채 정신수양을 하면 바르지 않은 방법에 빠지거나 엉뚱한 것을 구합니다. 신기한 이적이나 신통묘술을 원하는 것은 정신수양의 요체가 아닙니다.

정신이란 곧 분별성과 주착심이 없는 경지이고, 우리는 그 경지를 알고 그것을 길러야 합니다. 그런데 우리가 수양을 하다 보면 이 부분을 자주 놓칩니다. 그래서 정신수양의 표준을 잘못 잡기도 합니다. 소태산 대종사께서 '정신수양의 요지'를 통해 밝혀준 내용은 매우 간이하지만, 새기고 새길수록 더 이상 수양의 표준을 정확히 표현할 수 없다고 여겨집니다.

정신의 바탕에 힘을 잘 갖춘 사람은 마음의 안정을 얻기가 쉽습니다. 그러나 정신이라는 바탕은 똑같이 가졌더라도 그 정신에 힘이 없거나 흐리면 마음의 안정을 얻지 못합니다. 대산 종사께서는 정신과 마음의 관계에 대해 '마음의 아버지는 정신이고, 정신의 아버지는 성품'이라고 했습니다.

정산 종사께서는 성품은 마음의 가장 근본이 되는 자리이고, 그 근본 자리에서 영령한 한 기운이 나타나는 것은 정신이며, 거기에서 구체적으로 어떤 생각이 움직여서 나오는 것이 마음, 그리고 그 마음이 어떤 의지를 가지고 실질적인 행위로 나타나려고 하는 것이 뜻이라고 했습니다. 뜻과 마음과 정신과 성품의 관계를 설명한 법문입니다.

이어서, 정신수양의 요지에 등장하는 분별성에 대해 살펴보겠습니다. 분별은, 생각을 내서 무엇을 나누어 판별하는 것을 말합니다. 쉬운 이해를 위해 '생각'과 '분별'을 거의 동일하게 여겨도 큰 착오가 없습니다. 다만 여기에서 중요한 부분이 있습니다. 그건 바로 분별'심'이 아니라 분별'성'이라고 표현된 부분입니다. 여기에서의 '성'은 성질이라고 할 때의 성(性) 자입니다. 그런데 자세히 살펴보면, 분별성의 뒤에 이어지는 주착에는 마음 심(心)자를 써서 주착'심'이라고 했습니다. 소태산 대종사께서 두 개의 표현을 다르게 쓴 이유가 있습니다.

'분별성'은 분별하는 성질을 이야기하는 것이라고 이해하면 쉽습니다. 분별하는 마음을 내고 있는 상태, 그것이 분별성입니다. 우리 마음은 한 순간도 쉬지 않고 움직입니다. 내 의지와 관계없이 여러 마음이 수시로 들락날락합니다. 이 마음이 났다가 저 마음이 나는 그것이 분별성입니다. 내가 분별을 하지 않으려 해도 분별은 늘 일어나고 있습니다. 늘 일어나고 있는 그 자체가 '분별하는 성질', 즉 분별'성'입니다. 그러나 우리의 본래 정신이 그러한 분별을 내는 것은 아닙니다. '정신'은 애초 분별성이 없는 경지이지만, 다만 습관력에 의해 분별성을 낼 뿐입니다.

다음으로 '주착심'입니다. 마음은 경계에 응하여 나타납니다. 거울 앞에 어떤 물건이 있으면 거울에 그 물건의 모습이 비칩니다. 물건을 치우면 거울에 비친 상도 사라집니다. 물건을 치웠는데도 그 상이 사라지지 않고 잔상으로 남아있는 것을 주(住)라고 합니다. 주는 마음이 거기에 계속 머물러있는 것을 말합니다. 경계에 응하여 어떤 마음이 난 것은 당연한 작용입니다. 하지만 그 경계가 없어졌는데도 잔상이 계속 남아있으면 그건 마음이 거기에 '주'한 것입니다. 소풍을 가서 재미있게 놀았어도, 다녀오면 소풍은 끝난 것입니다. 재미있게 놀았던 그 기억에 마음이 머물러있으면 다른 일이나 일상에 방해가 됩니다.

착(着)은 머무른 정도가 집착이 되어 버린 것을 말합니다. 마음이 잠깐 머무는 것은 누구나 그럴 수 있고, 그때는 마음을 다시 이쪽으로 옮기려면 옮길 수 있습니다. 잠시 머무른 마음 정도는 그렇습니다. 하지만 한번 어디엔가 머무른 마음이 뿌리를 내리고 달라붙으면 나중에 그 마음을 옮기려 해도 옮길 수 없습니다. 그게 '착'입니다.

누군가를 미워하는 마음, 좋아하는 마음, 싫어하는 마음이 나서 분별을 일으켰다고 가정해봅시다. 그렇게 일어난 분별에 마음이 머물러서 '저 사람은 미운 사람이다.', '저 사람은 착한 사람이다.' 하는 등의 관념으로 완전 굳어버리면 원착·애착·탐착이 됩니다. 착이 되면 내가 그 사람을 미워하지 않으려 해도 마음이 쉽게 변하지 못합니다.

마음에 착이 있다는 것을 비유하여 말하면, 항구를 떠나야 할 배가 닻줄을 육지에 그대로 감아놓은 것과 같습니다. 감아놓은 닻줄 때문에 아무리 떠나려 해도 떠나지 못합니다. 닻줄을 놓아야 떠날 수 있습니다. 하늘로 날아가야 하는 새에게 무거운 쇳덩이를 달아놓은 것에도 비유할 수 있겠습니다.

사실 분별성과 주착심은 모두 허상입니다. 하지만 실체 없는 그 두 가지가 늘 우리의 마음 세계를 시끄럽게 하고, 정신을 빼앗아갑니다. 분별성은 '그러고 있는 상태'입니다. 바다에 파도가 쉬지 않고 치는 것 같이, 내 마음이 늘 요동치고 천만 가지 생각이 오르락내리락하는 그것이 분별성입니다. 그런 상태는 힘이 없으므로, 어떤 마음을 내면 그 마음이 경계에 쉽게 달라붙어 '주'하거나 '착'하게 됩니다. 이러한 분별성과 주착심이 없는 경지가 바로 '정신'입니다.

정신수양은 그러한 '정신'을 기르는 일입니다. 밖으로는 산란한 경계가, 안으로는 분별성과 주착심이 '정신'을 흐트러지게 합니다. 그것을 없애기 위해 먼저 좌선과 염불 등으로 고요한 시간에 모든 외부 경계를 놓고 전문적으로 일심공부를 하게 합니다. 정신을 수양하는 전문 공부로 분별성과 주착심이 없는 경지를 맛보아야 합니다. 그러한 힘이 있어야 나의 정신을 빼앗아가거나 분별을 일으키며 주착하게 만드는 경계를 당했을 때 제대로 대응할 수 있습니다. 소태산 대종사께서는 정신수양을 '일심공부'라고도 표현했습니다.

그럼 어떻게 해야 '정신'의 상태를 빨리 찾아올 수 있으며, 정신을 잘 유지할 수 있는 힘을 기를 수 있을까요? 여러 수행자들은 많은 세월에 걸쳐 일심 얻는 다양한 방법을 제시했습니다. 소태산 대종사께서는 온전한 정신을 기르는 데 가장 유효한 방법으로 '단전주선'을 밝혔습니다. 단전주선을 하면 우리가 찾고자 하는 '정신'을 잘 함양할 수 있을 뿐만 아니라, 몸 건강에도 좋습니다. 단전주선에 대해서는 나중에 나올 좌선법 장에서 자세히 살필 예정입니다.

'분별성'에 대한 설명을 더 이어가겠습니다. '우리의 본래 성품을 참 진(眞) 자, 성품 성(性) 자를 써서 '진성'이라고 한다면, 진성과 분별성은 무엇이 어떻게 다른 것인가?'라는 의문을 20여 년 동안 가지고 있었습니다. 그러다가 표준이 생기기를, 분별성은 말 그대로 '분별하고 있는 그것'임을 알았습니다. 우리의 마음이 가라앉아 일심이 되면 모든 분별이 쉬고 고요해집니다. 단전에 일심을 모으게 하는 이유는 단전을 바라보는 한 가지 마음 외의 모든 마음을 쉬도록 하려는 것입니다. 그렇게 마음이 쉬면, 분별을 일으키지 않습니다. 분별성이 잠든 그 상태가 진성입니다.

요란하지 않은 가운데 능히 분별을 내는 것은 분별성이라고 하지 않습니다. 이를 조금 어렵게 표현하면 '분별을 하면서도 분별에 떨어지지 않는다.' 또는 '분별을 하되 분별이 아니다.'라고 합니다. 분별'성'으로 나타나는 분별은 망념입니다. 하지만 고요해짐으로써 더 이상 분별성이 아닌 마음으로 들고 나는 것은 분별이 일어나도 거기에 주하거나 착하지 않습니다. 마음의 바탕 자리는 원래 동하지 않으므로 경계가 지나가면 이내 고요해집니다. 하지만 그 바탕이 본래 출렁거리는 상황에서는 다른 방향으로 마음을 돌려도 여전히 출렁거립니다.

여래자리를 어렵게 생각하면 한정 없이 어렵지만, 쉽게 생각하면 '정신' 자리가 곧 여래자리이자 부처님 자리입니다. 부처님들은 '정신'을 늘 가지고 살아갑니다. 이 일도 그 정신에서, 저 일도 그 정신에서, 이 사람을 대할 때도 저 사람을 대할 때도 그 정신에 바탕한 마음을 꺼내씁니다. '정신'에서 한발 떨어져서 분별성과 주착심으로 살면 중생이고, 정신의 본래로 돌아가면 부처입니다.

정신수양의 극명하고 간단한 표준을 '분별성과 주착심' 두 글자로 이해하면 좋습니다. 분별성과 주착심이 없는 자리가 곧 두렷하고 고요한 자리입니다. 주착심이 없으면 두렷해지고 분별성이 없으면 고요해집니다. 소태산 대종사께서는 그 표현을 정확히 담았습니다.

안으로는 어딘가에 주착된 마음을 씻어내는 것이 수양입니다. 주착심을 씻어내는 것은 결코 쉽지 않습니다. 나에게 소중한 것을 놓는 일이 매우 힘든 것과 마찬가지입니다. 어디엔가 한번 주착된 마음은 마치 생명처럼 느껴져서 그것을 놓는 순간 죽는다고 생각합니다. 그런데 생명과도 같다고 생각하는 그것은 사실 허수아비 같은 허상입니다. 주착심을 놓으면 죽을 것 같다고 말하지만, 오히려 주착심을 잡고 있음으로 인해 죽음에 가까워질 수 있습니다. 그래서 견성(見性)을 해야 합니다.

"견성을 하면 수양의 힘이 바로 증장된다."고 했습니다. 즉, 견성을 하면 주착된 마음을 놓기가 훨씬 수월합니다. 견성을 하면 마음이 어딘가에 살짝 주착되더라도 한 생각을 돌리면 쉽게 돌아옵니다.

밖으로는 산란하게 하는 경계에 끌리지 않는 것이 수양입니다. 사람마다 마음을 쉽게 빼앗기는 경계거리가 존재합니다. 좋은 옷, 좋은 집, 명예, 높은 자리는 물론이고, 술을 좋아하는 사람의 경우에는 술 경계가 마음을 쉽게 빼앗습니다. 그것으로 인해 마음이 뽑혀 나가 주착됩니다. 경계에 마음이 끌리지 않도록 잘 관리해야 합니다.

일이 있을 때나 없을 때나, 안과 밖으로 두렷하고 고요한 마음을 지키기 위해 노력하면 두렷하고 고요한 '정신'이 양성됩니다. 정산 종사께서는 '수기망념 양기진성(修其妄念 養其眞性)'이라고 했습니다. 마음속에 일어나는 망녕된 생각을 닦아 없앰으로써 참된 성품을 잘 기르라는 뜻입니다. 이것이 정신수양의 요지에 담긴 핵심이자 우리 정신수양의 요체입니다.

한 가지를 덧붙이면, '정신'과 '마음'을 분류하여 설명하긴 했으나 이것이 '정신과 마음은 따로 있다.'는 뜻은 절대 아닙니다. 다만 그 경지를 표현하기 위해 분류했을 뿐입니다. 분별성과 주착심은 마음이 요란한 상태를, 정신은 그 마음이 가라앉은 상태를 말합니다. 두 가지가 다른 것 같지만 실은 하나의 마음입니다.

바다는 파도가 잦아들면 고요해지고, 파도가 치면 출렁입니다. 우리에게는 이미 진성이 갖추어져 있습니다. 우리의 마음공부는 이러한 사실에 대한 믿음에서 출발합니다.

정신수양 2
욕심 조절하기

정신 수양의 목적

정신수양의 요지에서 '정신수양은 두렷하고 고요한 정신을 양성하는 것'이라고 했습니다. 수양의 수(修)는 닦는다는 의미인데, 내 마음을 두렷하고 고요하지 못하게 하는 것들을 닦아낸다는 뜻입니다. 양(養)은 기른다는 뜻으로, 사실 닦아내고 기르는 것은 서로 다른 작업이 아닙니다. 닦아내면 그 자체로 두렷하고 고요한 우리의 정신 바탕이 길러지고, 그러한 정신 바탕이 잘 길러지면 따로 닦아낼 것 없는 깨끗한 상태가 유지되기 때문입니다.

'정신수양을 왜 해야 하는가.'에 대한 답을 소태산 대종사께서는 정신수양의 목적에서 밝히고 있습니다. 정신수양이 특수하거나 수도에 뜻을 둔 사람만 하는 일인지, 아니면 모든 사람에게 필요한 것인지, 또 우리는 왜 수행을 해야 하며 수양을 하지 않으면 어떻게 되는지 등에 대한 답이 정신수양의 목적에 들어있습니다.

결론적으로 말하면 정신수양은 '자주력을 양성하기 위해' 합니다. 자주력은 스스로 자(自) 자, 주인 주(主) 자를 써서 '스스로 주인이 되는 힘'을 말합니다. 여러 가지로 일어나는 마음들 가운데 '내가 이 마음은 없애야겠다.' 하면 그 마음이 바로 없어지게 하고, 또 '이 마음은 내야겠다.' 하면 그 마음이 바로 나타나게 하고, '이 마음은 바꿔야겠다.' 하면 그 마음이 다른 마음으로 바뀌게 할 수 있으면 자주력을 가진 사람입니다. 자주력이 있으면 뜻대로 마음을 조절할 수 있습니다. 하지만 살다 보면 분명 내 마음인데도 내 마음대로 하지 못하는 경우가 생깁니다.

불가에서는 마음 길들이는 과정을 소 길들이는 것에 비유합니다. 소를 끄는 사람이 마음대로 소를 끄는 것인지, 아니면 소가 자기 마음대로 사람을 끌고 다니는 것인지를 목우(牧牛)에 비유하여 마음의 조절 정도를 설명합니다.

우리가 정신수양을 하는 이유는 내 마음을 내 뜻대로 쓸 수 있는 힘, 즉 자주력을 얻기 위해서입니다. 정신을 잘 닦고 길러서 두렷하고 고요한 마음 바탕이 잘 양성되었을 때 내 마음을 마음대로 하는 힘을 갖게 됩니다. 자주력은 왜 필요할까요? 이에 대한 해답으로 소태산 대종사께서는 '욕심을 조절하기 위한 것'이라고 했습니다.

사람들이 잘살고 못사는 원인은 여러 가지입니다. 하지만 괴롭고 힘든 것은 모든 사람이 다 싫어하고, 편안하고 즐거운 것은 모든 사람이 다 좋아합니다. 물론 실제 사는 모습은 모두 원하는 대로 이뤄지지 않습니다. 괴로움을 싫어하더라도 괴로움에 빠져 살고, 특별히 즐거움을 구하지 않지만 편안하고 즐겁게 살기도 합니다. 그 사는 모습의 모든 요인을 추적해보면 가장 근원적 뿌리는 '사람의 욕심'입니다.

욕심이란 무엇일까요? 소태산 대종사께서는 '욕심은 저절로 있는 것'이라고 했습니다. 사람만이 아니고, 모든 유정물(有情物, 사람이나 동물과 같이 감각이 있는 존재)에게는 배우지 않아도 근본적으로 알아지는 것과 하고자 하는 욕심이 있습니다. 이를 철학적으로는 '생(生)의 의지'라고 표현합니다. 모든 유정물은 누가 가르쳐주지 않아도 스스로 욕심을 갖습니다. 특히 사람은 보고 듣고 배우는 가운데 얻는 지혜와 지식이 다른 동물의 몇 배 이상입니다. 아무것도 모르는 갓난아기라도 손에 무언가를 쥐면 놓지 않으려고 합니다. 사람은 무엇을 취하고자 하는 마음, 이루고자 하는 마음, 뭔가를 해보고자 하는 마음 역시 다른 동물의 몇 배 이상입니다. 아기 때 욕심, 세 살 때 욕심, 열 살 때 욕심, 스무 살 때 욕심… 성장하며 알게 되는 것이 많아질수록 하고자 하는 것도 많아집니다. 그렇게 욕심은 한도 끝도 없이 커집니다.

그렇게 계속 커지는 욕심대로 모두 취할 수 있다면 행복할 것입니다. 하지만 실제 생활에서는 욕심껏 다 가질 수 없습니다. 한 가정의 부부나 부모·자녀 사이라도 하고 싶은 것에 대한 생각과 마음이 각각 존재합니다. 그렇다고 하여 서로가 하고 싶은 대로 하면서 살지 않습니다. 욕심껏 살 수 없는 것은 만고의 진리입니다. 하지만 욕심은 저절로 생겨나는 것이라서, 그대로 놓아두면 여름에 넝쿨이 무성히 뻗어나가듯 한도 끝도 없이 커집니다. 그러다 욕심 덩어리에 푹 뒤덮여버립니다.

이처럼 현실적으로도 욕심은 모두 이룰 수 없지만, 이치적으로도 욕심을 모두 취하는 것이 불가능한 것은 이유가 있습니다. 바로 인과법 때문입니다. 인과로 보면 내가 공들인 만큼 취하는 것이 당연한 이치입니다. 대체로 욕심은 정당한 노력의 결실보다 더 많은 것을 얻고자 하는 것을 말합니다. 공부는 한 시간 밖에 하지 않았으면서 1등을 하고 싶어 하는 모습이 욕심의 쉬운 예입니다. 현실적으로도 진리적으로도 이뤄질 수 없는 것이 바로 '욕심'입니다.

그런데 보통의 사람들은 욕심을 제어하지 못하여 괴로워합니다. 구불득고(求不得苦), 즉 구하려고 하지만 구하지 못하는 괴로움 속에서 살아갑니다. 정신수양이 목저에서 소페산 대중시께시는 이러한 모습을 '아는 것과 하고자 하는 것을 취하자면 예의염치와 공정한 법칙은 생각할 여유도 없이 한다.'고 표현했습니다. 내 몫을 얻어내기 위해서라면 염치 불고하고 공정한 법칙까지 무시해버리는 사례를 우리는 종종 접합니다. 남을 끌어내려야 나의 자리가 생긴다고 생각하는 사람에게는 예의염치나 공정한 법칙을 생각할 겨를이 없습니다.

또 자기에게 있는 권리·기능·무력 등 모든 수단을 다 동원하여 욕심을 채우려다 보니 무리를 합니다. 하나로 안 되면 둘로 밀어붙이기도 합니다. 이는 마치 도박에 빠진 사람이 자신도 모르는 사이에 전 재산을 날려버리는 것과 같습니다. 그러다 결국 가정도 망하고 자기 몸도 망칩니다. 욕심을 채우려는데 채울 수 없으니 고민은 또 얼마나 많겠습니까. 그렇게 초조해 하며 마음을 늘 태우고 살다가 안 되면 자포자기해버리고, 세상이 싫어졌다는 이유로 심지어 목숨을 끊기도 합니다. 커지는 욕심을 그대로 두면 그렇게 됩니다.

욕심은 본래 좋은 것도 나쁜 것도 아닙니다. 다만 욕심을 제어하거나 조절하여 도에 맞게 사용할 힘이 없는 상태로 욕심에 맡겨진 인생을 사는 것이 문제입니다. 길들여지지 않은 소는 주인을 가시밭길로 끌고 들어가거나 물웅덩이에 빠지게 합니다. 그렇게 계속 상처를 입히다가 혹 절벽을 향해 가면 죽을 위기를 당할 수가 있습니다. 욕심은 눈도 귀도 없지만, 사람을 어디로 가는지 모르게 끌고 갑니다. 그러므로 정신수양은 수도인 뿐만 아니라 모든 사람에게 필요합니다.

사람으로 태어나면 욕심을 가지고 살게 되는 것이 당연합니다. 하지만 그 욕심을 잘 제어해야 복된 생활을 할 수 있습니다. 욕심을 제어하기 위해서라도 수양이 필요합니다. 수양을 통해 자주력을 기르면 욕심을 제어할 수 있습니다. 대산 종사께서는 "욕심을 절제할 줄도 알아야 되고, 조절할 줄도 알아야 되고, 도에 맞게 그 욕심을 쓸 줄도 알아야 되고, 어느 경지에 가서는 금욕할 줄도 알아야 된다."는 법문으로, 네 가지 욕심 조절하는 방법을 밝혔습니다.

성현과 성자들의 가르침이 없으면 우리의 인생은 목적지 없이 방황하는 삶이 됩니다. 원불교 초기 교서에서 소태산 대종사께서는 "인생의 목적은 수양에 있다."고 했습니다. 살면서 돈도 벌고 여러 가지 일을 하며 살지만, 사람으로서 잘 살기 위해 가장 먼저 할 일은 '수양'입니다.

소태산 대종사께서 밝힌 수양법은, 모든 일을 불고하거나 주위 인연을 뿌리치고 산속에서 한가히 앉아 마음을 길들이는 수양법이 아닙니다. 모든 사람이 일상을 살아가는 가운데 '정신'을 양성하여 자주력을 얻을 수 있게 법을 펼쳤습니다. 그러므로 "일이 많아서, 결혼을 해서, 가족이 많아서 수양을 못한다."는 것은 핑계입니다.

수양을 하여 자주력이 많아질수록 천국·극락·무릉도원에 가까워집니다. 천국과 극락은 어디 따로 존재하지 않습니다. 내 마음의 두렷하고 고요한 그 자리가 곧 천국과 극락입니다.

정신 수양의 결과

소태산 대종사께서는 정신수양을 계속하면 어떤 결과가 오는지에 대해서도 자세히 밝혔습니다.

정신수양의 결과에서 첫 구절은 '정신을 수양하는 공부를 오래오래 계속하면'입니다. '어느 정도 하면'이 아니고 '오래오래 계속하면'

이라고 한 부분에 주목해야 합니다. 내가 공들인 만큼 이뤄지는 것이 세상의 이치입니다. 공을 조금 들이고 뭔가를 얻었다고 하면 이는 정당한 도가 아닙니다. 매일매일 들여다봐도 크는 모습이 보이지 않는 소나무 한 그루도 일 년, 이 년, 십 년, 이십 년이 지나면서 낙락장송이 됩니다. 우리 마음공부도 그렇습니다. 크는 듯 안 크는 듯 하지만 꾸준히 정성과 공을 들이면 어느 틈에 큰 마음이 되고 큰 힘을 갖춥니다.

대산 종사께서는 "수양을 계속 하다 보면 고요하고 두렷함이 차지하고 있는 듯, 보일 때가 온다. 하지만 어느 정도 자주력이 생겼음에도 욕심경계를 당하여 욕심이 먼저 발현되는 것은 얇은 얼음 같은 수양력이다. 거기에 계속 공을 들이다보면 강의 두꺼운 얼음 같은 수양력이 생길 때가 있다. 하지만 이것도 작은 경계에서는 버티지만 큰 경계에서는 깨진다. 그렇게 점점 쌓여가며 어느 경계에도 흔들리지 않는 산과 같은 수양력이 된다."고 했습니다.

성현들만 그런 수양력을 이룰 수 있고 우리는 그러한 수양력을 얻을 수 없는 것이 아닙니다. 누구라도 정신수양 공부를 오래오래 계속하면 반드시 산(山)과 같은 단단한 수양력을 얻습니다. 단단한 수양력을 얻으면 마음의 자주력이 생기고, 생사를 자유할 수 있는 힘이 나오고, 능히 내 힘으로 자아를 운전할 수 있게 됩니다.

자주력을 얻는 것은 내 마음을 내 마음대로 사용하여 해탈을 얻는 것입니다. 자주력을 얻은 그 자리가 바로 정토극락입니다.

사리연구 1
대소유무 시비이해를 분석하다

사리 연구의 요지

사리연구는 일(事)과 이치(理)를 연마하고 궁구하는 공부입니다. '이치'는 내가 몸담고 있는 세상이 이루어져 있는 원리를 뜻하고, '일'은 세상 속에서 우리가 지어나가는 모든 것을 뜻합니다. 하늘과 땅, 그리고 만물은 사람이 살아가는 바탕입니다. 그 바탕에는 각각 무언가의 질서가 있습니다. 세상은 우리가 알든 모르든 정확한 질서 속에서 운행됩니다. 하지만 우리는 그 질서에 맞게 살기도 하고, 질서에 맞지 않게 살기도 합니다.

가령 컴퓨터 사용을 예로 들어보겠습니다. 컴퓨터에는 고유의 작동 원리가 있습니다. 그 원리를 알아 잘 쓰면 바른 결과를 얻지만, 아무리 성능이 좋은 컴퓨터라도 쓰는 사람이 원리를 모르고 사용하면 바라는 결과를 얻을 수 없습니다. 원리와 이치는 내가 살고 있는 세상이 이루어진 어떤 법칙을 말합니다. 일 역시 그 안에서 이루어지기에, 이치에 맞는 심신동작이 이루어지고 이루어지지 않음에 따라 옳고 그름이 달라집니다. 그리고 그에 따라 이로움과 해로움이 나타납니다. 소태산 대종사께서 '사리'라고 간단하게 표현한 두 글자에는 '사람이 세상에서 몸을 받고 살아가는 모든 것은 결국 일과 이치 가운데 있다.'는 의미가 담겨있습니다.

　세상에 일과 이치를 벗어나 사는 사람은 단 한 명도 없습니다. 일과 이치 가운데 살다가 죽고, 윤회하는 진리로 보면 죽었다고 하여 모든 것이 끝나는 것도 아닙니다. 새 몸을 받아 다시 일과 이치 속에서 살아갑니다. 살아서나 한 생을 마감해서나 일과 이치를 떠나서는 살 수 없습니다.

　떨어져서는 살 수 없는 일과 이치의 원리를 내가 알고 움직이는 것과 모르고 움직이는 것에는 큰 차이가 있습니다. 길을 걸을 때 눈을 뜨고 걷는 것과 눈을 감고 걷는 것의 차이를 생각하면 쉽게 이해됩니다. 눈을 감았다고 하여 있던 길이 없어지지 않고, 눈을 떴다고 하여 없던 길이 새로 생기지 않습니다. 하지만 눈을 감고 길을 걸어가면 낭떠러지를 피할 수 없고, 돌부리에 걸리면 넘어지기 쉽습니다. 눈을 뜨고 걸어야 길을 확실히 알아 바르고 안전하게 갈 수 있습니다. '연구'는 일과 이치에 지혜의 눈을 뜨는 것을 말합니다.

　사람의 인생에 있어, 앞서 살펴본 정신수양도 없어서는 살 수 없지만, 그렇다고 하여 정신수양만으로 모든 것을 이룰 수는 없습니다.

사리연구로 지혜의 눈을 뜨지 못하면 허망한 삶이 됩니다. 서울을 가려고 땀을 뻘뻘 흘리며 길을 걸었는데 길을 제대로 알지 못하여 부산으로 향하는 길을 걷고 있었다면, 애쓴 것이 얼마나 허망하겠습니까.

과거의 종교가에서는 우리가 몸담고 있는 우주의 원리를 깨닫는 '이치(理)'만을 강조했습니다. 불교에서는 그 이치를 깨닫는 것을 '견성'이라고 하여, 견성 위주의 안내를 주로 했습니다. 그러나 소태산 대종사께서는 우주의 원리(理)는 물론이고, "앞으로의 시대는 영육쌍전(靈肉雙全)하는 시대이므로 정신적인 면과 육신의 생활이 함께 아울러 온전하게 가야 한다. 따라서 수도인도 이치만 알아서는 안 되고 일도 함께 알아야 한다."고 했습니다. '사리연구'라는 표현에는 일과 이치의 지혜를 함께 닦도록 하는 뜻이 들어있습니다.

그럼, 여기에서 '일'은 무엇일까요?

소태산 대종사께서는 사리연구의 요지에서 '사(事)라 함은 인간의 시비이해를 이름'이라고 했습니다. 세상일에는 천만 가지 종류가 있습니다. 그렇다고 그 일에 대한 모든 기능을 다 익혀야 하는 것은 아닙니다. 자동차 만드는 법, 기차 만드는 법을 모두 아는 것이 진정한 의미의 일에 대한 공부를 말하는 것이 아닙니다. 물론 그것도 일에 대한 공부의 일부이긴 하지만, 사리연구에서 이야기하는 '일에 대한 공부'는 천만 가지 모든 일들을 작용해나갈 때 우주의 원리에 맞는지 맞지 않는지를 알아가는 것을 말합니다. 우주의 원리에 맞으면 나에게 복된 일이 될 것이고, 우주의 원리에 부합되지 않으면 나에게 해로운 일이 될 것입니다. 이를 시비이해라고 합니다. 시비는 옳을 시(是) 자, 그를 비(非) 자를 씁니다. 원리에 부합된 심신동작이라야 옳은 것이라 할 수 있고, 원리에 부합하지 않은 심신동작은 그른 것이 됩니다. 서울 가는 길을 바르게 알고 가는 것은 '시'이고, 길을 가고는 있지만 그 길이 부산으로 향하고 있으면 '비'입니다.

'이해'란 무엇일까요? 맞는 길을 갔다면 결국 나의 목적을 이뤄서 좋은 일이 올 것(利, 이로움)이고, 맞지 않는 길을 갔다면 나에게 좋지 않은 결과(害, 해로움)를 가져올 것입니다. 여기에서 이로움과 해로움에 대한 이해를 잘 해야 합니다. 사실 현실에서는 내가 누군가를 속여서 물질적인 것을 더 얻거나 폭리를 취하여 돈을 벌면 그것을 이롭다고 생각합니다. 보통의 사람들은 주로 현실적인 이로움과 해로움으로 판단하기 때문입니다. 그러나 인과의 이치로 생각하면, 내가 그릇된 방법으로 가져온 것은 영원히 내 것이 되지 않을뿐더러 빼앗길 때 몇 배의 대가를 더 치르고 빼앗깁니다. 한때는 이로운 듯 했던 것이 실제로는 엄청난 손해를 가져오는 것입니다. 이로움과 해로움의 이치를 제대로 알아야 참다운 이(이로움)와 해(해로움)를 판단할 수 있습니다.

소태산 대종사께서 사리연구로 시비이해 공부를 해나가라고 한 것은, 현실적인 시비이해를 벗어나서 우주의 원리에 바탕한 참다운 시와 비, 즉 참답게 이로운 것과 해로운 것이 무엇인지를 알라는 것입니다. 우리가 이롭고 옳다고 생각하는 것에 한정되지 말고, 어떤 일을 당했을 때 진리에 바탕한 시비이해를 연마해보라는 것입니다. 우리는 사실 모든 일을 다 알 수 없고, 앞으로 닥칠 일에 대해서도 가늠할 수 없습니다. 이치에 대한 공부만큼 일의 시비이해에 대한 공부 역시 한도 끝도 없이 해야 합니다.

또 이(理)라 함은 곧 천조의 대소유무를 이름이라고 했습니다. 천조는 하늘 천(天) 자, 지을 조(造) 자를 씁니다. 하늘이 지은 대소유무가 곧 이치라는 뜻입니다. 하늘은 형상 없는 것을 상징합니다. 형상 없는 어떤 이치가 있어서 이 우주가 창조되고 건설되었습니다. 우주가 이루어진 원리는 소태산 대종사께서 새롭게 지어낸 것이 아닙니다. 마음이 열리기 전에도 후에도 그 하늘과 그 땅이었습니다. 하지만 마음이 열리기 전에는 형상으로 나타난 하늘과 땅만을 보았고, 마음이 열린 후에는 하늘과 땅이 움직이는 원리를 환히 보게 되었습니다. 이를 소태산 대종사께서는 대·소·유무 세 가지로 설명했습니다.

'이치'는 해가 뜨고 지는 이치, 땅이 돌아가는 이치, 꽃이 피는 이치, 물고기가 헤엄치는 이치 등 천만 가지로 다양합니다. 이치에는 도대체 무엇이 들어 있기에 이토록 다양한 모습으로 나타나게 할까요? 그 근본이 되는 이치의 내용이 바로 큰 대(大) 자, 작을 소(小) 자, 있을 유(有) 자, 없을 무(無) 자를 쓰는 대·소·유무입니다. 큰 이치, 작은 이치, 있고 없는 이치라는 뜻입니다. 이 세 가지 이치는 각각 따로 존재하지 않고, 세 가지 원리로 동시에 존재합니다.

대(大)는 우주 만유의 본체를 말합니다. 우리는 하늘과 땅, 그리고 이 세상에 함께 살아가는 모든 존재의 본래의 몸을 알아야 합니다. 현실적으로 볼 땐 식물, 동물, 광물, 사람 등 모든 존재가 각양각색의 모습으로 별개 존재인 것처럼 보입니다. 실제로 사는 모습도 모두 다릅니다. 땅 속에 살기도 하고, 하늘 위에 살기도 하고, 물 밑에 살기도 하면서 모습을 각각 달리합니다. 하지만 하늘과 땅 그리고 그 가운데 살아가는 모든 존재는 하나입니다. 우리의 생각이 그 하나의 존재를 분리하고 있을 뿐입니다. 이를 소태산 대종사께서는 대(大)로 표현했고, 전체를 하나로 보는 이치를 알아야 한다고 했습니다. 큰 나무 한 그루가 있고, 그 나무에 수많은 잎이 달려있습니다. 그 모든 잎사귀의 본체는 나무입니다. 그러면 나무와 잎은 둘일까요 하나일까요?

이런 개념을 이해하기 위해서 소(小)가 필요합니다. 한 나무에서 자라는 잎도 어떤 것은 새로 나고 어떤 것은 죽습니다. 또 어떤 가지는 크고 어떤 가지는 작습니다. 같은 나무이지만 각각을 나눠보면 똑같은 것이 하나도 없습니다. 그리고 그 작은 것들이 모여 큰 나무 한 그루를 이룹니다. 하나의 대(大) 가운데 만유가 형형색색으로 나누어 있는 이치가 소(小)의 이치입니다.

작은 것을 떠나서 큰 것이 따로 있거나, 큰 것을 떠나서 작은 것이 따로 있지 않습니다. 대의 내용이 곧 소이고, 소를 뭉친 것이 곧 대입니다. 한 나라도 국민 한 명 한 명이 모여서 이루어지고, 국민 한 명 한 명은 개개인으로서 특성과 모습을 달리합니다.

이처럼 대소로 되어있는 것들은 가만히 있지 않고 늘 순환무궁 하는 이치를 따라 변화합니다. 이것을 유무(有無)의 이치라고 합니다. 천지로 보면 성주괴공과 춘하추동, 풍운우로상설 등의 계절이나 날씨의 변화가 그렇고, 인간 삶으로 보면 흥망성쇠, 생로병사 등이 변화의 대표적 모습입니다. 하지만 이 변화에 있어서도 변화하는 가운데 좋게 변하는 것이 있고, 나쁘게 변하는 것이 있습니다. 좋게 변하는 것은 왜 좋게 변하고 나쁘게 변하는 것은 왜 나쁘게 변화하는지, 또는 지금 내가 이렇게 짓고 있는 일이 앞으로 좋게 변할 것인지 나쁘게 변할 것인지를 알기 위해서는 유무(有無)의 원리를 공부해야 합니다.

천하의 이치는 대와 소와 유무의 원리로 이루어져 있습니다. 그 어떤 하나도 변화되지 않는 것이 없고, 대소의 원리가 아닌 것도 없습니다. 사람의 몸도 대소유무, 국가도 대소유무, 세계도 우주도 모두 대소유무로 이루어져 있습니다. 사리연구를 통해 그 이치를 확실히 알아야 합니다.

어떤 일을 해나갈 때 대(大)를 모르고 상대방을 해하면서 나에게 가져오는 것은, 비유하자면 뿌리를 끊어내면서 잎이 잘 자라기를 바라는 것과 같습니다. 또 소(小)의 원리에서 보면 하나로 통하는 가운데 뿌리는 뿌리의 역할, 잎은 잎의 역할이 있습니다. 그런데 뿌리가 잎의 역할을 하겠다며 햇빛을 받으려 한다거나, 잎이 뿌리가 되고 싶다며 땅으로 들어가면 나무는 결국 죽고 맙니다. 각자가 처한 특성과 주어진 책임을 무시하고 '너나 나나 같다.'는 생각에 빠지는 것은 바른 사리연구라고 할 수 없습니다.

　대소유무의 원리에 따라 좋게 또는 나쁘게 변화되는 이치를 알아 거기에 맞는 마음을 쓰면 서로 이로운 관계가 됩니다. 세상을 살아가면서 실패하지 않고 참으로 성공하는 인생이 되려면 그 길을 알아야 합니다. 그 길을 정확히 아는 공부가 사리연구입니다.

사리연구 2
걸림 없이 아는 지혜의 힘

사리 연구의 목적

사리연구의 목적은 대소유무의 이치를 알아내고 시비이해에 대한 바른 판단을 하는 것에 있습니다. 이것을 알지 못하면, 아무리 잘 살기 위해 한 생각과 일이라 할지라도 목적대로 나를 잘 살게 하지 못하고 오히려 해를 미칩니다.

비유하면 대소유무의 이치는 컴퓨터의 하드웨어에 해당합니다. 컴퓨터를 움직이는 기계의 원리 같은 것입니다. 시비이해의 일은 소프트웨어입니다. 기본 원리를 바탕으로 작동하지만, 어떤 프로그램을 돌리느냐에 따라 좋은 결과를 얻기도, 좋지 못한 결과를 얻기도 합니다.

과거에는 도가에서 공부를 한다고 하면 대소유무의 이치를 아는 것이 중점이었고, 그걸 알면 큰 도인으로 추앙을 받았습니다. 소태산 대종사께서는 앞으로의 시대는 밝아지기 때문에 대소유무의 이치는 대부분 집에서 다 배울 것이고, 세상을 살아가는 데 필요한 시비이해를 함께 알아야 참 도인이라고 했습니다. 대소유무의 이치는 만고불변의 이치입니다. 천 년 전에도 그 이치가 있어 세상을 이루었고 천 년 후에도 그 이치가 있어 세상을 이룹니다. 다시 말하면, 오랜 세월 동안 변할 수 없는 진리가 곧 대소유무의 이치입니다. 하지만 시비이해의 일은 그렇지 않습니다. 천 년 전의 시비이해와 백 년 전의 시비이해, 그리고 지금의 시비이해는 같지 않습니다. 모든 상황과 처지와 환경이 달라졌기 때문입니다. 따라서 그 시대에 유효한 시비이해를 바르게 아는 것은 엄청난 공부입니다.

우리 인생에서 '판단'만큼 중요한 것이 없습니다. 지금 어떤 판단을 하느냐, 그 생각 하나의 차이에 따라 십 년, 이십 년, 삼십 년 후의 인생이 달라집니다. 국가를 경영하는 데도 판단 하나에 따라 국가 흥망이 좌우됩니다. 판단력은 고정되어 변하지 않는 것이 아니므로 개발을 통해 얼마든지 발전시킬 수 있습니다. 내가 어떻게 개발하느냐에 따라 더 나아질 수도, 혹은 오히려 후퇴할 수도 있습니다. 그래서 사리연구 공부가 중요합니다. 사리연구는 노력 정도에 따라 자신의 연구력을 키우는 공부입니다.

앞서 사은 장에서 천지 보은의 조목을 설명할 때 소태산 대종사 성탑 작업을 하던 석공의 말을 예화로 전한 바 있습니다. "지금은 그냥 돌이지만, 이것을 10만 번만 갈면 환한 거울보다 더 빛이 납니다."라는 이야기입니다. 이 말이 그대로 법문입니다. 아무 감각이 없는 돌도 오래오래 갈고 또 갈면 빛이 나는데, 하물며 사람의 마음은 어떻겠습니까. 사람의 마음은 영령한 것이라 뭔가를 한번 연마하고 또 연마할수록 우리가 상상하지 못한 마음의 광명과 지혜를 발현해냅니다.

마음의 지혜가 밝아져서 이치에 대한 분석과 일에 대한 시비이해가 잘 되는 사람은 세상을 살아가는 동안 헤매지 않습니다. 진리를 아는 사람은 그것을 자유롭게 활용하면서 세상을 자기의 입맛에 맞게 요리하며 삽니다. 하지만 그 진리를 알지 못하면 똑같은 세월을 살더라도 괴롭고, 방황하고, 헤매는 일이 많습니다.

사리연구 공부방법은 〈정전〉 수행편에서 자세히 나옵니다. 여기에서는 강령으로써 먼저 세 가지를 설명하겠습니다.

첫째, 문견(聞見)입니다. 보고 듣고 배우는 공부를 말합니다. 우리는 어느 방면으로든지 밖으로 보고 듣는 데에서 새로운 지식을 얻고 배우는 공부를 해야 합니다. 문견은 사리를 알아가는 공부길이 됩니다.

둘째, 사색(思索)입니다. 문견을 통해 나에게 들어온 것을 그냥 쌓아놓기만 하지 않고 스스로 생각을 해봐야 합니다. 다른 사람이 옳다고 하는 것이 왜 옳은지, 그르다고 하는 것은 왜 그른지, 또는 어떤 일이 왜 그렇게 되었는지 등을 스스로 생각하고 궁굴려야 합니다. 사색을 해야 정리가 되고 거기에 대한 정확한 이해가 생깁니다. 그래야 정확한 자기 것이 됩니다.

셋째, 수증(修證)입니다. 닦을 수(修) 자, 증득할 증(證) 자를 써서, 끊임없이 닦음으로써 깨달음을 얻어야 합니다. 보고 듣고 사색하는 것만으로는 알 수 없는 깊은 진리의 세계가 존재합니다. 생각을 단련시키는 것만으로는 들어갈 수 없는 자리도 있습니다. 그러한 진리의 세계를 알기 위해서는 의심 건을 갖는 것이 중요합니다. 의심을 통해 일심을 뭉치면 내 마음에 본래 갖춰져 있는 심오한 지혜가 발현되면서 진리의 세계를 스스로 깨닫게 됩니다.

문견, 사색, 수증 이 세 가지 방법으로 사리연구 공부를 하면 도움이 됩니다. 또, 세상의 이치는 책보다 세상 속에 그대로 들어있습니다. 해가 뜨고 지는 것을 보면서, 사시가 순환하는 것을 보면서, 천지가 식물을 키워내는 것을 보면서 그 이치를 깨달을 수 있어야 합니다. 모든 것이 살아있는 경전입니다. 산 경전을 보고 듣고 배우고, 배운 것을 가지고 깊이 사색하여 알아가고, 또 생각만으로는 이를 수 없는 진리의 심오한 경지에 대해서는 일심의 힘으로 다가가야 합니다. 그렇게 사리연구 공부를 해야 합니다.

사리 연구의 결과

소태산 대종사께서는 "마음만 가졌다면, 누구든지 부처 만들 자신이 있다."고 했습니다. 공부하고자 하는 마음을 가진 사람이 사리연구를 하면, 반드시 오늘보단 내일이 낫고 내일보단 모레 더 나은 연구력을 얻을 수 있습니다. 연구력은 내가 한 만큼 증장됩니다.

대산 종사께서는 "네가 가진 광명이 몇 촉짜리이냐. 십 촉짜리냐, 백 촉짜리냐, 천 촉짜리냐?"고 물은 후, "나중에는 저 태양 광명처럼 밝은 마음의 광명을 얻을 수 있어야 한다. 그러한 광명을 얻었는지 반조해보라."고 했습니다. 그렇게 공부를 해야 사리연구의 결과에 밝혀진 '천만 사리를 분석하고 판단하는 데 걸림 없이 아는 지혜의 힘'이 생깁니다. 사리연구 공부를 오래오래 계속하고 보면 그 어떤 일과 이치를 당하더라도 환히 알게 됩니다. 일에 있어서는 시비이해가 확실히 분석되어 '이건 이렇게 하면 안 되고, 저건 저렇게 해야겠구나.'를 걸림 없이 알게 됩니다.

그만한 지혜, 그만한 연구력을 얻은 사람은 마음이 늘 편안합니다. 망망대해에서도 방향키를 제대로만 잡았다면 당황할 것이 없는 것과 같습니다. 우리는 대소유무로 건설된 이 세상에서 시비이해의 일을 운전해가며 삽니다. 따라서 길을 모르면 운전을 잘 할 수 없고, 설사 길은 알아도 운전을 할 줄 모르면 길을 제대로 갈 수 없습니다. 길을 아는 것과 운전할 줄 아는 것 두 가지는 함께 중요합니다.

작업취사
죽기로써 실행

작업 취사의 요지

우리가 마음공부를 하는 세 가지 방법 중 마지막 공부법은 작업취사입니다.

소태산 대종사께서는 작업취사의 요지에서 '작업이란 무슨 일에나 안·이·비·설·신·의(眼耳鼻舌身意) 육근을 작용하는 것이며, 취사란 정의는 취하고 불의는 버리는 것을 말한다.'고 했습니다.

일반적으로 '작업'이라는 단어는 특정한 어떤 사항을 가지고 일하는 것을 말합니다. 문서를 작성한다든지 곡괭이를 들고 땅을 파는 것을 작업한다고 하지, 가만히 앉아 있거나 또는 길을 걷거나 밥을 먹는 것은 작업이라고 하지 않습니다. 소태산 대종사께서 말한 '작업'의 의미를 잘 들여다볼 필요가 있습니다. 작업취사에서의 작업은 지을 작(作) 자, 업 업(業) 자를 쓰는데, 보통의 우리가 사용하는 작업이라는 말보다 더 큰 의미를 가지고 있습니다.

먼저 작업이란 무슨 일이나 안이비설신의 육근을 작용하는 것이라고 했습니다. 육근은 우리의 눈, 귀, 코, 입, 몸, 마음을 말합니다. 일반적으로 우리는 귀를 통해 뭔가를 듣는 행위를 설명할 때 '작업한다.'라고 하지 않습니다. 음악을 들으면서 '내가 지금 작업하고 있다.'는 생각을 하는 사람은 없습니다. 눈도 마찬가지입니다. 좋은 경치를 바라본다든지 남을 쳐다보는 일을 '그냥 단순히 그러고 있는 것'이라 여길 뿐, '작업한다.'고 표현하지 않습니다. 그런데 소태산 대종사께서는 이러한 육근의 모든 작용을 작업이라는 개념에 포함했습니다.

이때의 작업이라는 말은 훨씬 진리적인 개념입니다. 우리가 하는 모든 행위는 그것이 크게 나타나든 작게 나타나든, 또는 가시적으로 사람들의 눈에 보이든 보이지 않고 내 마음에서만 움직이든, 모두 그 흔적이 남습니다. 크고/작고, 강하고/약한 차이는 있을지언정 진리적으로는 미세하면 미세한대로, 굵으면 굵은 대로, 큰 건 큰 대로, 작은 건 작은 대로 흔적이 남습니다. 그 흔적의 결과가 나중에 내가 받을 것의 밑그림이 됩니다. 그래서 '작(作)' '업(業)'입니다.

불교에서는 '업'을 중요하게 여깁니다. 내가 하는 모든 행위는 업이 되고, 그 업에 따라 받는 것이 정해집니다. 착한 업을 많이 지으면 착한 과보를 받고, 나쁜 업을 많이 지으면 악한 과보를 받습니다. 우리 작업취사의 '작업' 역시 그런 개념입니다. 생각해보면, 잠자는 것도 작업을 하고 있는 것이고, 걸어가는 것도, 뭔가를 쳐다보는 것도, 마음 가운데 좋고 싫은 마음을 내는 것도, 모두 미세할지언정 작업을 하고 있는 것입니다. 이 모든 작업이 모여서 나의 앞날과 미래를 결정합니다.

작업의 의미를 분명히 알면, 업을 짓는 순간순간 나를 좋게 만들 일은 취하고(선택하고) 나를 나쁘게 만들 일은 버리면서 앞날을 준비할 수 있습니다.

작업 취사의 목적

우리가 작업취사 공부를 해야 하는 이유는 무엇일까요?

정신수양을 오래오래 하면 어떤 일을 당하더라도 마음이 흔들리지 않을만한 일심의 안정력을 얻습니다. 또 사리연구 공부를 많이 하여 연구력이 생기면 어떤 일이나 이치를 당해도 해결해나갈 길을 쉽게 찾습니다. 하지만 설사 수양력과 연구력을 모두 얻었다 하더라도 취사의 힘을 얻지 못해 실행이 없다면 수양과 연구가 모두 수포로 돌아가고 실효과를 얻지 못합니다.

소태산 대종사께서는 이를 부도난 수표에 비유했습니다. 부도난 수표는 수표로서 아무런 가치가 없습니다. 마찬가지입니다. 수양력과 연구력이 뛰어나도 취사력이 함께하지 않으면 그것은 자신에게나, 세계에나, 전혀 도움이 되지 않습니다. 작업취사의 목적에서는 이를 줄기와 가지와 꽃과 잎이 좋은 나무에 결실이 없는 것과 같다고 했습니다.

앞으로 오는 시대는 연구력과 지혜가 상당히 열린 시대입니다. 그러나 지혜가 열린 만큼 사람들의 행동과 행위가 모두 좋아진다고는 할 수 없습니다. 작업취사는 삼학 중 최종 결과입니다. 우리가 수양과 연구를 하는 최종 목표는 결국 취사를 잘하기 위해서입니다.

그런데 이처럼 수양과 연구의 최종 목표가 취사를 잘하기 위한 것이라면, 소태산 대종사께서 "인생의 목적은 수양에 있다."고 한 말은 앞뒤가 맞지 않는 것 아닐까요? 이 구절의 참 뜻을 제대로 이해하면 의문이 해소됩니다. 우리는 수양을 통해 신통묘술을 부리거나 미래를 뚫어보는 예지력 같은 것을 얻으려 하지 않습니다. 수양으로 마음을 맑히고 정신을 밝히는 이유는 연구를 잘하기 위함이며, 사리를 연구하여 올바른 길을 깨달아가는 목적은 혜복을 구하기 위함입니다. 복과 혜는 취사 공부를 통해 결정됩니다. 그러므로 작업취사를 잘하면 혜복이 불어나지만, 작업취사를 잘못하면 혜복이 증장되지 않습니다. 그러기에 소태산 대종사께서는 삼학의 최종 목표를 취사로 두었습니다.

그런데 사람들은 낙(樂)과 선(善)은 좋아하고 악(惡)과 고(苦)는 싫어하면서도 평탄한 낙원을 버리고 험악한 고해로 들어갑니다. 이는 우리가 취사 공부를 제대로 못하고 있다는 증거입니다. 그 원인을 소태산 대종사께서는 두 가지로 정리했습니다. 하나는, 일을 당하여 시비를 몰라서 실행을 못하기 때문입니다. 시비를 모른다는 것은 사리연구 공부가 제대로 안 되었다는 뜻이기도 합니다.

다른 하나는, 설사 시비는 안다 할지라도 불같이 일어나는 욕심을 제어하지 못하거나 철석같이 굳은 습관에 끌리기 때문입니다. 불같이 일어나는 욕심을 제어하지 못하는 것은 정신수양 공부를 제대로 못했다는 뜻이기도 합니다. 마음에 수양의 힘이 잘 쌓여서 자주력을 얻었다면 그 마음을 제어할 수 있습니다. 또 철석같이 굳은 습관에 끌리는 것은 작업취사 공부를 제대로 못했기 때문입니다. 일을 한 번 잘못했을 땐 별 것이 아니지만, 한 번 두 번 세 번… 나쁜 습관이 반복되면서 고질화되면 고치려고 마음먹고 노력해도 쉽게 바뀌지 않습니다. 작업취사를 우리가 제대로 못하는 원인은 결국 삼학공부로 얻어야 하는 힘을 얻지 못했기 때문입니다.

그래서 '정의는 기어이 취하고 불의는 기어이 버리는 실행 공부'를 하라고 했습니다. 사실 소태산 대종사께서는 극한 표현을 거의 사용하지 않습니다. '할 수 있는 역량 껏' 또는 '중도를 잡아서', '연고 없이' 등과 같이 완곡한 표현을 주로 사용합니다. 그런데 취사 공부에 있어서는 유일하게 극한 표현을 사용했습니다. '죽기로써'가 그것입니다.

'불같이 일어나는 욕심이나 철석같이 굳은 습관'이라는 구절을 진리적으로 생각해보겠습니다. 내가 지금 어떤 생각을 하거나, 어떤 행동을 하거나, 어떤 욕심이 생기는 모든 것은 우연히 일어난 일이 아닙니다. 그동안 익혀왔고 나를 이뤄왔던 모든 행위의 결정체로서 현재 나의 모습이 만들어졌습니다. 내가 적립해온 마음을 지금 쓰는 것이므로 여기에서 벗어나 새로운 모습을 갖추기란 쉽지 않습니다. 취사 공부를 통해 어떤 습관 하나를 고쳐나가는 일은 보통의 마음이나 보통의 공부로는 되지 않습니다. 그래서 '기질변화'라 하고, 기질을 변화시키기 위해서는 '죽기로써' 해야 합니다.

　모든 사람에게는 '천성'이 있습니다. 태어날 때부터 가지고 있는 특별한 그 사람만의 성질을 천성이라고 합니다. 천성은 현생에서 보았을 때 천성이지, 삼세로 보면 결국 여러 과거에 익혀왔던 업이 기본 종자가 되어 현재의 나를 끌어가는 것입니다. 십 년 묵은 업인지 백 년 묵은 업인지 천 년 묵은 업인지를 내가 알지 못할 뿐, 그 업이 있어서 나를 끌고 갑니다. 그러니 기질변화를 통해 새로운 나를 탄생시키기란 결코 쉬운 일이 아닙니다. 소태산 대종사께서 정의와 불의를 취하는 실행 공부에 '죽기로써'라는 표현을 사용한 이유가 여기에 있다고 생각됩니다.

　소태산 대종사 당대에도 계문을 지키려고 고생한 선진들이 많았습니다. 술과 담배를 끊긴 해야겠는데 그 과정을 견디지 못해 제자리를 빙빙 돌며 "원불교가 나 죽이네. 원불교가 나 죽이네."라고 했던 분도 있었다고 합니다. 이생에서 고작 몇 십 년 습관들인 술과 담배를 끊는 것도 그렇게 어려운데, 하물며 몇 생에 걸쳐 쌓아온 마음 습관은 어떻겠습니까. 어느 순간 철이 들어 기질을 변화하고 싶어도 결코 쉽지 않기 때문에 소태산 대종사께서는 '죽기로써 하라.'

고 한 것입니다. 이때 일의 크고 작음은 중요하지 않습니다. 아무리 작은 일이더라도 그것이 해야 될 일이라면 죽기로써 하고, 아무리 작은 일이더라도 하지 않아야 될 일이라면 죽기로써 하지 않아야 합니다.

작업취사 공부에는 특히 왕도가 없습니다. 사리연구 공부는 경전을 읽거나 의두, 성리, 회화, 강연 등 여러 방법으로 할 수 있고, 정신수양 공부는 좌선이나 염불, 기도 등의 방법으로 할 수 있습니다. 하지만 작업취사 공부는 다른 길이 없어서, 하면 되고 안하면 되지 않습니다. 일을 당하여 취할 것은 취하고 버릴 것은 버리는 공부를 잘 하면 취사력이 늘어납니다. 그러나 일기를 아무리 많이 쓰고 기도를 많이 했다 하더라도 실제로 일을 당했을 때 취할 것을 버리고 버릴 것을 취하면 성공하는 삶과는 멀어집니다. 삼학, 즉 정신수양·사리연구·작업취사는 서로서로 바탕이 됩니다.

작업 취사의 결과

취사력은 어떤 일을 당하여 취할 수 있는 힘과, 버릴 수 있는 힘을 말합니다. 취사 공부는 말 그대로 실행 공부여서, 실행을 하면 늘고 실행을 하지 않으면 절대 늘지 않습니다. 수양과 연구 공부에 정성이 들어가야 하는 것처럼, 실행 공부도 정성으로 하면 반드시 변화가 옵니다. '나는 원래 이런 성향이기 때문에 이렇게 밖에 살 수 없어.'라는 생각은 잘못된 생각입니다.

수양·연구 공부와 마찬가지로, 취사 공부 역시 기질이 뛰어나거나 뛰어나지 않음에 좌우되지 않습니다. 누가 되었든 꾸준히 실행해 나가는 사람에게는 마땅한 결과가 주어집니다. 모든 생활에서 조금도 마음에 걸리지 않고 쭉쭉 나아갈 힘을 얻습니다. 또 매사에 중도를 잡아 자리이타로써 모두에게 도움이 되도록 몸과 마음을 쓸 수 있는 힘을 얻게 됩니다.

업을 지어나갈 때, 다시 말해 작업을 해나갈 때, 사소한 것이라도 함부로 지나치지 않고 옳은 것은 행하고 그른 것은 버리면서 꾸준히 실행하면 반드시 취사력을 얻습니다. 소태산 대종사께서는 이를 '여의보주를 얻는 것과 같다.'고 표현했습니다. 여의보주는 다른 것을 말하는 것이 아닙니다. "네 마음에 욕심을 놓고, 하고 싶은 일을 당하거나 하기 싫은 일을 당해서나 거기에 자유자재하여 당연한 일은 행하고 부당한 일은 놓는 마음의 힘을 얻으면 그게 바로 여의보주."라고 했습니다. 삼학공부는 곧 성불하는 지름길입니다. 대도(大道)로 향하기 위해서는 삼학공부 외의 묘법이 없습니다. 그것을 확실히 알고 공부해야 합니다.

공부의 요도 ② 팔조(八條)
살릴 마음, 버릴 마음

아무리 수행의 공력을 쌓아도 사연사조 네 가지 요소를
제어하지 못한다면 마치 깨진 독에 물을 붓는 것처럼,
결국 수행의 공력이 다 새버려서 아무런 힘도 쌓지 못합니다.

팔조
살릴 마음과 버릴 마음

개괄

　삼학은 우리 마음을 잘 사용할 수 있는 세 가지 공부길로, 정신수양·사리연구·작업취사입니다. 우리는 앞서 이 세 가지 공부를 해서 힘을 얻어야 우리가 바라는 목적을 이룰 수 있다는 것을 알았습니다.

　팔조는 우리가 행해야 할 네 가지 조목인 진행사조(신·분·의·성)와 버려야 할 네 가지 조목인 사연사조(불신·탐욕·나·우)를 합쳐서 팔조라고 합니다. 삼학이 마음공부를 하는 방법이라면, 팔조는 실제 목적을 이룰 수 있도록 추진해나가는 힘입니다. 자동차에 비유해서 말하면 차를 잘 운전하는 운전 기술(방법)이 삼학이고, 운전 기술이 발휘될 수 있도록 차를 움직이는 휘발유나 경유 같은 기름이 바로 팔조입니다. 아무리 좋은 차와 좋은 운전자가 있어도 차를 움직이는 동력인 기름이 없으면 그 차는 한 발짝도 나갈 수 없습니다. 마음공부도 마찬가지입니다. 삼학이라는 공부방법을 완실히 알았다 해도 팔조라는 추진력이 없으면 성과를 기대하기 어렵습니다. 그래서 팔조는 대단히 중요한 공부입니다.

팔조에는 진행사조와 사연사조가 있습니다. 진행사조는 신·분·의·성인데, 신(信)은 믿음, 분(忿)은 분발심, 의(疑)는 의문, 성(誠)은 정성을 뜻합니다. 공부를 하는 데 있어 잘 챙겨서 실행해야 할 네 가지 조목이 바로 진행사조입니다.

사연사조는 불신·탐욕·나·우인데, 불신(不信)은 믿지 않는 마음, 탐욕(貪慾)은 과한 욕심, 나(懶)는 나태, 우(愚)는 우치함 즉 어리석음을 뜻합니다. 우리가 수행을 해나가는 데 있어 반드시 버려야 할 네 가지가 바로 사연사조입니다.

신·분·의·성 가운데 어떤 것 하나만 빠져도 일의 목적을 달성할 수 없고, 반대로 불신·탐욕·나·우 가운데 어느 것 하나만 있어도 부처를 이룰 수 없습니다. 그래서 교리를 공부할 때 삼학과 팔조를 함께 배웁니다. 그런데 막상 실천하는 것을 보면 삼학은 중요한 줄 알고 잘 챙기지만 신·분·의·성의 어느 부분이 부족하고 어느 부분이 잘 되지 않는지를 점검해보는 사람은 많지 않습니다. 불신·탐욕·나·우도 마찬가지입니다. 사연사조를 가지고는 수행을 통해 삼대력을 얻기가 어렵습니다. 스스로 '이것이 불신이다. 탐욕이다. 나태함이다. 어리석음이다.'를 찾아내고자 노력하는 사람도 적습니다. 아무리 수행의 공력을 쌓아도 사연사조 네 가지 요소를 제어하지 못한다면 마치 깨진 독에 물을 붓는 것처럼, 결국 수행의 공력이 다 새버려서 아무런 힘도 쌓지 못합니다.

팔조에서 정말 강조하고 싶은 것은, 이 공부가 대단히 중요하다는 것입니다. 방법이 잘못되어도 바른 결과를 얻기가 어렵지만, 제 아무리 옳은 방법이라도 신·분·의·성의 추진과 불신·탐욕·나·우의 제거가 없으면 무용지물입니다.

진행사조
모든 일을 성공시키는 힘

신

신(信)이라 함은 믿음을 이름이니, 만사를 이루려 할 때에 마음을 정하는 원동력이라고 했습니다. 어떤 일이든 우리가 믿고 그 일을 한다면, 그때의 믿음은 마음을 정하는 원동력이 됩니다.

가령 '우리 집 마당에 금덩이가 묻혀있다.'는 말을 들었다고 해봅시다. 같은 말을 들었어도 그 말을 믿고, 덜 믿고, 안 믿는 것에 따라 다른 행동이 나타납니다. 그 말을 꼭 믿는 사람은 마당을 모두 파낼 기세로 당장 중장비를 가져와 땅을 팔 것입니다. 반면에 '정말 그럴까? 금이 묻혀있는 게 진짜라면 우리 부모님이 지금까지 그냥 놔뒀을까?' 하며 반신반의하는 사람은 머릿속으로 땅을 팔까 말까를 고민만 할 것입니다. 하지만 그 말을 듣고 '그런 허망한 말이 어디 있어? 금덩이가 있었다면 진작 누군가 파서 썼겠지.' 하고 전혀 믿지 않는 사람에게는 금덩이가 있어도 결국 없는 것이 되고 맙니다. 이처럼 믿는 것과 믿지 않는 것에 따라 이어지는 행동은 엄청 달라집니다.

또 다른 이야기입니다. 여기 천길 깊이의 우물이 있습니다. 어떤 사람이 "이 우물에 물이 가득한데 그걸 길어서 먹으면 갈증을 면할 수 있을 것이다."라고 합니다. 그 말을 들은 사람이 두레박을 내립니다. 그런데 두레박이 내려갈 수 있는 길이는 10미터에 불과합니다. 물은 천길 아래에 있으니 당연히 실패할 수밖에 없습니다. 결국 몇 번 시도하다가 두레박 끈이 짧은 것은 생각하지 않고 "이 우물에는 물이 없다."면서 포기합니다. 그런데 우물 안에 물이 있음을 확실히 믿는 사람은 방법을 더 연구합니다. 여러 길이의 두레박이 모두 물을 퍼올리지 못하는 것을 보고 '10미터보다 훨씬 더 아래에 있나보다.' 하면서 계속 끈의 길이를 늘려 결국 물을 뜰 수 있게 됩니다.

종교가에서 신(信)은 처음이자 마지막입니다. 믿을 신(信) 자 하나는 아주 간단한 글자이지만 소태산 대종사께서는 "스승이 제자를 만나 신심을 먼저 보는 것은 다른 이유가 아니다. 그 사람이 믿음이 있으면 법이 건네고 공을 이루지만, 믿음이 없으면 법이 건네지 못하고 공을 이루지 못한다."라고 했을 정도입니다. 믿음이 있는 사람은 큰 법기를 이뤄서 수도인의 자질을 갖추게 되지만, 믿음이 없는 사람은 겉으로는 큰 능력과 재능을 가진 것 같아도 결국 종교가에서 이루어야 하는 경지를 이루지 못합니다.

믿음과 관련하여 소태산 대종사께서는 "너희들이 기왕 나를 믿는다면, 한생 안 난 폭 잡고 믿어봐라. 그러면 너희들이 일생을 마칠 때 '속기를 잘 했다.'고 생각할 것이다."라고 했습니다. 또 공부하는 제자들에게 "너희는 목침덩이가 되어야 한다. 스승이 이쪽에 갖다 놓으면 이쪽에, 저쪽에 갖다 놓으면 저쪽에 놓일 수 있는 제자가 되어야 한다."고 했습니다. 이러한 마음가짐은 모두 신에서 나옵니다.

믿음에는 두 가지 종류가 있습니다. 하나는 정신(正信) 즉 바른 믿음이고, 또 하나는 미신(迷信) 즉 어리석은 믿음 또는 삿된 믿음입니다. 정신(바른 믿음)은 올바른 진리에 바탕하여 바른 법을 믿는 것입니다. 미신이란, 예를 들면 이렇습니다. 누군가 "저 바위에 공을 들이면 금으로 변한대."라고 한 말에 믿음을 가지고 천년만년 억만년 공을 들인들, 그 바위가 금이 될 일은 없습니다. 미신은 그와 같은 믿음입니다. 내가 복을 짓지 않으면서 복 받기를 바라는 것이나, 죄를 지으면서 벌은 안 받기를 바라는 것은 모두 헛된 믿음입니다. 바른 믿음은 뒤에 바른 결과를 낳고, 어둡고 삿된 믿음은 허황된 결과를 가져옵니다.

우리는 정당한 종교의 문에서 정당한 도덕과 진리에 기반한 법을 받들고 거기에 바른 믿음을 철저히 세워야 합니다. 대산 종사께서는 믿음에 대해 네 가지 표준을 내려주었습니다.

첫째, 진리에 대한 믿음을 가져야 합니다. 진리란 곧 '생멸이 없고 인과가 있다.'는 사실입니다. 우리의 눈으로 볼 때 세상의 모든 것이 생겼다가 없어지기를 반복합니다. 하지만 긴 안목에서 보면 그것은 변화일 뿐, 없던 것이 새롭게 생기거나 또는 있던 것이 아주 없어지는 것이 아닙니다. 물이 얼음이나 수증기로 형태를 변화하는 것과 같습니다. 우주안의 모든 것은 그것이 있는 장소와 형태가 변할지언정 우주 안에서 완전히 사라지지 않습니다. 이것이 '생멸 없는 이치'입니다.

인과보응이란, 우리가 살면서 당하는 모든 것이 알고 보면 어떤 원인이 있어 나타나는 결과라는 말입니다. 원인 없이 나타나는 결과는 없고, 또 원인과 다른 결과가 나타나는 경우도 없습니다. 그러한 원리와 이치가 우주는 물론이고 이 세상 모든 것에 다 적용됩니다. 진리에 대한 믿음을 가지면 자연히 진리에 맞는 행동을 할 수밖에 없습니다.

둘째, 스승에 대한 믿음을 가져야 합니다. 스승은 곧 진리를 깨달은 성자입니다. 진리가 세상에 있더라도 보통의 우리들은 그 진리를 바로 알지 못합니다. 그러므로 나보다 마음이 먼저 열리고 진리를 확실하게 깨달은 사람을 믿어야 합니다. 그러나 스승을 믿는다는 것이 스승의 육체 형상을 믿는다는 말은 아닙니다. 진리를 깨달은 스승의 마음을 믿는 것입니다. 그 어른(스승)의 마음을 통해 우리는 진리에게 가까워질 수 있습니다. 그래서 정법의 스승을 믿는 것이 정말 중요합니다.

셋째, 법에 대한 믿음을 가져야 합니다. 진리를 깨달은 스승은 살아있는 동안 말씀과, 행동으로 진리를 전해줍니다. 하지만 스승이 천년만년 살 수는 없습니다. 그 깨달음을 잘 요약 정리하여 스승의 사후에 제자들이 진리의 세계로 잘 들어갈 수 있도록 정리한 것이 법(法)입니다. 소태산 대종사께서 밝힌 사은·사요·삼학·팔조는 우리를 진리의 세계로 인도하는 원불교의 교법입니다. 이 교리가 곧 소태산 대종사의 마음이자, 우리가 따라가야 할 길입니다.

넷째, 회상에 대한 믿음을 가져야 합니다. 우리가 법을 믿고 수행을 하고 이를 전하는 이유는 세상을 더 좋게 만들기 위함입니다. 그러나 이 일을 나 혼자 할 수는 없습니다. 개인의 생명은 유한하고 그 힘도 미약하기 때문입니다. 많은 사람들이 성현이 밝힌 법을 믿게 하여 함께 진리의 세계에 들어가게 한 것이 회상이고 교단입니다.

나타나는 모습으로는 회상과 법과 스승과 진리가 모두 다른 것 같습니다. 그러나 진리와 스승과 법과 회상은 '하나'입니다. 하나로 꿰뚫어 믿음을 가질 때, 정신(正信) 즉 바른 믿음이 됩니다.

한편 소태산 대종사께서는 '믿는 마음'의 표준을 네 가지로 잡아주었습니다.

먼저, 믿을 때는 의심 없이 믿어야 합니다. 천만 사람이 그 스승을 비방하더라도, 또 나의 안목으로 보기에 뭔가 잘못된 점이 있는 것 같아도, 거기에 의심을 가지면 안 됩니다. 의심을 두는 순간, 앞에서 이야기했던 두레박 끈이 짧은 사람이 됩니다.

두 번째로, 주견을 세우지 말고 순종해야 합니다. 스승이 볼 때 좌측으로 굳은 내 몸을 반듯이 세우기 위해 우측으로 꺾는 것인데 고통이 따른다고 하여 순응하지 않으면 제도를 받을 수 없습니다.

세 번째로, 스승이 어떤 방법으로 대하더라도 마음에 불평이 없어야 합니다. 불평이 있으면 어떤 지도도 통하지 않습니다.

마지막으로, 이실직고해야 합니다. 마음에 감추거나 가리는 것이 없이 스승에게 있는 그대로 밝혀야 스승과 제자의 마음이 하나가 됩니다.

이 네 가지 신심이 갖춰지면 불조의 큰 법기를 이룰 수 있습니다. 팔조 가운데 '신'은 정말 중요합니다. 수도 문중에 들어와 뭔가를 하려고 할 때 가장 먼저 마음에 세우고 지켜야 할 것이 바로 신심입니다. 나무에게 뿌리가 없으면 천지의 기운을 얻을 수 없고 제대로 자랄 수 없는 것처럼, 신심이 없으면 진리와 스승과 법의 구원을 받을 수 없습니다.

신은 믿음입니다. 믿음이 있어야 일을 할 때 마음을 정하는 원동력을 삼을 수 있습니다. 특히 종교가에서 성불제중의 길을 나아가고자 할 때 진리와 스승에 대한 믿음은 아주 절대적 힘이라고 해도 과언이 아닙니다.

분

진행사조의 두 번째는 분(忿)입니다. 분은 용장한 전진심을 말합니다. 굳세고 용기 있게 앞으로 나아가는 마음입니다. 모든 난관을 헤치고 극복해가는 마음을 분심이라고 합니다. 소태산 대종사께서는 분발한다는 의미로 성낼 분(忿) 자를 사용했습니다. 아마 마음을 툭 하고 일으켜 세운다는 강한 의미를 담고자 했던 것으로 보입니다.

분은 만사를 이루려 할 때 권면하고 촉진하는 원동력이라고 했습니다. 신(信)으로 마음을 결정하고 그 결정한 대로 진행해나갈 때, 분은 그것을 권면하고 촉진하는 원동력이 됩니다. 가령 산 정상에 올라야겠다는 마음을 정했다 해도, 단순히 그 마음 하나만 가지고 산에 오를 수는 없습니다. 올라가야겠다는 마음이 시초가 되어서 많은 노력과 과정이 있어야 산 정상에 다다를 수 있습니다. 그 결과가 중요하고 귀할수록 많은 노력과 투자가 필요합니다. 또 모든 일이 늘 순조롭게만 이뤄지지는 않습니다. 그 가운데 장애물을 만나기도 하고 마장을 겪기도 합니다. 그럴 때 분심이 중요합니다. 장애물이 나타났을 때 거기에 좌절하여 머무르거나, 나약해져서 중도에 그만두지 않고, 그 순간 마음을 다시 한번 툭 일으키는 힘이 바로 분심입니다.

진리를 믿고 나아가더라도 장애물을 만나기가 쉽습니다. 그런데 장애물이 나타났다고 하여 멈추거나 주저하면 더 이상 앞으로 나아가지 못하고 뜻을 이루지 못합니다. 아사법생 법생아생(我死法生 法生我生)이라, '내가 죽어야 법이 살고 법이 살아야 내가 산다.'는 말이 있습니다. '나'라는 것은 일종의 업이라, 그 업을 박차고 나가는 힘이 있어야 법이 살아납니다. 그렇게 법이 살아야 내가 살 수도 있습니다.

분심은 아사법생의 심경입니다. 죽기로써 한번, 죽은 폭 잡고 한번 해보는 마음입니다. 금강산에 죽자바위가 있다고 합니다. 그 이름이 붙은 이야기가 재미있습니다. 어떻게 보면 뛰어서 건널 수 있을 것도 같고, 어떻게 보면 건너다가 절벽 아래로 떨어질 것도 같은 바위라고 합니다. 그래서 눈을 질끈 감고 '죽자' 하는 심정으로 뛰어야 성공한다고 합니다. 분심은 장애물을 만났을 때 '나는 죽었다.' 하는 심정으로 뛰는 것입니다.

분심에는 정분과 객분이 있습니다. 정분(正忿)은 바른 분심이라는 말입니다. 정당한 믿음에 바탕하여 정당한 원을 발하고 정당한 법으로 정당한 일을 해나가는 가운데 혹 장애물을 만나더라도 꾸준히 밀고 나가는 분발입니다. 반대로 객분(客忿)은 정당하지 못한 일에 객기로 나서는 분심을 말합니다.

보통 우리는 큰 산의 주봉에서 끊어질 듯 다시 이어지고 또 끊어질 듯 다시 이어지면서 마지막에 머리를 돌려 주봉을 바라보며 뭉친 모습을 '명산'이라고 합니다. 이처럼 어떠한 일이든지 단번에 끝나지 않습니다. 반드시 잇고 이어가며 이뤄집니다. 그때마다 마음을 챙겨서 용맹하게 박차고 나갈 수 있어야 크게 성공(大成, 대성)합니다.

의

진행사조 세 번째는 의(疑)입니다. 신심과 분심, 큰 믿음을 세워 마음을 결정하고 큰 분심을 일으켜서 '어떤 장애가 와도 나는 이것을 뚫고 나가야겠다.' 하는 힘을 가지고 전진해나가는 것만으로는 공부가 완성되지 않습니다. 신과 분 다음으로는 의심 의(疑) 공부가 필요합니다. 소태산 대종사께서는 '의'를 일과 이치에 모르는 것을 발견하여 알고자 하는 원동력이라고 했습니다.

가령 산을 오르려면 산길을 안내해주는 지도가 필요합니다. 그 지도에는 내가 가야 할 길이 환히 잘 보입니다. 금방 정상에 닿을 수 있을 것 같습니다. 하지만 산에 들어서서 걷기 시작하면 그렇지 않습니다. 지도에는 나오지 않은 길을 만나기도 하고, 정확한 길의 구분이 어렵기도 합니다. 지도를 가지고 있더라도 갈림길이 나타났을 땐 의심을 내면서 '어떤 길이 맞는 길일까?'를 알아내려 하고, 길을 아는 사람의 안내를 받기도 합니다. 그때그때 바른길을 찾아야 목적지까지 갈 수 있기 때문입니다.

언젠가 대전을 찾아갈 때의 일입니다. 내비게이션을 보니까 요금소를 지나자마자 우회전하여 들어가면 된다고 나와 있었습니다. 그것만 보았을 때는 길을 찾기가 참 쉽다고 생각했는데 막상 우회전을 하려고 보니 첫 번째 길인지 두 번째 길인지 명확하지가 않았습니다. '지도로만 보는 것과 실제는 이렇게 다르구나.' 하는 생각이 들었습니다. 알고 가는 길이라 해도 이 길인지 저 길인지 순간 헷갈리는 것은 마음공부에도 그대로 적용됩니다.

실제로 마음을 공부하다 보면 여러 가지 의심이 많이 생깁니다. 좌선 하나만 놓고 생각해도 내가 앉은 자세가 맞는 건지, 숨을 쉬고 있는 방법이 맞는지 등의 의심과 질문을 계속 하게 됩니다. 일상을 살아가는 데도 어떻게 말을 해야 잘 하는 것인지, 타인을 어떻게 대해야 좋은 것인지, 또는 자녀가 금전을 요구할 때 무조건 주는 것이 좋은지, 아니면 돈 버는 법을 가르쳐 주는 것이 좋은지 등 무엇인가를 결정하거나 해나가려면 끊임없는 질문과 의문이 덧붙습니다.

이처럼 신과 분에 바탕하여 매사를 해나가는 과정에는 반드시 의심 공부가 필요합니다. 여기에서의 의심은 우리가 사회에서 일반적으로 사용하는 불신 같은 의심이 아닙니다. 믿지 않는 상태에서 이리 재고 저리 재는 의심이 아니라, 믿음에 바탕하여 분심을 내서 일을 진행해나갈 때 바른 길을 찾아가는 '지혜의 물음'을 말합니다.

의심 공부가 있어야 모르는 것을 발견하여 알아낼 수 있습니다. 선을 한다고 오래 앉아만 있는 것은 능사가 아닙니다. 소태산 대종사께서 가르쳐준 법대로 해보지 않으면서 자신이 잘 하고 있는지 못하고 있는지를 연구해볼 생각도, 찾아볼 생각도 하지 않는 것은 의 공부가 빠진 공부입니다. 사리연구에서 연구력을 키우는 핵심이 의 공부에 있습니다. 매사를 까닭 있게 보고 까닭 있게 들을 수 있어야 합니다.

의심에도 정당한 의심과 삿된 의심이 있습니다. 정당한 의심은 신에 바탕을 두고 나오는 의심입니다. 가령 '생멸이 없다. 인과의 이치가 있다.'는 공부거리를 접했을 때 '왜 생멸이 없는 것인가. 인과의 이치란 무엇인가.' 하는 의심을 가지면, 그 의심이 단련되다가 어느 순간 해득됩니다. 하지만 '생멸이 없기는 뭐가 없어? 그리고 세상에 인과가 어디 있어?' 하며 삿된 의심을 가지면 진리의 세계에 한발짝도 들어갈 수 없습니다.

신, 분, 의는 함께 연결되어야 합니다. 어떤 길이 서울로 가는 길인지, 어떤 길이 진리로 가는 길인지, 어떤 길이 옳은 길인지, 어떤 길이 법다운 길인지에 대한 질문을 통해 길을 찾아가야 합니다. 의가 많을수록 깨달음의 종류가 많아집니다. 정산 종사께서는 의를 '혜문을 여는 열쇠'라고 했습니다. 지혜의 문을 열기 위해서는 의(疑)라는 열쇠가 반드시 필요합니다.

성

성(誠)은 간단없는 마음을 말합니다. 간단없다는 것은 끊임이 없다는 뜻입니다. 처음 시작할 때의 마음이나 중간의 마음이나 마지막에 어떤 일을 마칠 때의 마음이 한결같은 것이 곧 성(誠) 공부입니다. 소태산 대종사께서는 '성'은 만사를 이루려 할 때에 목적을 달하게 하는 원동력이라고 했습니다.

우리가 일을 할 때 그 일의 목적을 달성하고자 하면 정성이 있어야 합니다. 바꿔 말하면, 정성이 있지 않으면 어떤 일도 이룰 수 없습니다. 이것이 천리(天理), 즉 하늘의 원칙입니다. 옛 글에 '무성이면 무물(無誠 無物)'이라고 했습니다. 정성이 있지 않고는 한 물건도 이루어질 수 없다는 말입니다.

천지은의 천지 팔도 중 정성의 도에서도, 천지가 만약 정성스럽지 못하다면 천지 안에 몸담고 있는 모든 만물이 어떻게 천지에 의지하여 살 수 있을 것인가를 생각해보라고 했습니다. 해가 오늘은 떴다가 내일은 안 떴다가, 또 계절이 봄이었다가 갑자기 가을이나 겨울이 된다거나, 늘 돌던 천지가 오늘은 피곤하다고 돌지 않으면 세상 만물이 살 수 없습니다. 천지에는 끊임없는 정성이 있어서 만물이 거기에 의지하여 성장하고 살아갑니다. 마찬가지로 사람이 하는 일 역시 그 일을 이루려면 정성이 있어야 합니다.

어떤 일이 성사되려면 두 가지 요소가 필요합니다. 하나는 그 일이 성공할 수 있는 방법을 강구하는 것이고, 또 하나는 합리적 방법으로 그 일이 이루어질 때까지 지속하는 것입니다. 가령 서울을 가려고 할 때 방향을 분명히 알고 길을 떠났다 하더라도 만약 대전까지만 가고 멈추면 서울에는 절대 도착할 수 없습니다. 길을 잘 들어섰다 하더라도 서울까지 가야 목적을 달성합니다.

어떤 일을 할 때 거기에 맞는 방법으로 성사될 때까지 하면 인과의 원리나 진리적으로 생각해볼 때 안 될 일이 없습니다. 공부든, 교화단이든, 교단의 모든 일이 그렇습니다. 나의 욕심만큼 되지 않는다고 좌절하여 '나는 못하는가 보다.', '나는 안되는가 보다.'라고 생각하는 것은 진리에 맞지 않는 마음입니다. 세상에 안 되는 일은 없습니다. 내가 그만큼 공을 들이지 않았고, 방법이 옳지 않았기 때문에 안 된 것입니다. 방법이 옳고 지극히 공을 들이면 응당 결과가 있기 마련입니다.

부모가 자녀를 기를 때도, 교무님이 교화를 할 때도 마찬가지입니다. 하고자 하는 일에 끊임없는 마음으로 정성을 정확히 들여야 합니다. 출가자 한 명이 나올 때 그 사람 하나에게 쏟는 정성은 말로 다 할 수 없을 정도입니다. 정산 종사께서 일원상을 그린 후 한 가운데에 중심 되는 점을 하나 찍으면서 "이 진리의 중심이 바로 성."이라고 했습니다. 정성이 빠지면 작은 것 하나라도 이루어질 수 없다는 뜻이라고 생각됩니다.

정성스러움은 쉽지 않은 일입니다. 천지는 정말 긴 세월, 억만 년이라는 시간 동안 정성의 도를 우리에게 보여주고 있습니다. 그러나 우리는 매일 아침 선 한번 하는 것도 일생동안 일관하기가 쉽지 않습니다. 계획을 세웠다가도 이내 뜻을 꺾거나 중간에 변경하는 경우도 많습니다. 만약 정성을 '끊임없는 것'이라고만 하고 다른 이야기를 해주지 않았다면 정성의 도를 실현할 수 있는 이는 한 명도 없을 것입니다.

그런데 대산 종사께서는 '정성의 도'를 설명하며 "천년을 이어가도 천년 뒤에 멈추면 그것은 성이 아니고, 설사 백년을 쉬었더라도 백년 뒤에 다시 이으면 성이다."라고 했습니다. 되새겨볼수록 좋고, 만생령을 살려내는 말이 아닌가 하는 생각이 듭니다. 살아가다 보면 마음이 쉴 때도 있습니다. 마음이 쉬지 않는 사람은 세상에 없습니다. 하지만 잠깐 쉬었던 마음을 다시 살려서 전심과 후심, 즉 앞 마음에 뒷 마음을 이어갈 수만 있다면 잠깐 쉰 것은 휴심(休心)일 뿐 다시 성을 이어가는 것이 됩니다. 그렇게 다시 이어가고 다시 이어가는 가운데 마음의 힘이 쌓입니다.

물론 마음이 쉬지 않고 쭉 이어질 수 있다면 더욱 좋습니다. 그러나 조금 쉬었다 하더라도 걱정하거나 포기하지 않고 다시 마음을 내서 정성을 들이면 됩니다. 〈대종경〉에 팔산 김광선 선진이 소태산 대종사님에 대해 찬탄한 이야기가 나옵니다. 거기에 '정성을 일관하신 것'이 있습니다. "소태산 대종사를 뵈면, 구인제자와 더불어 언답을 막고 기도할 때 보였던 열의와 정성, 그리고 그 뒤에 교단 창업을 했던 열의가 더 했으면 더했지 조금도 다름이 없다. 그것이 내가 참으로 닮고 싶고 배우고자 하나 능히 못하는 바이다."

우리는 소태산 대종사님을 직접 만나지 못했습니다. 하지만 법 높은 여러 어른들을 통해 그 심법과 공부심을 그대로 받아 배울 수 있습니다.

만사 성공의 원동력

신·분·의·성은 진행사조입니다. 먼저 바르게 믿고, 장애물이 나타나더라도 그것을 박차고 나가며, 내가 가는 길이 옳은 길인지 끊임없이 되물으며 바른 길을 찾고, 끝까지 일관하는 정성심, 이 네 가지 마음은 만사를 성공하게 하는 원동력입니다. 마음공부에도 반드시 신·분·의·성을 들이대야 합니다. 이 중 한 가지라도 빠지면 완전한 성공을 이룰 수 없습니다.

공부를 해나갈 때 정진을 하겠다는 이유로 잠을 자지 않고 버티며 앉아만 있는 것은 진짜 정진이 아닙니다. 진짜 정진은 신·분·의·성이 있는 정진입니다. 믿는 마음 없이 천 일을 앉아 있다 한들 변함이 없을 것이고, 한 때 마음을 일으켰다 하더라도 거기에 그치면 일을 성공적으로 이루지 못합니다. 그리고 반드시 신에 바탕한 의를 통해 깨달음을 향한 바른 길로 나아가야 합니다. 이때 정성은 더 말할 것 없는 필수 요소입니다.

신·분·의·성을 합쳐서 간단하게 표현할 때 '신성'이라고 합니다. 신성 두 글자 안에 분과 의는 압축되어 있습니다. 그래서 〈대종경〉에서도 신성품이라고 합니다. 신(信)과 성(誠)은 수도자와 종교가의 모든 것이라고 해도 틀리지 않습니다.

사연사조
버려야 할 네 가지 마음

불신

불신(不信)은 믿지 않는 것입니다.

소태산 대종사께서는 불신이라 함은 신의 반대로 믿지 아니함을 이름이니, 만사를 이루려 할 때에 결정을 얻지 못하게 하는 것이라고 했습니다. 만사를 이루려 할 때 결정을 얻지 못하면 만사를 이룰 수 있는 방법이 없습니다. 진행사조를 공부할 때 종교가에서 가장 중요한 것이 믿음에 있다고 했는데, 그렇게 본다면 기피해야 할 가장 큰 마장이 바로 불신입니다.

흔히 종교가에서는 계문을 범하는 것이 공부를 방해하는 가장 큰 마장[1]이라고 합니다. 그러나 계문을 어기는 것 정도는 참회할 기회가 있고 다시 나아갈 기회도 있습니다. 하지만 불신은 애당초 믿지 않는 마음으로 자신을 가둬버리기 때문에 어떠한 진전도 이룰 수 없게 합니다.

어떤 잘못을 저지르면 '천벌을 받는다.'고 합니다. 이때의 천벌은 단순히 하늘에서 벼락을 내리는 벌만을 이야기하지 않습니다. 가장 큰 천벌은 마음 가운데 신(信)이 물러나는 것입니다. 마음 가운데 불신이 싹틈으로써 믿는 마음이 퇴색되고, 그로 인해 결국 진리와, 회상과, 법과, 스승과, 동지를 등지게 되면 가장 큰 천벌이 아닐까 생각합니다.

소태산 대종사께서는 제자들을 가르칠 때 "너희들이 공부해가는 중에 가장 큰 고비와 가장 큰 마장이 하나 있는데, 그것은 바로 호의 불신증에 빠지는 것이다."라고 했습니다. 호의 불신증이란, 여우와 같이 간교한 의심을 내서 믿지 않는 것을 말합니다.

도가에서 공부를 처음 시작할 때는 아무것도 모르므로 어른들이 시키는 대로 잘 합니다. 그러나 조금 법을 알았다 싶으면 나름대로의 주관에 따라 스승과 법과 동지들을 재단합니다. 그렇게 믿지 않다 보면 제도의 문은 은산철벽처럼 막혀버립니다. 불신을 가지고서는 절대 진리의 세계로 나아갈 수 없고, 제도 받을 수 없습니다. 자기 뜻과 생각을 고집하고 믿지 않는 마음을 내면서 스승과 동지들의 정당한 경륜을 의심하고 저울질하는 마음을 버려야 합니다.

혹 정당하게 믿어야 할 자리에 믿지 않는 마음이 나올 때는 스스로 깜짝 놀라야 합니다. 내 마음 가운데 있어서는 안 될 것이기 때문에, 반드시 뿌리를 뽑아 없애야 합니다. 불신은 아주 무서운 병입니다.

탐욕

우리 마음에서 버려야 할 두 번째는 탐욕(貪慾)입니다.

탐욕은 상도에서 벗어나 과히 취하는 것입니다. 상도(常道)란, 떳떳한 평상의 도를 말합니다. 우리가 상식적으로 생각할 수 있는 궤도를 벗어나서 과히 취하려고 하는 것이 탐욕입니다.

탐욕은 오늘 벼를 심어놓고 내일 수확을 바라는 마음과 같은 것입니다. 벼를 심었다면 물을 줘야 할 때 물을 주고, 햇볕을 쬐게 해야 할 땐 쬐게 해주면서 차서와 순서를 따라 공들인 결과를 가을에 수확으로 얻는 것이 상도입니다.

욕속부달(欲速不達)이라는 말이 있습니다. 속히 이루기를 바라면 절대 목적을 이루지 못한다는 말입니다. 탐욕으로 구해서는 얻을 수 있는 것이 없습니다. 진리적으로도 그것이 맞습니다. 인과의 이치만 놓고 생각해보아도, 그만한 정성과 공이 있은 후에 결실이 와야 맞습니다. 공은 열밖에 들이지 않았으면서 천이나 만의 결과를 바라는 마음은 탐욕입니다.

설사 탐욕으로 한때 얻고자 하는 바를 얻었다고 생각할 수 있겠지만 그때의 얻은 것은 실제 얻은 것이 아닙니다. 마치 모래위의 성(城) 같아서 오히려 아무것도 없었을 때보다 더 심한 고통으로 돌아옵니다. 얻었다고 생각한 것이 꿈이었다면 얼마나 허망하겠습니까.

무슨 일이든 탐욕심으로 하면 맞지 않습니다. 정당한 서원을 세우고 정당한 분심을 발하여 순서를 따라 합리적으로 공을 들여 일을 이뤄야 합니다.

나

사연사조의 세 번째는 나(懶)입니다. '나'는 나태입니다. 나태란 어떤 일을 할 때 하기 싫어하는 것을 이름이라고 했습니다. 편안하고 싶은 생각에 몸을 가만히 놓아두는 것입니다.

나태심 때문에 아무것도 하지 않았는데 일이 성공하는 경우는 없습니다. 밥을 쳐다보면서 가만히 앉아만 있으면 배를 불릴 수도 건강에 도움을 얻을 수도 없습니다.

우리에게는 진리로부터 부여받은 무한한 영성과 능력이 있습니다. 나태는 그러한 가능성을 모두 사장시켜버립니다. 아무리 좋은 시설과 여건이 갖추어져 있어도 정작 내가 하지 않으면 내 것으로 만들 수 없습니다.

나태의 원인은 몸을 편안하게 만들고자 하는 것입니다. 나태심에 대처하려면 지금 편안하게 둔 이 몸이 결국 흙으로 돌아간다는 것을 알아야 합니다. 이 몸을 가진 지금 순간을 부지런히 활용하여 복과 혜를 장만해야 합니다. 몸을 위한다는 핑계로 가만히 놓아두면 영원히 내 것이 안 될뿐더러 복과 혜를 생산하지 못합니다. 나태심이 날 때는 몸을 편안하게 하고자 하는 지금 마음이 정말로 몸을 위한 것이 아님을 상기하고, 정당한 일에는 몸을 활용하여 대중에게 유익을 주고 나에게도 도움이 되게 해야 합니다.

우

우리가 버려야 할 네 번째 마음은 어리석을 우(愚)입니다.

우는 대소유무와 시비이해를 전혀 알지 못하고 자기 마음대로 하는 것입니다. 공장에서 기계를 제작할 때는 만드는 방식을 잘 따라야 쓸모있는 기계를 만들 수 있습니다. 드라이버를 오른쪽으로 돌리라고 했는데 왼쪽으로 돌리면 아무 쓸모없는 행동이 될 뿐, 세상에 도움 되는 물건을 만들어내지 못합니다.

본인이 어리석은 줄 알고 대처를 하면 좋은데, 대개 어리석은 사람은 본인이 어리석은 줄을 모릅니다. 모르니까 자꾸 거기에 고집합니다. 이는 큰 병입니다. 어리석음에 잘 대처하기 위해서는 정당한 지도를 잘 받아야 합니다. 나를 올바르게 지도해 줄 수 있는 사람의 지도를 잘 받아들여야 합니다. 그래야 어리석음에서 벗어날 수 있습니다. 하지만 어리석은 사람일수록 고집을 부립니다.

대소유무와 시비이해를 알지 못하고 자행자지하는 것에서 벗어나 진리의 바른 길을 따라 살고자 한다면 정당한 지도를 잘 받아야 합니다. 내 소견에 대한 집착을 놓고 스승이나 동지의 올바르고 정당한 지도를 받아들인다면, 받아들인 만큼 어리석음에서 벗어날 수 있습니다.

마음 속 잡초제거

소태산 대종사께서 진행사조(신·분·의·성)와 사연사조(불신·탐욕·나·우)를 함께 밝힌 것에는 분명 이유가 있습니다.

사실 중생의 마음은 일관하는 것이 쉽지 않습니다. 믿음(信)이 있을 때도 있지만 없을 때도 있고, 정성심이 있을 때도 있지만 없을 때도 있고, 분심이 날 때도 있지만 나지 않을 때도 있고, 의심이 날 때도 있지만 나지 않을 때도 있습니다. 신·분·의·성의 마음이 생길 때는 그 마음을 더 추어올려 강화시키고, 반대의 마음이 생길 때는 마음의 자각을 일으켜 '아, 이런 마음은 있어서는 안 되겠구나.' 하고 얼른 그 마음을 없애야 합니다.

버려야 할 마음, 즉 사연사조를 알지 못하는 것은 잡초가 슬그머니 자라도 그것이 잡초인지 아닌지를 모르고 사는 것과 같습니다. 어느새 무성해져 버린 잡초와 같은 '아닌 마음'은 없애기가 매우 어렵습니다.

그러므로 우리는 길러야 할 마음과 없애야 할 마음을 분명히 알아야 합니다. 불신·탐욕·나·우라는 사연사조의 마음은 작은 싹이 보이는 즉시 대처해야 합니다. 반대로 신·분·의·성이라는 진행사조의 마음은 아주 자그마한 것이라도 자꾸 북돋아 키워야 합니다. 혹 바로 믿어지지 않더라도 믿는 마음을 한번 더 내고, 분발심도 한번 더 내면서 의심과 정성심을 이어가야 합니다. 이렇게 공부하면 신·분·의·성은 점점 강화되고, 불신·탐욕·나·우는 쉽게 대처할 수 있습니다.

마음에 신·분·의·성이 가득 차 버리면 불신·탐욕·나·우가 자리 잡을 곳은 없습니다. 그런데 실제로는 마음에 신·분·의·성을 가득 채우기가 쉽지 않고, 지금도 순간순간 불신이 올라옵니다. 탐욕심도 나태심도 불쑥불쑥 나옵니다. 그때그때 마음을 신·분·의·성으로 돌리면서 공부를 진행해야 합니다.

소태산 대종사께서는 "도가의 성공은 재질이나 능력 여부에 있지 않고, 신·분·의·성으로 정진하고 못 하는 데에 있다."고 했습니다. 우리가 팔조 대로 신·분·의·성을 잘 챙기고 불신·탐욕·나·우를 없애면서 정진하면 공부는 쭉쭉 뻗어나가고 일취월장할 것입니다.

단순히 팔조의 뜻을 아는 것에만 그치지 않아야 합니다. 실제로 불신이 나올 때, 탐욕이 동할 때, 나태심이 생길 때, 어리석음이 있을 때, 신·분·의·성으로 바로 대처해야 합니다. 표준을 그렇게 잡으면 공부의 진취가 훨씬 빠를 것입니다.

---

1) 마장(魔障): 수행에 장애가 되는 요소들을 말한다. 가족·재산·지식·명예·권력 등이 수행을 방해할 수도 있고, 마음속에 일어나는 번뇌망상·삼독오욕·분별사량·시기질투 등이 방해가 되기도 한다. 불도(佛道)를 방해하는 온갖 악한 일, 악마들의 군병(軍兵), 정법(正法)을 해롭게 하는 무리라는 의미로 마군(魔軍)이라고도 한다.

인생의 요도와 공부의 요도
이 길 외에 다른 길이 없다

인생의 요도

인생의 요도란, 사람으로서 살아가는 데 중요하게 밟아야 할 길을 말합니다.

소태산 대종사께서는 '사은·사요'를 세상을 살아갈 때 반드시 실천해야 할 길이라고 했습니다. 사은은 천지·부모·동포·법률 네 가지 큰 은혜로써, 우리가 이 세상에 몸을 받아 유지하고 살아가는 은혜를 말합니다. 원불교 교도이든 교도가 아니든, 세상 누구든, 천지와 부모와 동포와 법률의 은혜 없이 세상을 살아갈 수 있는 사람은 없습니다.

사요는 그러한 은혜를 통해 살아갈 때 실현해나가야 할 네 가지 길에 대한 것입니다. 자력을 길러야 하고, 나보다 나은 이를 스승 삼고, 나보다 못한 이를 가르치고, 나보다 약한 이를 보호하는 것을 말합니다. 사요가 잘 실현되면 나도 영원히 잘 살거니와 나와 더불어 모든 사람이 함께 잘 사는 길이 열립니다. 그래서 인생의 요도라고 합니다.

인생의 요도는 왜 반드시 실천해야 할까요? 사은(천지·부모·동포·법률)이 없어서는 사람이 살아갈 수 없습니다. 그러므로 그 자체로서 내가 이 세상에 살아가는 존재 근거가 됩니다. 사은은 사실 특별한 교리이론이 아닙니다. 사람들이 미처 알지 못하는 은혜의 내역을 소태산 대종사께서 우리가 알 수 있게 정리해 보여준 것입니다. 그러한 은혜가 없어서는 우리가 살 수 없다면, 그 은혜에 보은하는 것은 인생의 의무이자 준칙입니다.

그렇다면 사요에 있어서, 자력을 기르거나 나보다 나은 이를 스승 삼는 것은 왜 인생의 요도가 될까요? 내가 몸을 받아 태어나 살기 위해서는 스스로의 힘과 타인의 도움, 즉 자력과 타력이 있어야 가능합니다. 물론 삶을 살아가는 데 주체가 되는 것은 나의 힘, 자력입니다. 좋은 의술과 좋은 약재, 즉 아무리 좋은 타력이 있다 할지라도 환자가 의술과 약재를 받아들일 수 있는 힘이 없으면 제대로 된 치료가 어렵습니다. 사요의 강령은 우리가 이 세상을 살아가기 위해서는 자력을 길러야 한다는 것이고, 그 자력은 결국 타력의 도움을 통해 길러집니다.

그러므로 나에게 갖춰진 자력을 가지고 나보다 못한 사람을 돕는 것(타력)은 나의 자력을 기르는 길이 됨과 동시에 전체의 자력을 기르는 길이 됩니다. 남을 잘 살게 해준다고 할 때의 '남'은 사실 '나'입니다. 그래서 자력과 타력을 함께 발전시켜나가는 것이 인생의 요도가 됩니다.

나의 힘은 기르면서 남의 힘을 기르지 않는 것은, 나무가 자신만 크겠다는 욕심을 가지고 물길을 다른 곳으로 흐르지 못하게 끊어버리는 것과 같습니다. 물길을 끊으면 결국 자신도 죽는다는 것을 알지 못하는 것입니다. 타력은 자력을 길러갈 바탕이지, 자력과 절연된 대상이 아닙니다. 그러므로 사요의 자력양성, 지자본위, 타자녀교육, 공도자숭배는 모두 자력과 타력을 함께 기르는 인생의 요도가 됩니다. 자력을 기르지 않고 어떻게 잘 살 수 있으며, 자력을 바탕하여 타력을 보호하거나 기르지 않으면서 어떻게 잘 살 수 있겠습니까.

가령 나만 살펴보아도 그렇습니다. 나를 중심으로 한 주변의 모든 환경은 타력입니다. 내가 아무리 많은 학문과 지식을 갖추었더라도 나의 주변에 지식을 나눌 수 없다면 쓸모없는 것이 됩니다. 하지만 나의 주변에 나처럼 마음을 좋게 쓰고 실력 있는 사람도 많다면, 그들과의 교류를 통해 장사를 해도 잘 될 것이고 물건을 만들어도 잘 만들게 됩니다. 결국 남이 잘 사는 것이 내가 잘 사는 데에 큰 도움이 됩니다. 자력과 타력을 함께 증장시키는 사요법을 떠나 잘 사는 길은 없습니다. 그래서 인생의 요도입니다.

지자본위와 타자녀교육 역시 마찬가지입니다. 사람이 동물과 다른 것은 '영', 즉 앎(知)이 있기 때문입니다. 사고와 판단을 할 수 있는 능력이 있어 인류 생활에 진전을 가져옵니다. 지(知)는 인간 생활의 가장 중심입니다. 사람의 몸이 세상에 태어났다 하더라도 사물에 대한 판단력이나 지식, 또는 지혜가 함양되지 않는다면 사람으로서 제대로 살아갈 수 없습니다. 그래서 지자본위가 중요합니다. 나보다 나은 이를 스승 삼아 나를 발전시키는 것은 결국 자력을 키워가는 일이 됩니다.

사람으로서 '사은·사요의 길을 밟지 않고 잘 산다.'고 하면 그건 거짓말입니다. 서울을 갈 때 고속도로를 타면 그대로 목적지에 잘 도착하듯, 인생의 요도를 잘 밟으면 바로 부처님의 실행을 얻고 우리가 바라는 광대무량한 낙원이 펼쳐집니다. 잘 사는 길을 찾고 싶다면 다른 곳에서 길을 찾거나 머뭇거리지 말고 사은·사요의 길을 가면 됩니다.

우리가 마음공부를 하는 이유는 진리를 깨달은 성자들의 인품과 인격을 본받아 살기 위함입니다. 그렇다면 진리를 깨달은 성자는 어떠한 삶을 살기에 우리가 본받고자 하는 것일까요? 성자들은 인생의 요도를 밟는 삶을 삽니다. 진리를 깨달았다고 하여 신통묘술을 부리거나 하늘 위에 집을 짓고 살지 않습니다.

진리를 아직 확실히 모르더라도 진리를 깨달은 성자들이 밝혀준 인생의 요도를 통해 쉽게 하나하나 실천해나갈 수 있습니다. 그 하나하나를 실현해가는 것은 서울을 향해 한발 한발 걸어가고 있는 과정과 같습니다. 우리는 인생의 요도를 실천함으로써 진리의 길을 걷고 있습니다. 내가 하나를 실행하면 하나, 둘을 실행하면 둘을 얻습니다.

한편 생각하면 진리를 깨닫기 위해 다른 수고를 들일 필요가 없습니다. 역설 같지만, 이미 그러한 길이 사은·사요로 밝혀져 있기 때문입니다. 사은·사요의 길만 알고 밟아나가면 본인의 마음에 '아, 이 길 외에는 다른 길이 없구나.' 하는 것을 알게 될 것이고, 이를 확실히 알면 진리와 내가 더 가까워집니다.

소태산 대종사께서 밝힌 사은·사요는 곧 인생의 요도이고, 누구든 밟아나가야 하는 길입니다. 부처님도, 어진 사람도, 어린이도, 노약자도, 이 세상을 살아가는 사람이라면 반드시 인생의 요도를 밟아야 합니다.

공부의 요도

소태산 대종사께서는 개교의 동기에서 광대무량한 낙원으로 모든 사람을 인도하기 위해 이 회상을 열었다고 밝혔습니다. 그리고 정신이 물질세력의 지배를 받는 원인을 언급한 후, 정신이 물질을 지배함으로써 참 낙원생활로 가는 방법을 진리적 종교의 신앙과 사실적 도덕의 훈련으로 밝혔습니다.

〈정전〉 '인생의 요도와 공부의 요도' 장에서는 '인생의 요도는 공부의 요도가 아니면 사람이 능히 그 길을 밟지 못할 것이요, 공부의 요도는 인생의 요도가 아니면 사람이 능히 그 공부한 효력을 다 발휘하지 못할지라.'라고 했습니다. 이건 공부의 요도를 훈련하지 않으면 사실적 도덕의 훈련을 실천할 수 없다는 말이고, 동시에 그러한 훈련법이 있다 하더라도 실질적으로 밝혀주는 도덕의 길이 없고 보면 우리가 걸어가야 할 길을 알 수 없다는 말입니다.

그러므로 소태산 대종사께서 인생의 요도와 공부의 요도로 우리 교리의 양대 축을 잡아 준 것은 큰 가르침입니다. 복록과 지혜를 함께 갖추게 하는 안내이기 때문입니다. 복이 있어도 지혜가 없으면 어렵고, 지혜가 있어도 복이 없으면 어렵습니다. 두 가지가 함께 있어야 행복한 생활을 할 수 있습니다.

소태산 대종사께서는 "정법(正法)시대가 되면 새로이 간단한 교리와 편리한 제도로 누구나 진리의 바른 뜻을 바로 짐작해서 알게 될 것."이라고 했습니다. 이걸 밥 짓는 법에 비유해보겠습니다. 부처님, 예수님, 공자님의 가르침은 처음엔 밥 짓는 법 하나를 간단하게 밝힌 것이었습니다. 그런데 시간이 흘러오면서 밥 짓는 법에 대한 책이 10권이 되고, 더 늘어나 100권이 되었습니다. 우리가 밥 짓는 법을 배우는 이유는 밥을 잘 짓기 위해서입니다. 그런데 그 100권의 책을 읽는 동안 밥 짓는 법은 모두 어디로 가버리고, 밥을 왜 짓는지 밥의 성분은 무엇인지 등을 따지면서 정작 밥을 지어야 한다는 사실은 잊어버립니다. 이는 성자들의 본의가 아닙니다. 그래서 소태산 대종사께서는 다시 새롭게 간단한 법으로, 실제 각자가 밥을 지어 유익이 되도록 법을 펴냈습니다.

소태산 대종사께서 '사은·사요는 인생의 요도이고, 삼학·팔조는 공부의 요도'라고 한 것은 과거 여러 성자들이 밝혔던 가르침을 아주 간명히 정리한 것입니다. 과거와는 매우 달라진 시대에 과거 성자들이 밝혀놓은 법으로 대응하여 살아갈 수 있을 것인가에 대한 고민에서 탄생한 결과물이기도 합니다. 모든 성자들의 본의는 인류를 잘 살게 하는 것입니다. 인류의 눈과 귀와 정신이 열리도록 인도해주고자 함이 본의입니다.

그 본의를 소태산 대종사께서는 새롭게 변화한 시대에 맞게 인류가 걸어나갈 길을 아주 핵심만 추려서 사은·사요는 인생의 요도로, 삼학·팔조는 공부의 요도로 밝혔습니다. 사은·사요라는 길만 밟으면 사람으로서 사람다운 일을 할 수 있고, 전 인류가 고루 잘 사는 세상이 열립니다. 따라서 각자 각자가 인격양성을 잘 하는 것이 인생의 요도를 잘 세워가는 방법이 됩니다. 그러기 위해서 수행과 수련이 필요합니다.

이에 과거에 밝혔던 수행법 또는 수련법을 핵심만 다시 정리한 것이 바로 삼학과 팔조입니다. 삼학·팔조는 공부의 요도이고, 마음공부를 해나가는 데 있어 이 길 외에 다른 길이 없음을 분명히 보여주는 조목이기도 합니다.

과거 유가에서는 주로 솔성(率性), 즉 작업취사를 주체로 하여 가르쳤습니다. 도가에서는 수양을 주체로 하여 법을 펼쳤고, 불교에서는 견성법, 즉 사리연구법을 주체로 삼았습니다. 그러나 불교에 사리연구법만 있는 것이 아니고, 도교에 성품을 양성하는 법만 있는 것이 아니며, 유교에도 솔성하는 법만 있지 않습니다. 각각 삼학의 요소를 모두 가지고 있지만 그 중 주체로 삼은 것이 다를 뿐입니다. 이에 소태산 대종사께서는 정신수양, 사리연구, 작업취사 삼학을 병진하여 함께 나아가야 함을 강조했습니다. 수양이 앞서고 연구와 취사는 뒤에 선다든지 하는 것은 바람직하지 않다고 보았습니다.

수양을 할 때 연구와 취사가 합력하고, 연구를 할 때 수양과 취사가 합력하고, 또 취사를 할 때는 수양과 연구가 합력해야 바른 인격을 갖출 수 있습니다. 삼학공부를 제대로 하면 과거 모든 성자들의 수행법을 총섭할 수 있습니다. 일원의 진리에 바탕한 온전한 마음을 가져야 하고, 일을 당하여서는 밝게 판단하는 능력이 있어야 하고, 밝게 판단했으면 실천하는 힘이 있어야 합니다. 이 세 가지 힘이 함께 있어야 큰 힘을 발휘할 수 있습니다. 공부의 요도 삼학·팔조는 생활 속에서 공부하고 수도하게 함으로써 향상하게 하는 대법(大法)입니다.

여기에서 꼭 알아야 할 것이 있습니다. 인생의 요도와 공부의 요도는 결코 '원불교에서 가르치는 교리'에 한정되지 않는다는 것입니다. 사은·사요가 인생의 요도임을 알아 사람이 사람답게 살아가고, 나를 비롯한 가족과 이웃과 세계가 잘 살고자 하면 모두가 이 길을 밟아나가야 한다는 것을 절실히 느껴야 합니다. 또 사람답게 살아가기 위해 마음을 잘 닦아나가는 방법으로 삼학·팔조라는 공부의 요도를 알아야 합니다. 삼학 가운데 무엇이 빠진다든지, 삼학은 있는데 팔조가 빠진다면 바른 공부라고 할 수 없습니다.

인생의 요도와 공부의 요도의 관계

소태산 대종사께서는 인생의 요도와 공부의 요도를 두 축으로 하여 교리를 펼쳤습니다.

온 인류가 고르게 잘 살도록 길을 밝힌 것은 인생의 요도이고, 사람의 마음을 개조하여 도덕성을 함양시키는 비법은 공부의 요도로 밝혔습니다. 그러므로 공부의 요도와 인생의 요도는 곧 제생의세하고 성불제중하는 요법이라고 할 수 있습니다. 또한 개인에게는 인생의 요도를 통해 복을 장만하고 공부의 요도를 통해 인격을 양성하게 했습니다.

그렇다면 공부의 요도와 인생의 요도는 어떤 관계일까요? 공부의 요도를 통해 내 마음의 힘을 얻어야 인생의 요도를 실천해나갈 수 있습니다. 설사 인생의 요도가 있어도 공부의 요도를 실천할 수 있는 힘이 없으면 인생의 요도까지 필요없어집니다. 반대로 공부의 요도는 있어도 인생의 요도가 없으면 그 공부가 효력을 내기 어렵습니다.

소태산 대종사께서는 그 관계를 '인생의 요도는 약재와 같고, 공부의 요도는 의술과 같다.'고 아주 쉽게 설명했습니다. 의사가 환자를 치료할 때 아주 좋은 약재가 있더라도 의술이 없으면 약재는 무용지물이 됩니다. 설사 의술이 있더라도 약재가 없으면 환자의 병을 제대로 치료할 수 없습니다. 부처님을 의왕이라고 하는 이유도 이와 비슷합니다. 우리가 가진 삼학·팔조라는 의술에 사은·사요라는 약재를 쓰면 천하에 고치지 못할 병이 없습니다.

〈대순전경〉에 '천하가 병에 든지 오래이고 병으로 곪았는데, 천하의 병에는 천하의 약재를 써야 한다.'라는 증산 강일순 선생의 말이 있습니다. 여기에서 천하의 약재란 무엇일까요? 소태산 대종사께서는 큰 도와 작은 도를 설명하면서 "큰 도는 많은 사람이 걸을 수 있는 길이고, 작은 도는 몇 명만 갈 수 있는 길이다."라고 했습니다. 사은·사요·삼학·팔조는 실천하지 못하거나 공부하지 못할 사람이 아무도 없으므로 천하의 대도입니다. 어린이도, 병든 이도, 지식이 있는 사람도, 한가한 사람도, 재산이 많은 사람도 적은 사람도, 살림이 바쁜 사람도, 가만히 서서도, 앉아서도 할 수 있기 때문입니다.

소태산 대종사께서는 새 시대에 전 인류를 구원할 법으로 인생의 요도 사은·사요와 공부의 요도 삼학·팔조를 세웠습니다. 이대로만 하면 병든 세상을 고치고 평화 안락한 낙원을 이룰 수 있습니다. 그 큰 경륜이 열 글자도 안 되는 '사은·사요·삼학·팔조'에 응축되어 있습니다.

사대강령
원불교 사람들의 삶의 목표

개괄

사대강령(四大綱領)은 원불교의 공식 교리는 아닙니다.

원불교에서는 네 가지 은혜(사은)와 네 가지 실천해나가야 할 중요한 덕목(사요), 그리고 세 가지 마음공부 하는 법(삼학)과 마음공부의 목적을 달성하기 위해 필요한 네 가지와 버려야 할 네 가지(팔조)를 기본교리로 공부합니다. 그 기본교리를 모두 밝힌 후 교의편 가장 마지막으로 사대강령이 나오는 이유는, 기본교리에 입각해 '인생의 목표'와 '교단의 목표'를 어디에 두어야 할 것인지를 강령적으로 추려 밝힌 것입니다. 즉 사대강령은 '이렇게 살자.'라는 행동강령 같은 것입니다.

사대강령의 첫 번째는 정각정행(正覺正行)입니다. 바르게 깨닫고 바르게 행하자는 뜻입니다. 두 번째는 지은보은(知恩報恩)입니다. 은혜를 알고 은혜를 갚자는 뜻입니다. 세 번째는 불법활용(佛法活用)입니다. 부처님의 법을 생활에 잘 활용하여 불법과 생활이 분리되지 않고 불법이 있음으로 인해 생활을 더욱 빛나게 하자는 뜻입니다. 네 번째는 무아봉공(無我奉公)입니다. 나에 붙잡히지 말고 전 세계를 나로 알아 인류를 위해 노력하며 살자는 뜻입니다.

　소태산 대종사의 가르침은 결국 '실천'하며 살라는 것이 핵심입니다.

정각정행
바르게 깨닫고 바르게 행하다

정각정행은 바를 정(正) 자, 깨달을 각(覺) 자, 행할 행(行) 자를 써서 바르게 깨달아서 바르게 행하라는 뜻입니다. 〈정전〉에서는 정각정행을 '불조 정전의 심인을 오득하여 그 진리를 체받아서 안·이·비·설·신·의 육근을 작용할 때에 불편불의하고 과불급이 없는 원만행을 하자는 것'이라고 설명하고 있습니다.

소태산 대종사께서는 진리를 깨달은 후 이를 일반 대중에게 알릴 방법을 고민하다가 한 일(一) 자, 둥글 원(圓) 자를 써서 일원(一圓)으로 표현했습니다. 일원이라고 표현한 그 진리는 다른 것이 아니고 결국 불조정전(佛祖正傳)[1)]의 심인입니다. 같은 도장으로는 천 번이고 만 번이고 직인이 똑같은 모습으로 찍힙니다. 부처님과 부처님 법을 깨달은 선각자들은 그 마음의 모습이 똑같습니다. 천 번째 깨달은 선각자의 마음도 부처님의 원래 마음을 그대로 닮습니다.

진리의 모습이 그대로 나타날 뿐, 훼손됨이 없습니다.

결국 일원의 진리는 부처님이나 성자들이 깨달은 마음자리를 말합니다. 정각은 우리도 그러한 부처님 마음을 알자는 것입니다. 부처님 마음을 표준 삼아 안이비설신의 육근을 작용할 때 비로소 정행이 됩니다. 정행은 눈·귀·코·입·몸·마음을 써나갈 때 한 곳에 치우치거나 과유불급²⁾하거나 미흡하지 않은 원만행을 하자는 것입니다. 즉 정각정행이란, 부처님의 마음을 알아서 부처님과 같은 마음을 쓰자는 것입니다.

소태산 대종사께서 삼학·팔조 공부를 가르친 것도 알고 보면 수양·연구·취사를 해나갈 때 정각정행을 하자는 것입니다. 그렇다면 우리가 바르게 알고 바르게 행해야 할 그것은 무엇일까요?

먼저, 바르게 알기 위해서는 정신이 깨어있어야 합니다. 정신이 깨어있으면 어떤 것이 부처님 마음이고 어떤 것은 부처님의 마음이 아닌지를 분명히 압니다. 내가 가진 마음이 어떤 마음인지 모르고 사는 것은 혼몽 중에 사는 것과 다르지 않습니다. 정각이란 마음을 분명히 알자는 것입니다. 그리고 바르게 알았다면 바른 행동, 즉 정행을 해야 합니다.

부처님 마음은 어디에 있을까요? 부처님 마음을 찾고자 하면 부처님 마음이 있는 곳을 알아야 합니다. 소태산 대종사께서는 법을 낸 후에 "성자들이 마음을 찾는 방법에 대해 안내하고 또는 부처님 마음이 어떻게 생긴 것인지 표현은 해놓았지만 그것은 그림자에 불과하다. 부처님 마음을 글과 말로 다 설명해놓았어도 그것은 안내서에 불과할 뿐, 부처님 마음이 거기에 있지는 않다."고 했습니다. 즉 우리가 쓰는 마음자리, 거기에 부처님 마음이 있습니다.

우리는 감정에 휩쓸리거나 집착하는 그것만이 내 마음인 줄로 알고 살아갑니다. 하지만 우리가 가진 마음의 근본 줄기에는 부처님과 같은 마음이 있습니다. 이런저런 욕심이 모두 떨어진 순수한 상태의 원래 마음은 누구에게나 있습니다.

어떤 일이나 상황을 접하면 거기에 응한 마음이 나옵니다. 미운 사람을 대하면 미움에 상응하는 마음이 나오기 마련입니다. 하지만 미운 마음이 나오기 이전의 마음이 있습니다. 그것을 본래 마음이라고 합니다. 그 본래 마음을 찾아보는 여유가 있어야 합니다. 그것이 정각입니다. 본래 마음을 찾아야 참으로 온전하고 진실한 마음자리를 어느 경계에서나 발현할 수 있습니다.

미운 마음이 부처님 마음이라면 그대로 써도 되겠지만, 사실 미운 마음은 일시적으로 흔들려서 나온 마음일 뿐 본래 자리에는 없던 마음입니다. 본래 없던 마음이므로 굳이 미운 마음을 쓰지 않아도 일을 해결할 수 있습니다. 어떤 경계가 생겼을 때 나의 본래 마음을 찾아 쓰면 그것이 불편불의하고 과불급이 없는 원만행을 하는 것이 됩니다.

삼학·팔조공부는 마음공부입니다. 마음은 24시간 내내 사용합니다. 그러므로 어느 시간이나 장소를 따로 정해놓지 않고 마음이 나오는 그 순간 바르게 깨달아(정각) 바르게 행동(정행)할 수 있어야 합니다. 정각하여 정행하면 그 순간 부처님이 되는 것입니다. 만약 정각은 했지만 정행이 되지 않는다면 정각부처님은 됐으나 정행부처님은 되지 못한 것입니다. 때로 정각은 못했어도 정행을 할 수는 있습니다. 그러나 이는 활을 쏘긴 쐈지만 과녁이 어딘지 모르고 쏜 것 같은 경우입니다. 정확한 과녁을 모르기 때문에 지속성이 없기 마련이고, 완전한 부처님이라고 할 수 없습니다.

원불교에서 마음을 닦아나가는 길을 단적으로 뭉쳐서 표현한 것이 사대강령 첫 조목인 정각정행입니다. 삼학·팔조 공부길이 정각정행이라는 단어에 뭉쳐져 있습니다. 마음공부 강령이 곧 정각정행입니다. 우리가 보통 사용하는 마음은 참 마음이 아닌 거짓 마음입니다. 거짓 마음이 나올 때 거기에서 나의 참 마음을 발견하고, 그 마음 그대로 일상생활에 쓸 수 있어야 합니다.

생활하는 가운데 마음이 나오는 대로 방치하며 살지 않고, 한 마음이 나올 때 참 마음인지 거짓 마음인지를 발견해 올바른 삶을 실천해야 정각정행에 담긴 뜻을 실현하는 것이 됩니다. 참 마음은 부처님 마음 또는 진리와 똑같이 원만하고 둥근 마음입니다.

---

1) 불조정전(佛祖正傳): 부처와 조사들이 바르게 전해준 큰 길과 바른 법(대도정법, 大道正法).
2) 과유불급(過猶不及): 지나침은 미치지 못함과 같다는 뜻으로, 중용(中庸)이 중요함을 이르는 말.

지은보은
복록의 원천

　지은보은은 알 지(知) 자, 은혜 은(恩) 자, 갚을 보(報) 자를 써서 은혜를 알아서 은혜를 갚자는 뜻입니다. 지은보은은 사대강령의 두 번째 조목입니다. 〈정전〉에서는 지은보은을 '우리가 천지와 부모와 동포와 법률에서 은혜 입은 내역을 깊이 느끼고 알아서 그 피은의 도를 체받아 보은행을 하는 동시에, 원망할 일이 있더라도 먼저 모든 은혜의 소종래(所從來)[1]를 발견하여 원망할 일을 감사함으로써 그 은혜를 보답하자는 것'이라고 합니다.

　앞서, 공부의 요도의 총체적인 강령이 정각정행임을 살폈습니다. 지은보은은 인생의 요도인 사은·사요를 총괄적으로 밝힘으로써 우리가 실행해나갈 방향을 제시했습니다. 핵심은 은혜를 알아서 은혜를 갚는 생활을 하라는 것입니다.

　우선 정각정행과 지은보은의 관계를 살펴보겠습니다. 정각정행은 안으로 내 마음을 살펴서 참 마음을 찾아 평상시에 그 마음을 쓰도록 노력해나가는 것입니다. 지은보은은 밖으로 모든 사물을 접응하고 관계를 맺어갈 때 어떤 표준을 잡고 살아가야 할 것인가에 대한 것입니다. 우리의 삶은 누군가와 끊임없이 관계를 맺으며 이뤄집니다. 그 중에는 좋은 관계, 낮은 관계, 이로움을 주는 관계, 해로움을 주는 관계 등 다양한 관계가 있습니다. 지은보은은 다양한 관계를 맺으며 살아갈 때 은혜를 발견하여 은혜 갚는 생활을 준칙으로 삼고 살아가야 한다는 가르침입니다.

안으로 내 마음을 살필 때는 항상 참 마음을 실현해나가는 방향으로 표준을 잡고, 그 마음이 밖을 향할 때는 은혜를 발견하여 은혜를 갚는다는 방향으로 표준을 잡고 살아가야 합니다. 이것이 지은보은의 생활 강령입니다.

지은이란, 은혜를 아는 것을 말합니다. 은혜를 안다고 할 때, 보통은 생활 속에서 누구에게 은혜를 입었다는 것을 아는 정도의 가벼운 지은만을 생각합니다. 하지만 소태산 대종사께서 이야기한 지은은 '은혜를 안다.'는 단순한 의미 외에 더 깊고 근원적인 의미를 가지고 있습니다. 물론 현실적인 은혜를 아는 것도 지은이지만, 여기에서의 지은에는 '해롭다고 여겨지는 것도 모두 은혜로 보라.'는 뜻이 더 담겨있습니다. 현실적으로 나에게 해로운 것까지 은혜로 봐야 한다는 말은 사실 보통의 우리 사고에서는 해득이 어렵고 쉽게 납득되지 않습니다.

우리가 '말이 안 된다.'고 생각하는 것은 표면적으로 드러나는 유무의 개념으로만 생각하기에 그렇습니다. 진리적인 입장에서 깊이 사유해보면 충분히 말이 되고 맞는 이야기입니다. 단순하게 '은'이나 '해'라는 이분법적 생각을 가지고는 현실적으로 나에게 해로운 것을 은혜로 받아들일 수 없습니다. 하지만 우리는 근원적이고 근본적인 은혜까지 발견해낼 수 있어야 합니다. 은혜를 찾아 들어감으로써 현실적인 은혜에 한정되지 않는 근원적 은혜를 발견할 수 있다면 세상에는 은혜 아닌 것이 없게 됩니다. 그것을 발견하는 것이 바로 견성입니다.

정각정행의 정각은 견성을 말하는 것이기도 합니다. 견성이 곧 마음자리를 아는 것이기 때문입니다. 그런데 이는 지은보은에서도 마찬가지의 원리로 작용합니다. 지은, 즉 은혜를 알면 그것이 견성입니다. 나의 근원적 마음자리에 바탕한 지혜의 눈으로 밖을 보면 우주 전체가 나를 살려주는 은혜의 덩치라는 것을 알게 됩니다. 견성은 결국 우주만유와 나와의 관계를 아는 것을 말합니다. 진리를 모르는 사람은 '우주만유는 우주만유이고 나는 나이고, 각각의 모든 존재들은 서로 관계가 없다.'고 생각합니다. 하지만 진리를 점점 깨달아 가면 가족이 내가 되기도 하고 국가가 내가 되기도 하면서 그 촌수가 0촌임을 알게 됩니다. 촌수를 아는 것은 은혜를 아는 것입니다. 지은이 되면 견성이 됩니다.

보은은 은혜를 갚아나가는 것입니다. 나에게 주어진 은혜를 아는 만큼 갚을 수도 있습니다. 은혜를 갚는다고 할 때도 일반적으로는 상식적인 수준의 갚음만 떠올리기 쉽습니다. 그러나 내가 어려운 처지에 있을 때 누군가 나에게 도움을 주었던 것을 잊지 않고 있다가 다시 은혜를 갚는 정도는 보통 사람으로서 당연히 해야 할 도리입니다. 여기에서의 보은에는 지은과 마찬가지로 한걸음 더 들어간 의미가 있습니다. 어떤 사람이 나에게 해를 주었을 때 그것이 해가 아닌 은혜임을 발견하면, 원망할 일도 감사하게 되고 저절로 보은하게 됩니다. 지은보은의 생활은, 원망할 일이 있을 때에도 은혜를 발견하여 보은·감사하는 생활로 나아가는 것입니다. 그 경지까지 다다르면 그것이 곧 솔성입니다.

지은보은은 견성이자 솔성입니다. 사실 해를 은혜로 받아들이기는 쉽지 않습니다. 그래서 소태산 대종사께서는 사은 장에서 천지와 부모와 동포와 법률의 근본적인 은혜를 밝힌 후 없어서는 살 수 없는 관계에 대해 상세히 알려주었습니다.

어떤 사람이 길을 가다가 눈보라를 만나 쓰러졌습니다. 그대로 죽을지도 모르는 상황에서 이름 모를 사람의 도움을 받아 살아났습니다. 하지만 도움을 준 사람이 누구인지는 알아내지 못했습니다. 그러다 어느 때 식당에서 누군가와 가벼운 일로 말다툼이 벌어졌고, 이내 화해를 하고 대화를 주고받으며 살아온 이야기를 나누게 되었습니다. 그런데 알고 보니 그 사람이 자신을 구해줬던 사람이라면 어떻겠습니까. 조금 전까지 밉던 마음은 눈 녹듯 사라지고 생명의 은인에 대한 고마운 마음이 저절로 살아날 것입니다.

우리가 사은을 알아가는 것도 마찬가지입니다. 사은의 은혜를 모를 때는 조그마한 은과 해를 가지고 '은혜를 받았다.', '해를 입었다.'를 구분하지만 사은의 근본적이고 한량없는 은혜를 알고 보면 그 안에서 '은혜다.', '해다.'를 따질 것도 없이 모두 녹아버립니다.

지은은 그러한 사은의 크고 근본적인 은혜를 깊이 느끼고 아는 것입니다. 사은의 큰 은혜를 제대로 느끼고 알면, 나를 해한다고 생각했던 것들이 너무 작은 것에 불과함을 깨닫게 됩니다. 이면에 엄청나고 큰 은혜가 있음을 알기 때문입니다.

한걸음 더 들어가 보겠습니다. 은과 해는 어디서 어떻게 오는 것일까요? 은과 해가 오는 원인은 상대방에게 달려있지 않습니다. 내가 그런 씨앗을 심었기 때문에 나에게 옵니다. 이것은 인과의 이치이고, 피할 수 없는 진리입니다.

은혜를 철저히 느끼고, 나에게 현실적으로 해로움이라고 생각되는 것들조차도 내가 과거에 지은 바에 의해 오는 것임을 알면 원망심을 일으킬만한 것이 아무것도 남지 않습니다. 오히려 은과 해의 이치를 깨달아 현실 생활에서 보은행을 해나가면 과거의 묵은 업이 쉬어지면서 미래의 복로를 개척하는 길이 됩니다.

대산 종사께서는 "지은보은을 하면, 즉 우리가 은혜를 알아서 은혜를 잘 갚아나가면 천생만생의 복문이 열리지만, 은혜를 모르고 배은을 하면 천사만사의 화문(火門)이 열려간다."고 했습니다. 천 번만 번 살리는 복문을 열어가겠습니까, 아니면 천 번 만 번 죽는 화문을 열어가겠습니까. 이 말만 삶의 철학으로 삼아도 앞길이 환하게 열립니다. 동시에 내가 그런 사람이 되고 보면 주변의 앞길에도 한량없는 광명이 열립니다. 전 인류가 지은보은의 생활만 해나간다면 평화 안락한 대낙원이 전개될 것입니다.

   정각정행의 정각은 지은으로 통하고, 정행은 보은으로 통합니다. 정각정행은 안으로 내 마음 자세를 살필 때의 표준으로 삼고, 지은보은은 세상과의 관계 속에서 표준 삼으면 좋습니다. 정각정행의 취사(실천)를 지은보은으로 삼으면 더 좋습니다. 그러면 신앙과 수행을 연결할 수 있고, 지혜와 복록을 연결하는 산 공부가 됩니다.

   '나'는 나 혼자로서 존재하지 않고, 전체 속에서 존재합니다.

---

1) 소종래: 지내온 내력. 또는 나오게 된 내력. 어떤 일이 있게 된 과정.

불법활용
활동하는 시대의 부처

불법활용은 부처 불(佛) 자, 법 법(法) 자, 살 활(活) 자, 쓸 용(用) 자를 써서 '부처님 법을 생활에 활용하자.'는 뜻입니다. 〈정전〉에서는 불법활용을 '재래와 같이 불제자로서 불법에 끌려 세상일을 못할 것이 아니라 불제자가 됨으로써 세상일을 더 잘하자는 것이니, 다시 말하면 불제자가 됨으로써 세상에 무용한 사람이 될 것이 아니라 그 불법을 활용함으로써 개인·가정·사회·국가에 도움을 주는 유용한 사람이 되자는 것.'이라고 했습니다. 부처님 법을 우리 생활에 활용하여 실제로 개인이나 가정, 사회, 국가가 도움을 받아야 한다는 것입니다.

소태산 대종사께서는 스스로 발심하여 도를 구하고 진리를 깨달았습니다. 이후 꿈에서 불교의 〈금강경〉이라는 이름을 듣고, 그 책을 구해 직접 읽은 후 석가모니 부처님에 대해 찬탄했습니다. 많은 성자들이 같은 진리를 깨달아 밝힌 여러 교법 중 부처님이 밝힌 진리가 가장 쉽고 깊으며 잘 밝혀진 것이라는 의미로 "불법이 천하의 큰 도."라는 표현도 했습니다.

또 소태산 대종사께서는 우리의 가장 근원적인 원리를 불법만큼 잘 밝혀 놓은 것이 없다고 보았습니다. 불교에서는 불생불멸이라는 이치를 통해 생명을 가진 어떤 개체가 죽더라도 이것이 단순히 사라지는 것이 아니며, 전생·현생·내생이라는 삼생(三生)을 통해 돌고 돈다고 합니다. 또, 인과의 이치를 이야기합니다. 여러 생을 왔다 갔다 하는 가운데 잘 살기도 하고 못 살기도 하는 원인은 스스로 몸과 마음을 사용한 바에 있다는 것입니다.

이에 소태산 대종사께서는 각자의 마음을 잘 닦아 잘 쓰도록 하는 수행법을 아주 원만하게 갖춘 것을 불법이라고 보고, "부처님 법은 모든 교법 가운데 가장 뛰어난 무상대도."라고 표현했습니다. 그리고 새 회상을 창립할 때 불법의 대의에 근거하여, 연원을 석가모니 부처님으로 삼았습니다.

그러나 정작 생활에 활용하도록 가르친 부처님의 본의와는 다르게 삼천 년이라는 세월이 흘러오는 동안 대체로 불교의 전통은 출가 위주와 산중 생활이 되었습니다. 이는 일반인들로서는 부처님의 좋은 법에 접근하기 어렵게 만들었고 생활과도 점점 멀어지게 했습니다. 실제로 선을 하려는 사람이 모든 것을 다 놓은 상태에서 하루 종일 오로지 선만 해야 한다면, 일상생활 가운데 직업을 가진 사람은 선을 할 수 없습니다. 부처님에게 공양을 올려서 복을 비는 행위인 불공도 마찬가지입니다. 불공을 반드시 불상이 있는 곳에서만 해야 한다면 불상이 없는 곳에서는 절대로 할 수 없는 일이 됩니다. 바쁜 일상생활을 하는 사람들이 어느 틈에 산중을 찾아가 불공을 할 수 있겠습니까. 또 진리를 깨닫기 위해서는 가만히 앉아 화두만 들어야 한다고 하면, 그 생활이 어찌 온전할 수 있겠습니까.

부처님은 본래 한두 사람만 쓸 수 있는 법을 내지 않았습니다. 이에 소태산 대종사께서는 훌륭한 법을 소수만 쓰고 대다수의 사람들은 제대로 생활에 활용하지 못하는 것을 안타깝게 생각했습니다. 일체중생을 제도하려는 부처님의 큰 뜻을 시대에 맞게 살려서 모든 사람이 쓸 수 있는 법으로 활용하게 하자는 것이 바로 '불법활용'입니다.

지금은 활동하는 시대입니다. 가만히 앉아만 있는 사람이 드문 시대입니다. 자기가 가진 능력을 사회를 위해 기꺼이 쓰는 것이 요즘 사람들의 특징입니다. 또 많은 사람들이 직업을 가지고 살아갑니다. 그러나 일속에서는 아무리 좋은 법이라도 무용지물이 되기 십상입니다. 그래서 소태산 대종사께서는 불법을 시대에 맞게 다시 살려낸다는 의미로, 불법의 시대화·생활화·대중화를 이야기했습니다. 활동하는 시대에 맞게, 모든 사람이 쓸 수 있게, 또 실제 생활에 활용이 되게 하자는 것입니다.

소태산 대종사께서 변산에 머물며 교법을 구상할 때, 당시 몇 명

안되는 제자들에게 질문을 했다고 합니다. "앞으로 돌아오는 시대의 종교는 어떠한 종교라야 되겠느냐? 어떠한 종교라야 세상의 환영을 받고 활동할 수 있겠느냐?" 이에 여러 사람이 답변하는 가운데 정산 종사께서 "생활에 부합되는 종교."라고 했고, 소태산 대종사께서는 이를 인증했습니다. 생활에 부합되는 종교가 되려면 '생활에 활용되는 법'이어야 합니다.

불법 공부를 위한 불법만으로 존재하지 않고 생활을 지혜롭게 만드는 공부가 되어야 하고, 생활 속에서 유익을 주는 공부, 생활을 조화롭게 하는 공부가 되어야 한다는 뜻이 불법활용에 들어있습니다. 우리 표어 중 하나인 '불법시생활 생활시불법' 역시 불법이 곧 생활이고 생활이 곧 불법이 되어야 한다는 뜻을 담고 있습니다.

과거에는 성(聖)과 속(俗)이 함께할 수 없다고 생각했습니다. 성을 취하자면 속을 버려야 했고, 속을 취하자면 성을 버리는 것이 당연하다고 여겨졌습니다. 그런데 소태산 대종사께서는 '불법이 생활이고 생활이 불법'이라고 했습니다. 이를 다시 말하면, 성이 속이고 속이 성이라는 뜻입니다. 우리가 하는 불법 공부는 이상적이거나 초인간적인 것만을 구하기 위한 것이 아니라는 것입니다. 생활 속에서 하는 공부라야 전 인류가 모두 부처님 법에 의지하여 구원을 받을 수 있다는 의미입니다.

사실 불법활용의 강령이 별도의 교리로 존재하지는 않습니다. 하지만 소태산 대종사께서는 불법활용을 새 시대의 새 법을 밝히는 아주 중요한 강령으로 삼았습니다. 그러므로 생활에 활용되지 않는 교리 해석이나 제대로 실천하지 않는 교법은 소태산 대종사의 정신에 부합하는 것이 아닙니다. 각자의 생활 속에서 불법을 활용하지 못하고 살고 있다면 공부를 잘못하고 있음을 알아야 합니다.

불법은 '활용'되어야 합니다. 불법에 매여서 생활에 지장이 생기면 안됩니다. 불법을 공부하기 위해 일반 생활을 놓아서도 안됩니다. 특히 불법 공부로 인해 일이나 가정에 대한 의무를 등한시하는 것은 소태산 대종사의 가르침에서 매우 어긋난 길임을 알아야 합니다. 불법 공부를 함으로써 생활을 더 잘 하게 돼야 원불교의 가르침을 제대로 실천하는 것이 됩니다.

소태산 대종사께서는 "앞으로 오는 시대에는 일을 잘 하면 불법 공부를 잘 한 사람이고, 불법 공부를 잘 한 사람이 일도 잘 하는 사람이 된다. 따라서 성과 속이 둘이 아니며, 생활과 불법이 둘이 아니며, 온 천지 어느 곳에나 부처님이 없는 곳이 없게 되는 광대무량한 대낙원이 전개될 것이다."라고 했습니다. 불법에 끌려 세상일을 못할 것이 아니라, 불제자가 됨으로서 세상일을 더 잘하자는 것이 핵심입니다. 그것을 늘 염두에 두고 공부해야 합니다.

또, 불법을 활용하여 자신·가정·사회·국가에 도움을 주는 유용한 사람이 되자고 했습니다. 교리는 교리대로 존재하고 나는 나대로 살아가는 것이 아니라, 교리 자체를 생활 속에서 활용하도록 밝혔습니다.

불법활용은 새 시대의 새 종교가 갖는 핵심 사상입니다. 그것을 강조하기 위해 사대강령에서 한번 더 드러냈습니다. 정각정행과 지은보은, 또 우리의 기본 교리인 사은·사요·삼학·팔조에 이미 불법활용 정신이 들어있습니다. 따라서 교리 실천을 제대로만 하면 그것이 곧 불법활용을 하는 것이 됩니다. 불법활용은 원불교 교법의 핵심 사상입니다.

소태산 대종사께서는 할 일이 있는데 공부를 하겠다며 방에 들어가 앉아 책을 보고 있다든지, 골방에 들어가 좌선을 하는 제자들을 심하게 꾸중했습니다. 아침에 선을 할 때 선에 힘쓰고, 낮에 일로써 보은할 땐 일에 힘쓰고, 밤에 기도로써 참회 반성할 땐 그 일에 힘씀으로써 불법이 생활 속에서 살아 꿈틀거려야 지상낙원을 이룰 수 있다고 했습니다. 그렇게 해나가자는 것이 불법활용의 정신입니다.

무아봉공
작은 나를 큰 나로

사대강령 중 마지막 조목인 무아봉공은 없을 무(無) 자, 나 아(我) 자, 받들 봉(奉) 자, 공변될 공(公) 자를 써서, '내가 없이 공중을 받들자.'라는 뜻입니다. 〈정전〉에서는 무아봉공을 '개인이나 자기 가족만을 위하려는 사상과 자유방종 하는 행동을 버리고, 오직 이타적 대승행으로 일체 중생을 제도하는 데 성심성의를 다 하자는 것이니라.'라고 설명하고 있습니다.

우리가 정각정행, 지은보은, 불법활용을 하는 것은 결국 무아봉공을 잘하기 위함입니다. 사대강령은 각각 가진 뜻이 있지만, 이 네 가지를 하나로 합하여 결론을 내면 무아봉공이 됩니다. 교리 전체의 실천이 곧 무아봉공으로 귀결됩니다.

원불교인은 일원상의 진리를 신앙의 대상과 수행의 표본으로 삼아 살아갑니다. 그렇다면 일원상의 진리를 신앙하고 수행하는 원불교인은 실생활에서 어떤 모습으로 나타나야 할까요? 그 모습을 사대강령이라는 네 가지 실천강령이 보여줍니다. 정각정행하고, 지은보은하고, 불법활용하고, 무아봉공하는 표준으로 살아가야 한다는 것입니다.

그 가운데 이를 모두 합친 대표적 표현이 바로 '무아봉공'입니다. 원불교인의 인격의 표준, 행동의 지표, 나아가 앞으로 오는 세상의 모든 사람들이 살아가야 할 마음의 표준이 곧 무아봉공입니다.

무아(無我)는 내가 없다는 뜻입니다. 하지만 실제로는 보고 듣는 내가 분명히 있습니다. 그래서 무아를 말 그대로만 생각하면 가능하지 않습니다. 지금 내가 '나'라고 생각하는 것은 이 몸을 중심으로 하여 형상으로 생긴 나, 또는 그 '나'가 가지고 있는 지식이나 권리 등을 말합니다. 가령 '길동이' 하면 길동이가 갖고 있는 모습, 길동이의 키, 체격, 성격, 성질 등을 길동이라고 생각하기 때문에 그것이 훼손되면 싫고 그것을 칭찬해주면 좋아합니다.

무아는 이 조그마한 '나'에게 묶인 마음을 놓는 것입니다. 길동이 자체를 없애버리라는 것이 아니라, 거기에 매여 있는 생각을 놓아버리라는 것입니다. '나'에 매이면 작은 이 몸에 한정된 정도의 살림밖에 할 수 없습니다. 그 외의 것들은 나의 살림 범위에 들어오지 못합니다. 하지만 '나'에 한정된 생각을 놓아버리고나면 마음의 폭이 넓어져서 큰 살림을 할 수 있게 됩니다. '무아'는 '나'라는 존재를 없애버리라는 말이 아닙니다. 작은 나를 큰 나로 키우라는 것입니다. 작은 나에 매인 마음을 큰 마음으로 돌리라는 것이 무아의 참 뜻입니다.

그렇게 마음이 커져야 봉공이 됩니다. 나만을 위하려는 욕심이 가득 찬 사람이 '남을 위해서'라고 하는 말은 진정으로 남을 위하는 말이 아닐 가능성이 많습니다. 실제로 남에게 대우받기를 좋아하는 사람이 어려운 곳에 찾아가 봉사를 하거나 후원을 하는 모습이 진심이 아닌 경우를 우리는 종종 목격합니다. 그 행위를 자신이 더 존경받고 대우받기 위한 수단으로 삼으면 같은 일을 하더라도 결국 '나'를 위한 일일 뿐, 상대를 위한 일이 되지 못합니다.

'나'에 묶인 생각을 놓으면 억지로 마음을 내지 않아도 저절로 무아봉공이 됩니다. 소태산 대종사께서도 "철든 사람으로서 대중을 위해 일하지 않을 수 없다."고 했습니다. 대산 종사께서는 어느 잡지사 기자와 인터뷰를 할 때 "나는 평생 남을 나로 알고 살아왔다."고 했습니다. 참 평범한 한 줄을 기사에서 읽고 너무 좋았던 기억이 있습니다. 우리가 주로 하는 '시방오가 사생일신(十方吾家 四生一身)[1]'이라는 어려운 말 대신 '나는 평생 남을 나로 알고 살아왔다.'는 표현에 감동을 받았습니다. "남을 나처럼 위하고 살아왔다."는 말에 무아봉공의 삶을 살아온 그대로가 담겼고, 공중이 모두 내가 되었다는 의미가 함께 있습니다. 이 모습이야말로 '성자의 심법'이자 '부처님의 심법'이 아닐 수 없습니다.

무아봉공은 여러 성자들이 이야기한 자비, 인, 사랑과 같은 표현입니다. 원불교에서는 활불(活佛), 즉 활동하는 부처를 이야기합니다. 부처님이라면 진리를 깨달아 큰 인격을 이룬 어른이므로, 그 부처님이 살아있기만 해도 한량없이 좋은 일일 것입니다. 그런데 소태산 대종사께서는 산 부처가 되는 것만으로 부족하고, 활동하는 부처(활불)가 되어야 한다고 했습니다. 활동하는 부처님은 활동하는 하나님, 활동하는 공자님, 활동하는 노자님과 다르지 않습니다. 참으로 살아 움직이는 부처님, 하나님, 공자님, 노자님의 모습이 무아봉공입니다. '개벽의 일꾼'이라는 말 역시 활불의 또 다른 표현이라고 생각하면 됩니다.

    진리계가 도인들의 등급을 매길 때 앞으로의 시대에서는 '실력을 얼마나 갖추었는가?' 보다 '세상에 유익을 얼마나 주었는가?'를 기준으로 삼는다고 합니다. 설사 큰 법력을 갖추었더라도 가만히 앉아 있는 것만으로는 안 되고, 직접 세상을 위해 일하며 활동하는 사람이라야 새 시대의 도인이라고 할 수 있습니다.

    성자들이 진리를 깨달은 후 가만히 혼자만의 즐거움에 머물렀다면 오늘날 세상 사람들이 그분들을 받들 이유가 없습니다. 온 인류가 성자들을 받들고 모시는 이유는, 성자들은 진리를 깨달은 후 일체 생령들이 고해에서 벗어나 낙원으로 갈 수 있도록 제도사업을 했기 때문입니다.

    진리를 깨달았다면 무아로써 봉공을 해야 의미가 있습니다. 아무리 진리를 깨달았다 한들 실제로 무아봉공을 하지 않으면 참으로 진리를 깨달은 것이라 할 수 없습니다. 소태산 대종사께서는 견성 도인이 수도 없이 많이 나올 때 견성 여부를 알려면 그 사람의 마음 쓰는 것을 보면 된다고 했습니다. 견성한 분은 마음을 원만구족 지공무사하게 사용합니다. 그리고 견성한 분들의 생활은 무아봉공으로 나옵니다. 봉공은 하는데 무아가 안된다면 진짜 견성이라 할 수 없고, 마음에 '나'라는 상은 없지만 봉공이 안되는 것도 진짜 견성이 아닙니다.

그렇다면 무아 공부는 어떻게 해야 할까요? 앞에서 살펴봤듯, 사은의 큰 은혜를 발견하면 사은 전체가 곧 '나'이기 때문에 무아가 될 수밖에 없습니다. 조그마한 몸을 가진 나만 내가 아니라 이 조그마한 나를 이루는 일에 천지·부모·동포·법률이 모두 들어있다는 것을 알면 무아가 될 수밖에 없습니다.

무아란, 안으로는 나에게 집착하는 마음이 없는 것이고 밖으로는 전체가 곧 내가 되는 것입니다. 전체가 나이기 때문에 작은 '나'를 따로 '나'라고 고집할 필요가 없어집니다. 분별하는 마음이나 주착하는 마음을 놓고 나의 참 마음자리를 찾아 들어가면 그 자리에는 본래 모든 상이 비어있음을 알게 됩니다. '나'라고 고집하는 것은 모두 허상에 불과합니다. 그 마음만 떨어지면 전체가 하나 된 나, 자타의 국한에서 벗어난 마음이 됩니다.

정각정행과 지은보은의 관계를 살필 때, 정각이 곧 지은이라고 했습니다. 은혜를 아는 것이 그대로 바른 깨달음이 되기 때문입니다. 이는 내외가 둘이 아니라는 의미이기도 합니다. 무아봉공도 마찬가지입니다. '무가무불가 무아무불아 시즉진가향 성성불불거(無家無不家 無我無不我 是卽眞家鄕 聖聖佛佛居)'라는 대산 종사 법문이 있습니다. 나를 다 놓고 보니까 나 아님이 없고, 내 집이라고 하는 작은 울타리를 놓고 보니 천하가 다 집이고, 이것이 참다운 내 고향이며, 모든 성인과 모든 부처님이 머문 집이라는 뜻입니다. 이는 대산 종사의 고향을 말하는 것이 아닙니다. 나의 고향이자 우리 모두의 고향입니다. 사람사람이 모두 그 고향을 가지고 있습니다. 그리고 우리는 이미 그 안에서 살고 있습니다.

소태산 대종사께서는 우주의 본가(本家)를 이야기했고, 일원상을 통해 우주 본가의 모습을 확인시켜주었습니다. 우리는 일원상의 진리를 믿고 살아갑니다. 그러므로 설사 내 욕심이 있더라도 무아봉공을 표준 삼아 살아가면 그대로 진리를 깨달은 삶을 사는 것이 됩니다.

원불교에서는 출가자들을 오로지 전(專) 자, 힘쓸 무(務) 자, 나아갈 출(出) 자, 몸 신(身) 자를 써서 전무출신이라고 합니다. 나를 위해 혹은 내 집을 위해 몸을 잡아두지 않고 '내 몸을 오로지 세상을 위해 내놓고 힘쓰는 사람'이라는 뜻입니다. 전무출신이라는 뜻에 무아봉공을 위한 삶을 살아간다는 포부가 그대로 담겨있습니다.

그렇다고 해서 출가하지 않고 살아가는 재가교도들은 무아봉공을 하지 못한다고 하지 않습니다. 원불교에서는 출가하지 않고 일상의 삶을 살아가며 공부하는 재가교도들을 거할 거(居) 자, 티끌 진

(塵) 자, 나아갈 출(出) 자, 티끌 진(塵) 자를 써서 거진출진이라고 합니다. '몸은 비록 티끌 사이에 담고 있으나 마음만은 진세에서 벗어나 일하는 사람'이라는 뜻입니다.

어떤 분이 소태산 대종사께 물었습니다. "출가한 교무님들처럼 청정한 몸과 마음으로 기도를 하고 싶은데 저는 가정에 매인 몸이라 그렇게 못합니다." 이에 소태산 대종사께서는 "깨끗하고 깨끗하지 않은 것은 몸에 있는 것이 아니라 마음에 있는 것이다. 네가 비록 몸은 속가(俗家)에 담았지만 청정한 마음을 가지고 일심으로 기도를 하면 다름이 없다."고 했습니다. 전무출신과 거진출진이라는 두 가지 표현에 모두 무아봉공이라는 뜻이 담겨있습니다. 그러니 출가를 했든 재가로서의 삶을 살든, 작은 것에 국한됨을 벗어나서 전체를 위한 일을 하면 됩니다.

원불교가 처음 생길 때 구인제자와 기도를 하던 소태산 대종사께서 제자들에게 물었습니다. "너희가 죽음으로써 천하가 구원된다고 하면 죽을 수 있겠느냐?" 아홉 분 선진들께서는 "기꺼이 죽겠다."고 대답합니다. 우리는 이것을 사무여한(死無餘恨) 정신이라고 말합니다. 죽어도 남는 한이 없다는 마음입니다. 그렇게 모두가 죽을 각오를 하고 맨 손으로 찍은 지장에 혈인이 어린 것을 보고 소태산 대종사께서는 기도봉으로 떠나는 제자들을 다시 부릅니다. 그리고 '세속의 우리는 이미 죽었다.'라는 의미를 담아 법호와 법명을 내립니다. 세상을 위해서라면 죽어도 여한이 없다는 이 정신이 원불교의 창립정신입니다. 창립정신에서부터 이미 원불교는 무아봉공을 표준 삼고 있습니다.

원불교는 교리도 무아봉공이지만, 창립사 자체도 무아봉공으로 이루어졌습니다. 사대강령 가운데 무아봉공은 교단 역사적으로도 대단히 중요한 심법이고, 교단 곳곳을 움직여가는 내면에 모두 무아봉공의 정신이 깃들어있습니다. 그러므로 원불교에서는 아무리 좋은 인격을 가졌더라도 정작 무아봉공의 정신이 없으면 인정받지 못합니다.

이는 세상에서도 그렇습니다. 점점 밝아지는 세상에서는 국가의 일을 해도 무아봉공으로, 세계의 일을 해도 무아봉공으로, 아주 작은 일이라도 무아봉공 정신을 가지고 해야 대중의 환영과 환대와 보호를 받습니다.

정산 종사께서는 "불보살들은 평생 남을 위해 사는 것 같지만 그것이 결국 자기의 일을 하는 것이 되고, 중생들은 평생 나를 위해 사는 것 같지만 결국 참다운 일을 이루지 못한다."고 했습니다. 무아봉공의 삶을 살 때, 나의 일도 해결되고 세상도 좋아집니다.

보통은 '나'라는 것에 잡혀 살기 때문에 무아봉공에 다가서기를 어려워합니다. 그래서 소태산 대종사께서는 "마음을 키우라."고 했습니다. '무아'라고 표현은 했지만, 막상 나를 없애는 것은 쉽지 않으므로 오히려 키우게 한 것입니다. 마음을 키우면, 키워진 마음만큼 작은 '나'는 없어집니다. 가족을 먼저 생각하면 개인이 없어지고, 사회를 먼저 생각하면 내 가정이 놓아지고, 세계를 먼저 생각하면 어느 국가나 사회에 한정됨이 없어집니다.

1) 시방오가 사생일신(十方吾家 四生一身): 이 세상 전체가 모두 나의 집이고, 모든 생명을 가진 것이 모두 내 몸이라는 뜻.

집집마다
부처가 산다
전산 종법사 정전 해설1
-총서편·교의편-

초판1쇄 발행	2021년(원기 106) 3월 20일
초판2쇄 발행	2021년(원기 106) 4월 28일
정전 해설	전산 김주원 종법사
기획	노태형(상국)
책임 편집	장지해(옥진)
홍보	김아영·김지윤·유화연
펴낸곳	도서출판 월간원광사
	07343 서울특별시 영등포구 여의대방로68길 15, 201호
	(여의도동, 영창빌딩)
신고번호	제 25100-1997-0003호(1997년 10월 9일)
대표전화	02)825-6417
홈페이지	www.m-wonkwang.org
e-mail	mwonkwang@hanmail.net
디자인	허창봉디자인
인쇄	문덕인쇄
ISBN	978-89-969191-7-9
	978-89-969191-6-2(세트)

* 이 책은 월간원광사가 저작권자와의 계약에 따라 발행한 것이므로
  본사와의 협의 없이는 어떠한 형태나 수단으로도 책의 내용을 이용하지 못합니다.
* 파본이나 잘못된 책은 서점이나 본사에서 교환해 드립니다.
* 책값은 뒤표지에 있습니다.